◆ 이화여자대학교 특수교육연구소 학술 총서 시리즈 2

특수교육에서 문제중심학습의 이해와 활용

이경순 · 김주혜 · 박은혜 공저

학지사

머리말

문제중심학습(Problem-based learning: PBL)은 초기에는 의과대학에서 학생의 동기유발과 효과적 학습을 위해 고안되었으나, 최근에는 세계 여러 나라에서 초 · 중등학생의 교육에서도 활발히 적용되고 있다. 수업을 시작할 때 실제 생활에서 부딪힐 수 있는 문제를 학생에게 제시하여 흥미를 유발시키고, 그 문제를 해결하기 위해 필요한 내용을 스스로 학습하게 하는 것이 문제중심학습의 특성인데, 이런 학습과정을 효과적으로 시행하기 위해서는 교육대상과 교육내용에 따라 적절한 문제를 개발하고, 자기주도적 학습이 잘 이루어질 수 있도록 지도교사의 준비와 역할이 매우 중요하다. 국내에서도 초 · 중등교육의 다양한 교과영역에서 PBL을 적용한 연구가 보고되고 있다.

실생활과의 연계와 학습동기를 강조하는 PBL은 장애학생을 위한 교육에서도 적용이 가능하다. PBL은 단순한 반복학습이나 교사의 수업내용을 수동적으로 받아들이는 경향이 많은 특수교육 현장에서 학생의 학습동기와 참여를 증가시키는 교수방법으로 활용할 수 있다. 반복학습이나 교사주도의 개념학습이 불필요한 것은 아니지만 이것이 과다하게 사용될 경우 오히려 부정적인 영향을 미칠 수도 있다. 이에 그 대안이 될 수 있는 교수학습 방법이 그리 많지 않은 현실에서 PBL에 대한 관심이 높아지고 있다. 또한 수업시작에 제시되는 문제의 성격이 실제 생활에서 만나게 되는 문제이기 때문에 학습의 일반화에 어려움을 겪는 장애학생에게 효과적일 수 있다. 즉, 장애학생을 위한 PBL 활용 학습은 장애학생의 학습 일반화와 실생활 적용능력 신장에 기여할 수 있을 것으로 기대된다.

이러한 장점이 충분히 기대되지만 아직 일반교육에 비해 특수교육에서는 PBL의 적용에 대한 연구가 활발하게 이루어지지 않고 있다. 그 이유는 통합적인 학습문제를 이해하고, 또 자기주도적 탐구학습을 하기 위해서는 어느 정도의 인지능력이 요구되므로, 장애학생에게는 이를 적용하기가 쉽지 않다고 보는 견해가 많기 때문이다. 그러나 초기에 대학생에게 적용되던 PBL이 초등학교 저학년에게까지 그 대상이 확대되고 그에 따른 적절한 문제개발 방법이나 수업방법에 대한 연구가 이루어지는 것을 볼 때, 장애학생에게도 수준에 적합하게 수정하여 충분히 사용할 수 있을 것으로 보인다.

이 책은 이러한 문제중심학습 방법을 특수교육 현장에서 적용하여 그 효과를 검증한 제1저자의 박사학위 논문을 기초로 하여 좀 더 다양한 주제의 문제중심학습의 실제를 개발하여 제시하였다. 문제중심학습에 대한 기본 개념을 알아도 실제로 이를 실행하기 위해서는 교사의 준비가 많이 필요하기에 선뜻 바쁜 학교현장에서 사용이 어려울 수 있으므로 특수교사가 쉽게 사용할 수 있도록 상세한 학습 자료와 적용방법을 설명하는 지도서의 형태로 이 책을 구성하였다.

아직까지 우리나라는 외국에 비해 특수교육 현장의 교사가 쉽게 활용할 수 있는 교수학습 자료의 지원이 매우 부족한 편이다. 다양한 교수방법에 대한 이론적 설명도 중요하지만 교육과정에 접목된 실제적이면서도 이론적 기초가 탄탄한 우수한 교수학습 자료의 개발이 매우 시급하다는 점에 저자들은 깊이 공감하고 있기에 이 책의 집필에서 교육과정과의 접목과 실제 수업에서의 활용성에 가장 중점을 두었다.

이를 위해 초등학교 교육과정 국어(2007)와 특수학교 교육과정 국어 및 사회과(교육과학기술부, 2008)의 단원 및 주제를 참고하고 선행연구에서 사용한 초등학교 저학년의 PBL 문제요소에 기초해 주제를 선정하였다. 그리고 특수학교와 특수학급에서 각각 교육기관의 특성을 고려하여 어떻게 이 책의 내용을 활용할 수 있을 것인지를 설명하였다. 또한 전체 수업자료 중 약 50%에 대해서는 실제 장애학생을 대상으로 적용하여 효과를 검증함으로써 자료의 타당성을 높이고자 하였다. 즉, 단순한 교수방법에 대한 소개나 외국 자료의 번역이 아니라 우리나라 교육과정에 기초하고 특수교육 현장의 실제를 반영한 교수학습지침서라는 것이 이 책의 강점이다. 동시에 통합교육 시대에 일반교육 교수학습방법의 최근 동향을 연구하여 특수교육에 접목했다는 점에서 이 책은 활용도가 더욱 높을 것이다.

이 책은 문제중심학습의 이론적 배경에 대해서는 간략하게만 소개하고 있으며, 대부분 실제적인 부분의 서술에 중점을 두었다. 문제중심학습의 이론적 배경과 교수설계에 대해 더욱 자세히 알고자 하는 사람은 『문제중심학습의 이론과 실제』(조연순, 2006)를 참고하기 바란다.

최대한 많은 주제에 대한 문제를 개발하여 자료를 제공함으로써 특수교육 현장에 도움이 되고자 하였으나, 문제중심학습의 특성상 대상학생과 학습주제에 따라 이 책에 제시된 주제보다 훨씬 더 많은 문제중심학습 설계가 나올 수 있을 것이다. 이 책을 사용한 특수교사가 스스로 자신의 학급 학생의 특성에 맞게 문제중심학습을 활용하는 능력도 기를 수 있기를 기대해 본다.

지난 1년간 이 책의 출판 취지를 이해하시고 적극 격려해 주신 이화여자대학교 특수교육연구소 이소현 전 소장님과 박승희 현 소장님, 그리고 학지사 김진환 사장님께 감사드린다. 또한 이 책의 편집과정에서 수고해 주신 학지사 김경민 선생님과 그림 제작에 도움을 주신 김희연 선생님에게도 감사의 마음을 전한다.

2010년 7월

저자 일동

차례

제1부 총론

제2부 지도의 실제

1단원 교통질서와 안전 • 37

2단원 일상생활과 안전 • 83

3단원 학교생활과 안전 • 131

4단원 환경교육 • 179

5단원 계절과 날씨 • 229

6단원 음식과 안전 • 275

7단원 공공기관과 안전 • 321

8단원 〈종합〉 나도 혼자서 할 수 있어! • 369

제1부 총론

01 문제중심학습의 이해

1 왜 문제중심학습인가?

인간은 태어나 성장하는 과정에서 의사소통 능력, 적응 능력, 문제해결력 등의 다양한 능력을 발휘하여 주위 환경을 통제하게 되는데(Fisher, 1987), 특히 문제해결 능력은 인간이 살아가는 데 매우 중요한 역할을 한다. Jonassen(2004)은 문제를 해결하기 위한 학습은 어떠한 환경에서든 학생이 배워야 하는 가장 중요한 기술이라고 강조하였고, Gray(1990)는 일상생활에서 다양한 실제적인 문제해결력을 키우는 데는 구어를 통한 언어적인 문제해결력(verbal problem solving)이 필요하다는 점을 강조하였다. 이는 다른 사람과 관계를 유지하면서 의사결정을 하는 능력과 '왜' '어떻게' 등의 고차원적인 질문이 포함된 의사소통 능력에는 문제해결 요소를 갖춘 언어 사용기술이 요구되기 때문이다. 또한 이와 같은 고차원적인 언어기술이 발달함에 따라 적절하게 다른 사람의 사고를 변화시키고자 설득하는 능력인 사회적 문제해결력과 실제 문제 상황에서 대처할 수 있는 능력이 강화되며, 이와 함께 고차원적인 사고능력도 발달된다는 것이다. 이러한 관점에서 볼 때 문제해결력은 언어 능력과 매우 밀접한 관계를 가지고 있음을 알 수 있다.

이와 같이 문제해결 능력의 중요성이 강조되고 있지만, 일반적으로 지적인 문제를 가진 장애아동은 스스로 문제를 해결할 수 있는 능력이 부족하다. 이들이 문제해결 상황에 처했을 때 경험하는 어려움은 장애를 가지지 않은 아동이 경험하는 것보다 훨씬 더 높은 것으로 나타났다(Brooks, Sperber, & McCauley, 2001). 특히 주어진 과제에 대해 원인을 파악하지 못하는 경우가 많으며, 결과를 설명하는 데 어려움을 보여 사실이나 구체적인 검사가 필요한 질문을 이해하지 못하고, 단순 읽기 과제에서 이해력 부족이 나타난다(Zachman, Jorgensen, Huisingh, & Barrett, 1987).

그러나 장애아동은 사회적 문제해결력을 학습하는 과정을 통해 성장하면서 요구되는 사회적 능력과 다양한 관련 기술을 발달시킬 수 있으며, 이는 환경에 대한 적응 능력을 높이고 또래에게 보다 잘 수용될 수 있도록 돕는다(Mayeux & Cillessen, 2003). 문제해결력의 배양이 장애아동에게 중요한데도 장애아동의 문제해결력이 부족하다는 사실은 특수교육에서도 문제해결력을 고려한 학습이 강조될 필요가 있음을 시사한다. 미영어교사협회(2006)에 따르면, 교사가 사고를 위한 환경을 풍부하게 만들어 줄 경우 학생들이 충분히 창의적 사고를 배울 수 있고, 구어 및 시각적인 언어는 인간의 사고와 행동에 강력한 영향을 미치게 된다고 한다. 따라서 특수교육 현장에서 이러한 교육이 더 활발히 이루어지고 그 효과를 높일 수 있는 방법이 모색되어야 할 것이다.

문제해결력 증진을 위한 교육 프로그램에 대해 Shunk(2004)는 별도의 프로그램으로 운영하는 것보다는 학과목의 교육과정에 자연스럽게 적용하여 가르치는 것이 바람직하다고 지적하였다. 이는 아무리 좋은 프로그램이라 하더라도 교과와 별개로 운영된다면 가르치는 교사의 시간과 노력이 더 많이 요구되어 결국 지속적으로 문제해결학습 프로그램이 이루어지는 데 한계가 따르기 때문이다. 또한 문제해결 학습의 교수는 실제 문제 상황에서보다 안전한 수업 상황에서 먼저 이루어져야 하기 때문이다. Martin(1990)은 문제 상황에 대한 해결방안을 모색하는 데 필요한 '왜' '어떻게' '어떤 일이 벌어질까' 등에 대한 논리적 질문은 그림이나 구어로 된 질문으로 교수할 때도 충분히 언어의 조직력과 문제해결력 향상에 도움이 된다고 밝혔다.

따라서 장애아동에게 체계적이고 지속적으로 학과 수업에서 문제해결학습을 가르칠 수 있는 교수방법 및 교수전략이 절실히 필요함을 알 수 있다. 여기에 부합되는 교수방법으로서 최근에 대두되고 있는 것이 문제중심학습(problem-based learning)이다. 문제중심학습은 당초 의과대학에서 이론 중심의 교육에서 벗어나 좀 더 실제적인 의학적 기술과 지식을 쌓기 위해 사용하였던 교수법의 일종인데, 점차 고등학교, 중학교, 초등학교 학생으로 적용대상이 확대되어 가면서 현재는 학생의 문제해결력 향상에 효과적인 교수법으로 자리를 잡고 있다. 그러나 장애아동의 특성과 능력을 감안할 때 문제중심학습을 일반아동에게 적용하는 절차와 방법 그대로 활용하는 것은 다소 한계가 있으므로, 특수교육 현장에서 효과적으로 사용할 수 있

는 문제중심학습 적용에 대한 연구가 필요하다. 이에 따라 이 책에서는 장애아동의 특성을 감안하여 적용방법을 수정한 문제중심학습 자료를 소개하고자 한다.

 문제중심학습은 무엇인가?

문제중심학습은 실제 세계에서 일어날 수 있는 다양한 문제 상황에 대한 비구조화된 개방형 문제로 수업을 시작하고, 협력적으로 문제를 해결하는 과정을 통해 필요한 지식을 학습자가 스스로 배울 수 있도록 돕는 교육적 접근법이다. 여러 연구(강인애, 2003; 조연순, 2006; Barell, 1998; Fogarty, 1997; Gallagher, Sher, Stepien, & Workman, 1995; Ochoa & Robinson, 2005; Torp & Sage, 1998, 2002)에서 다양한 학교급의 실제 학생을 대상으로 문제중심 학습의 효과를 보고하고 있다.

이들이 소개하는 문제중심학습의 특성을 구체적으로 살펴보면 다음과 같다. 첫째, 학습 과정을 중요하게 생각한다. 학습을 시작하기 전에 아동에게 문제가 먼저 주어지고, 그다음 아동은 정보를 통합하고, 협의하고, 지식을 습득하는 기술을 거쳐 협력적으로 문제를 해결하게 되는데, 이는 관련 지식을 습득하기 전에 문제를 제시함으로써 새로운 활동을 위한 출발점을 제공하고, 해결책을 찾기 위해 추론하고, 질문하고, 조사하는 모든 과정이 매우 중요하며 학습 효과를 높인다고 보기 때문이다. 둘째, 제시되는 문제가 실생활과 밀접하게 관련되어 있는 경험 중심의 학습이기에 아동에게 내적인 동기유발을 일으키고, 적극적인 수업 참여를 촉진한다. 셋째, 문제중심학습에서 교사의 역할은 수업설계자이며, 학습과정에서는 촉진자 및 안내자 역할을 한다. 물론 아동의 수준과 특성에 따라 교사의 촉진이나 개입이 달라져야 할 것이다. 이를 위해서는 수업계획을 사전에 충실하게 작성하는 것이 매우 중요하다.

1) 문제중심학습에서의 문제 개발

문제중심학습을 효과적으로 적용하기 위하여 조연순(2006)과 Lambros(2002)는 좋은 문제를 개발하는 것이 중요함을 강조하였다. 구체적으로 살펴보면, 교육과정이나 교사가 의도하는 교육 목적이 어떠한 지식에 중점을 두고 있는지 확인하고, 아동의 흥미나 발달 수준에 적합한 문제유형을 선택해야 한다는 것이다. 또한 조연순

(2006)은 학년이 낮은 초등학교 아동을 대상으로 할 때는 문제의 유형이 더욱 구조화되고 단순해야 한다고 지적하였다. 특히 '왜' '어떻게' 등에 대한 탐구가 이루어지는 것이 효과적인데, 이는 아동이 다양한 문제 상황에 부딪혀 봄으로써 생활하는 데 필요한 옳고 그름에 대한 개인적 판단이나 개인 윤리는 물론 미래 삶을 준비하는 데 많은 도움이 되기 때문이다.

2) 문제중심학습에서의 평가

문제중심학습 수업에서는 학업 성취도와 더불어 집단 내 참여 수준과 또래와의 상호작용, 협동 과제 수행에 대한 기여 정도, 다른 사람의 의견 듣기, 질문에 대한 대답과 과제 집중도에서의 평가 등 수업 과정 중 형성 평가가 요구되고 있다. 또한 자기평가, 동료평가, 포트폴리오를 통한 여러 가지 측면에서의 아동에 대한 평가, 즉 참평가가 이루어져야 함을 많은 연구에서 공통으로 지적하고 있다(채수진, 2005; Faidley, Evensen, Salisbury-Glennon, Glenn, & Hmelo, 2000; Lambros, 2002). 그러나 이에 대해 조연순(2006)은 초등부 저학년일수록 자기중심적 사고 경향이 강해 이들이 스스로 평가한 자료는 객관적으로 사용하기 어려우므로 문제중심학습 수업에서의 아동 평가는 발달적 특성과 인지적 특성이 고려되어야 한다고 강조하였다.

3) 다른 교육적 접근과의 비교

문제중심학습이 다른 교육적 접근과 가지는 유사점과 차이점은 무엇인지 살펴볼 필요가 있다. 교수법 중에서 문제해결력 증진을 위한 대표적 교수법으로 꼽을 수 있는 것이 문제해결학습법과 프로젝트학습법이다. 이 둘을 문제중심학습과 각각 비교하여 정리하면 다음과 같다(정해진, 2006; 조연순, 2006; Fisher, 1987; Fogarty, 1997).

첫째, 문제중심학습과 문제해결학습법은 모두 학생의 흥미와 요구를 반영하여 자발적으로 학습에 참여하도록 한다. 그리고 학생에게 문제를 해결하도록 요구한다는 점과 둘 다 학생의 문제해결 기술을 향상시킨다는 점에서 유사점이 있다. 그러나 문제해결학습에서는 미리 계획된 강의와 정보를 제공한 후 이에 기초해 질문을 하고 그에 대한 해결책을 찾아가도록 한다. 이때 해결책은 배웠던 교과 내용 중에 제한을 두고 있는 편이고, 문제 해결안에 대한 결정권은 교사에게 있으며 문제 해결 방안 역시 제한적인 측면이 있다. 그러나 문제중심학습은 문제해결에 대한 방안은 학생

에게 있으며, 학생들이 협력하여 문제를 해결할 뿐만 아니라 제시된 문제에는 하나의 해결책만 있는 게 아니라 다중적인 해결책을 가지고 있다는 점에서 다른 교수법과 큰 차이점을 가진다.

둘째, 프로젝트학습은 실제적인 학습이며, 만질 수 있고, 명백하고, 학생들을 위해 직접적으로 맞추어진 프로젝트라는 것이다. 더불어 학생들이 실제적 성격의 문제중심활동에서 문제해결을 위해 협력적으로 정보를 수집하고 분석하여 결론을 도출한 후 멀티미디어 이용 등으로 결과물을 제작함으로써 학교 밖에서 겪게 될 문제에 대해 해결 능력을 키워 나가는 것이다. 이러한 측면에서는 문제해결학습과 유사한 점이 있지만, 프로젝트 학습은 '~을 만들어 보자' '~을 찾아보자' 등의 어떤 결과물을 만들어 내는 것이다. 또한 비구조화된 것보다는 구조화된 문제를 해결한다는 점에서 문제중심학습과 차이점을 가진다.

이와 같은 문제중심학습의 특성을 이해하고, 지적 수준이 낮은 초등부 장애아동의 학습능력 및 특성을 고려하여 문제중심학습이 적용된 프로그램을 체계적으로 개발하여, 이를 특수교육 현장에서 용이하게 사용할 수 있도록 활용방법을 구체적으로 제시한다면 장애아동의 문제해결력을 효과적으로 증진시킬 수 있을 것이다.

 문제중심학습은 어떻게 이루어지는가?

문제중심학습의 수업 전개 과정은 연구자마다 그리고 학교급 간마다 다소 차이가 있다. 이 책에서는 Fogarty(1997)가 제안한 초등학생을 위한 문제중심학습 수업 전개 과정을 중심으로 하여 소개한다.

문제중심학습의 수업 전개 과정은 (1) 문제 만나기 (2) 문제 파악하기 (3) 사실적인 요소 수집하기 (4) 질문하기 (5) 가설 세우기 (6) 문제 재진술하기 (7) 대안 도출하기 순이다. 이를 진행되는 수업 차시와 연계하여 살펴보면 다음과 같다. 먼저, 문제 제시 및 문제 파악이 1차시에 이루어지고, 아동은 여러 차시에 걸쳐(보통 3~8차시) 개별적 조사활동과 모둠별 조사활동을 통해 사실적인 지식을 수집하고, 질문과 가설 작업을 통해 문제를 재진술하고 이를 기초로 하여 문제에 대한 재탐색과정을 거친다. 이러한 과정을 통해 수집된 정보에 기초해 모둠별로 협의하여 문제에 대한 최종 해결책을 선정하고, 발표 후 전체 수업에 대한 동료 및 팀 간의 평가와 아울러 자기 평가가 실시된다.

문제중심학습의 수업 전개과정을 일반 초등학교 2학년 바른 생활 '교통' 관련 단원의 문제중심학습 수업으로 예를 들면(조연순, 2006), PBL 문제는 '1학년 교통안전, 어떻게 도와줄까요?'다. 문제 제시는 1학년 교사의 편지(학교 앞에서 교통사고가 빈번하여 1학년 동생이 위험하니 도와 달라는 내용)와 교통사고 뉴스를 함께 제시한다. 교수-학습 과정은 1차시(40분)에서 문제가 제시되고, 2차시에서는 문제 해결을 위한 계획을 세우며(예, 문제해결을 위해 마인드 맵 작성이나 계획표 작성), 3~9차시까지는 문제에 대한 탐색 및 재탐색 과정(예, 횡단보도 건너는 방법, 자동차신호등, 위험 상황에서 교통안전 지키는 방법 알아보기 등)이 이루어진다. 10차시에서는 모둠별로 해결책을 고안하고 11~13차시에서는 문제해결방안에 대해 발표하는 단계로 진행된다.

일반적으로 문제중심학습은 통합교과로 이루어지며, 문제 제시에서 해결방안을 찾기까지 여러 차시가 소요된다. 그러나 장애아동의 학습 능력과 특성상 특수교육 현장에서는 하나의 문제 제시에서 문제해결방안을 찾는 데 소요되는 시간이 길어지면 오히려 역효과가 나타날 수 있다. 따라서 이 책에서는 장애아동의 능력과 수준을 고려하여 앞에서 언급하였듯이 그림을 활용하면서 문제중심학습의 수업과정을 상대적으로 간단하게 수정하여 제시하였다.

 4 특수교육에서 문제중심학습은 어떻게 적용되는가?

이 책에서 제시하는 특수교육에서의 문제중심학습은 장애아동에게 효과적으로 적용하기 위해 PBL의 핵심요소는 대부분 유지하되, 절차나 내용 면에서는 단순하게 재구성하였다. 또한 Schunk(2004)가 소개한 문제해결력의 전략요소인 '유추에 의한 추론'과 '브레인스토밍' 과정을 활용하여, 장애아동에게 더욱 실질적이고 유용하며 구조화된 문제중심학습을 개발하였다.

구체적으로 소개하자면, 문제중심학습에서 제시된 '문제' 자체도 일반아동을 대상으로 한 것에 비해 상대적으로 단순하고 쉽지만, 시간상으로도 하나의 문제를 여러 개의 소주제로 나누어서 단시간에 문제 해결방안을 찾는 과정으로 구성되어 있다. 예를 들면, PBL 문제는 '환경 교육'에서 다시 '꽃과 나무들이 힘들어해요!' '계곡에는 어떤 일이 생길까요?' '깨끗한 공기로 바꿔요!' '쓰레기 없는 동네를 만들어요!' 4개의

소주제로 나누어지며, 하나의 주제를 한 회기(2차시 분량) 내에 '결과예측' '원인 · 이유' 및 문제에 대한 '해결 방안'을 도출하도록 하였다. 이러한 문제중심학습의 과정과 절차의 단순화는 장애아동이 문제중심학습 수업에 빠르게 적응하고, 수업과정을 용이하게 수행해 나갈 수 있도록 돕는 것은 물론, 유사한 주제의 반복학습을 통하여 문제해결능력을 보다 향상시킬 수 있다.

또한 문제중심학습 수업은 주로 말하기 · 듣기 수업에 효과적이라는 선행 연구(장애순, 1998)에 기초하여 이 책에서는 문제중심학습을 국어 교과에 적용하였다. 이는 기존의 국어과 수업에서 말하기 · 듣기, 즉 의사소통 능력을 교육시키는 데에 추가하여 장애아동의 국어과 수업에서 고차원적 의사소통 능력인 '다음에는 어떤 일이 생길까?' '왜 그런 일이 생길까?' '어떻게 해야 할까?' 등의 문제해결 요소가 포함된 의사소통 능력을 체계적으로 교육시키는 데 더 효과적일 것으로 보기 때문이다. 장애아동에게는 단순한 의사소통 능력에서 상향된 의사소통 능력을 키울 수 있는 체계적인 프로그램이 요구되고, 이러한 언어적 문제해결 요소가 포함된 프로그램은 국어 교과 수업에 자연스럽게 적용시켜야 효과적일 것이다.

개념학습을 위해 반복학습이 필요하고, 이에 따라 수동적인 교사 주도의 학습에 익숙해진 장애아동에게는 '왜 그럴까?' 하고 스스로 질문하고 답하는 능력이나 습관이 부족한 경향이 있다. 장애아동이라고 이러한 언어적 문제해결력이나 사고력이 중요하지 않다고 생각하는 교사는 없을 것이다. 특히 이러한 문제해결력의 교수가 장애아동에게 필요한 일상생활능력을 높이는 데 접목된다면 더욱 그러하다. 따라서 특수교육에서도 대상 아동의 특성에 맞게 이러한 문제중심학습을 적용하는 노력이 더욱 확산되어야 할 것이다.

위에서 언급한 문제의 단순화, 수업시간의 단축 외에 또 한 가지 생각해 볼 점은 교수자료의 이해도를 높이는 문제다. 언어능력이 부족한 장애아동에게는 시각적 자료가 좋은 보조가 된다는 점을 고려하여, 이 책에서는 문제 상황을 제시하거나 이해시킬 때 그림 자료를 개발하여 제공하였다. 교수의 시작이며 기초가 되는 문제 상황을 대상아동이 정확하게 이해하지 못한다면 수업의 효과를 기대하기 어렵기 때문이다. 즉, 문제중심학습에 대해 이론에서 제시하는 교수학습 절차는 유사하지만 그 시간을 단축하고 문제의 복잡성을 낮추고 시각적 자료를 체계적으로 개발하여 지원하는 것이 이 책의 특징이며, 동시에 특수교육에서의 문제중심학습 적용을 위한 노력이라 하겠다.

마지막으로 한 가지 더 언급할 것은 수업지도상의 교사가 유의할 점에 대한 것이

다. 문제를 제시하고 학생의 사고를 촉진하는 과정에서 자칫 범하기 쉬운 실수는 교사의 생각대로 학생을 몰아가려는 것이다. 정답을 가르쳐 주거나 틀에 박힌 수업으로 흐르지 않도록 특히 주의해야 한다.

이상에서 살펴본 것처럼 장애아동의 특성을 고려하고 문제중심학습의 장점을 최대한 활용하여 특수교육 현장에서 적용한다면, 장애아동의 문제해결력 증진에 긍정적인 효과를 가져올 것이다. 다음에서는 이 책의 활용에 대한 내용을 더욱 구체적으로 설명한다.

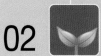

02 문제중심학습의 개발과 지도

1 PBL의 문제 개발은 어떻게 하는가?

이 책의 PBL 프로그램은 지적 수준이 낮거나 장애가 있는 아동일 경우, 보다 간편한 문제중심학습 문제를 개발할 것을 지적한 선행연구를 참고로 하였으며, 장애아동의 언어적 문제해결력 증진을 위하여 국어를 중심 교과로 하되 사회와 과학 교과의 지식 요소를 통합하여 단원 및 회기별 PBL 문제를 개발하였다.

언어적 문제해결력의 요소는 배소영, 임선숙, 이지희(2000)와 Martin(1990)이 제시한 3개 영역으로 구성하였다. 첫째는 결과 예측으로 '그다음에는 어떤 일이 일어날까요?' '어떻게 알았나요?' '어떻게 될까요?'라는 질문에 대답해야 한다. 둘째는 원인 · 이유이며 '왜'라는 의문사가 포함된 질문에 대답해야 한다. 셋째는 해결방안으로 '어떻게 해야 할까요?' '어떻게 도와줄 수 있을까요?' 등의 질문에 답을 해야 한다.

각 단원과 회기별 주제 선정은 아동의 흥미유발을 위해 이미 경험하였거나 앞으로 경험 가능성이 있는 주제와 함께, 초등학교 교육과정 국어(2007)와 특수학교교육과정 국어 및 사회과(교육과학기술부, 2008)의 단원 및 주제를 참고로 하여 선행연구(강인애, 2003; 이경순, 2001, 2007; 이경순, 송준만, 2007; 장애순, 1997; 조연순, 2006)에서 사용한 초등학교 저학년의 PBL 문제요소를 기초로 하였다. 이 책에 포함된 내용은 총 8단원 32회기(64차시)이며, 일주일에 1회기씩 사용할 경우 약 두 학기에 걸쳐서 수업을 진행할 수 있는 분량이다.

내용 체제는 1～7단원까지는 장애아동이 일상생활에서 부딪히는 문제 상황과 지켜야 할 규칙, 예절 등을 중심으로 한 문제이며, 마지막 8단원의 '〈종합〉 나도 혼자서 할 수 있어!' 주제는 일반 아동을 대상으로 하는 문제중심학습 문제와 가장 유사한 것으로 이루어져 있다. 1～7단원까지는 보다 단순하고 체계화된 문제를 다루어 익숙하게 한 다음 8단원에서는 난이도를 높임으로써 단계별로 문제를 해결할 수 있도록 구성하였다. 아동이 흥미를 가지도록 상황에 따라 캐릭터의 이름은 자유롭게 변경하여 사용할 수 있다.

1단원은 '교통질서와 안전', 2단원은 '일상생활과 안전', 3단원은 '학교생활과 안전', 4단원은 '환경교육', 5단원은 '계절과 날씨', 6단원은 '음식과 안전', 7단원은 '공공기관과 안전', 8단원은 종합편으로 '나도 혼자서 할 수 있어!' 로 구성되어 있다. 각 단원 PBL 문제와 연관된 회기별 PBL 문제가 단원별 각 4개씩 총 32개로 구성되어 있으며, 구체적인 예를 들면 다음과 같다. 제 1단원의 경우 단원 주제인 '교통질서와 안전'에 대한 단원의 PBL 문제는 "자동차, 지하철, 버스 등은 우리 모두 편리하게 이용하고 있는 교통기관입니다. 그러나 이런 편리한 교통 기관으로 인해 해마다 어린이 교통사고가 늘어나고 있습니다. 그렇다면 어린이 교통사고는 왜 일어날까요? 이런 사고가 일어나지 않기 위해서는 우리가 어떻게 해야 할까요? 어떻게 해야 교통기관을 편리하게 이용할 수 있을까요?"다. 이와 관련된 회기별 주제 및 PBL 문제는 다음과 같이 4개로 나뉜다.

- **1회기**

▌주제 ▌'길을 건널 때에는 어떻게 해야 할까요?'

▌PBL 문제 ▌"자동차가 빠르게 달려오고 있는데, ○○는 정신없이 길을 건너고 있습니다. 이럴 땐 어떤 일이 벌어질까요? 왜 이런 일이 일어날까요? 어떻게 해야 할까요?"

- **2회기**

▌주제 ▌'골목길에서 공놀이는 어떨까요?'

▌PBL 문제 ▌"○○와 친구들이 좁은 골목길에서 공놀이를 하고 있습니다. 그런데 ○○가 찬 공이 자동차가 쌩쌩 달리고 있는 큰 도로 쪽으로

굴러가고 있습니다. ○○는 어떻게 해야 될까요? 왜 이런 일이 생길까요?"

• 3회기

▌주제 ▌'지하철에서 질서를 지켜요'

▌PBL 문제 ▌"○○는 지하철을 타려고 승강장 쪽으로 막 내려갔습니다. 마침 지하철 문이 닫히려고 하고 있어서 ○○는 가지고 있던 가방을 문 쪽으로 던졌습니다. 다음에는 어떤 일이 벌어질까요? ○○는 어떻게 해야 할까요?"

• 4회기

▌주제 ▌'버스 안에서는 조심해요'

▌PBL 문제 ▌"버스가 빨리 달리다가 갑자기 섰습니다. 그런데 버스 안에서 ○○ 혼자 통로 쪽으로 넘어지고 있습니다. ○○는 왜 이렇게 되었을까요? 어떻게 해야 할까요?"

회기별 PBL 문제는 그림으로 제작되어 있으며, 수업에서는 그림과 함께 문제를 제시한다. 구체적인 단원별, 회기별 수업주제와 PBL 문제는 3장의 단원 및 차시별 지도계획 부분과 제2부 지도의 실제를 참고하면 된다.

 2 문제중심학습의 그림은 어떻게 개발하는가?

특수교육에서의 문제중심학습에 사용되는 PBL 문제는 그림과 문장이 동시에 제시되는데, 특히 이런 그림 자료 및 동영상 자료의 다양한 활용과 초등학교 아동이 좋아하는 만화 캐릭터(예: 저자들이 만든 '짱이' 캐릭터 사용)의 활용이 일반아동을 대상으로 하는 PBL 수업과의 차이점이다. 수업 중 제시될 PBL 문제 유형은 아동의 특성과 능력, 즉 장애아동의 지적 수준과 학습에 대한 관심 부족, 어려운 과제에 직면했을 때 쉽게 포기하는 점 등을 고려하여 아동이 실생활에서 경험할 수 있는 비구조

화된 문제로 하되, 답이 명확하게 하나로만 요구되는 너무 단순한 것과 여러 차시 및 회기에 걸쳐 해결을 요하는 복잡한 문제는 피하였다.

회기별 PBL 문제에 대한 그림은 Gray(1990)와 Martin(1990), O'Connor와 Vorce (1990)의 연구에 기초해 본 연구에 알맞게 창의적으로 개발하였으며, 저자들이 밑그림을 완성한 후 미술 전공 전문가가 일러스트 프로그램과 포토샵 프로그램으로 이를 완성하였다. 제작된 그림 자료가 문제중심학습 문제를 적절하게 묘사한 것인지 알아보기 위해 PBL 그림 자료의 일부(1, 2, 4, 8단원의 일부)를 특수교사 3인이 타당도 검증을 하였다. 그림은 아동의 상상력과 사고력을 위해 너무 많은 정보가 제시되지 않도록 하였다. 문제중심학습 문제 제시를 위한 그림 자료 외에 수업 중 한글 미해득 아동이 글자 대신 사용할 수 있도록 다양한 작은 크기의 그림 자료도 제공하였다. 그러나 일반적으로 PBL 문제의 그림 자료는 사진 자료나 다양한 그림 자료를 조합하여 간단히 만들어 사용해도 된다.

 3 문제중심학습은 이렇게 가르치라!

장애아동을 대상으로 하는 이 책의 PBL 구성 요소 및 절차는 앞서 언급한 바와 같이 아동의 지적 수준과 학습 특성을 감안하여 회기별로 [그림 2-1]과 같이 수정된 절차로 진행된다(제2부 지도의 실제, 단원의 회기별 교수-학습 과정 참조). 일반교육에서는 문제 하나로 이러한 전체 과정을 거치는 데 평균 10차시 내외가 소요되는 것에 비해, 이 책에서는 전체 과정이 1회기당 80분 수업으로 완성된다. 이는 일반 초등학교와 특수학교의 초등학생의 기본 단위 수업 시간이 40분이므로 1차시 수업 후 10분간 쉬는 시간은 80분에서 제외시켰다. 따라서 1차시 수업 후에는 꼭 쉬는 시간을 가져 아동이 연속 수업으로 인한 지루함을 느끼지 않도록 주의해야 한다. 그리고 단원별 PBL 문제를 전체 4회기(8차시)로 나누고, 회기별로 단원의 목표달성을 위한 하위 영역 PBL 문제를 제공하여 한 회기만으로도 장애아동이 PBL 문제에 대한 해결안을 손쉽게 도출할 수 있도록 하였다. 아동이 어느 정도 PBL 수업에 익숙해지면 수업 시간을 단축해서 운영해도 되고, 개별 수업 부분을 생략할 경우 대략 40분 수업만으로도 가능하다.

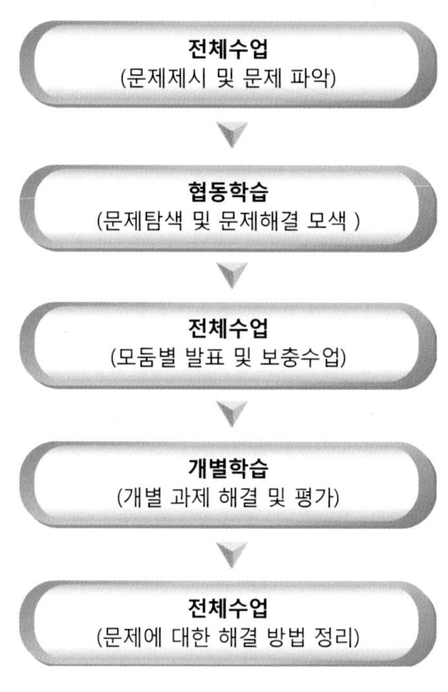

[그림 2-1] PBL 수업절차

출처: 이경순(2007).

PBL 수업에서는 문제에 대한 결과예측, 원인 · 이유, 해결방안은 문제해결력에 필요한 능력인 '유추에 의한 추론'과 여러 아동이 다양하고 자유롭게 말하는 가운데 답을 찾아가도록 하는 '브레인스토밍' 전략을 적용하였다. PBL 문제에 대한 단계별 답이 적절하게 나오지 않더라도 부정적인 피드백은 주지 않도록 한다. 또한 앞서 언급한 바와 같이, 회기별로 본 연구자들이 설정한 '짱이'라는 캐릭터를 사용하지 않고, 아동과 협의하여 도와주는 대상의 이름을 다르게 사용하여도 된다.

각 단원별 문제는 교사가 직접 설명하거나 비디오 자료와 같은 영상 자료를 활용하도록 하고, 회기별 문제 제시는 B4 크기의 그림 자료나 PPT(파워포인트 자료)를 활용해도 된다. PBL 수업 초기(1, 2회기 동안)에는 아동이 좀 더 익숙해지고, 방향을 잡아 가도록 교사가 더 많은 개입과 지원을 하도록 한다.

[그림 2-1]의 PBL 절차에 기초한 PBL 수업의 구체적 실행 단계를 살펴보면 다음과 같다. 먼저 전체 수업의 첫 단계인 '문제제시' 이전 단계인 도입부분에서는 아동이 수업에 대해 동기유발이 되도록 하고 간단한 본시 수업 소개가 이루어진다.

둘째, '문제제시' 단계에서는 PBL 그림 자료와 문제를 제시한다. 이때 단원 중 첫 회기일 때는 단원에 대한 PBL 문제를 소개한 후, 해당 회기의 PBL 문제를 제시하여

야 한다.

셋째, 교사와 학생 간의 상호작용을 통해 '문제파악' 단계를 수행해야 한다. 즉, PBL 그림 자료 이후에 어떤 상황이 벌어질 것인지 '결과예측'을 하도록 교사가 아동을 유도하고, PBL 문제와 같은 상황, 즉 결과예측한 상황이 왜 일어나게 되었는지 '원인'을 파악하도록 한다. '해결방안'에서는 PBL 문제에 대한 다양한 해결책을 찾도록 하는 단계로 이루어진다. PBL 수업 초기 단계에서는 교사와 함께 하는 '문제파악' 단계를 충실히 하도록 한다. 이는 다음 단계에서 아동끼리 수행하는 '협동수업'을 위해서다.

넷째, 모둠을 구성하는 단계에서는 최소 2개의 모둠을 구성하고, 모둠별 아동 수는 2~3명으로 한다. 모둠별로 아동의 수준은 골고루 배치하도록 한다. 즉, 상중하 수준의 아동이 골고루 섞이도록 해야 협동수업 결과 측면에서 효과적이다.

다섯째, 협동학습 단계에서는 이전 단계인 '문제파악' 단계에서 교사와 아동 간의 상호작용을 통해 밝혀낸 PBL 문제의 결과예측, 원인 · 이유 파악과 해결방안에 토대해 2~3명을 한 모둠으로 구성하여 '도와주기 게시판'([그림 2-2] 참조)을 이용함으로써 협력적으로 문제해결 결과를 작성한다. 이때 영역별로 한글 미해득 아동은 제공

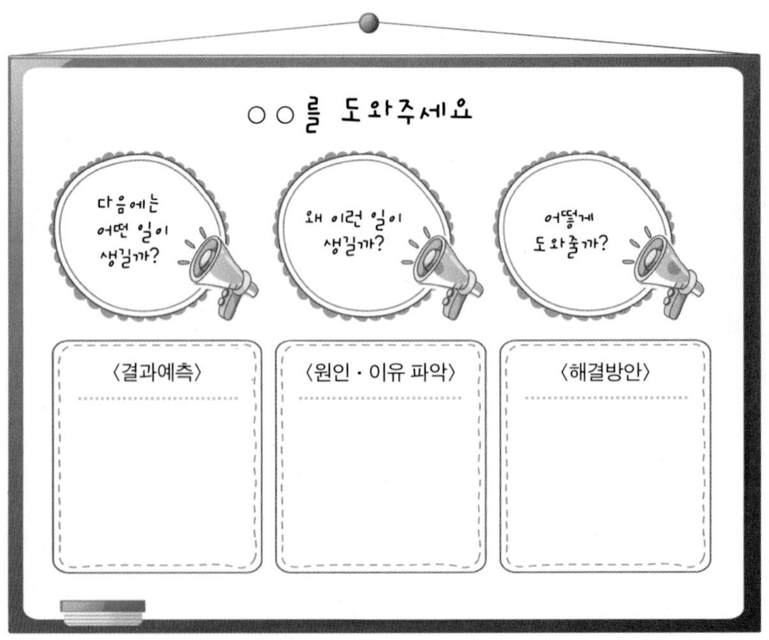
○○를 도와주세요
다음에는 어떤 일이 생길까?
왜 이런 일이 생길까?
어떻게 도와줄까?
〈결과예측〉
〈원인 · 이유 파악〉
〈해결방안〉

[그림 2-2] PBL 도와주기 게시판(모둠별 학습판)

출처: 이경순(2007).

되는 다양한 작은 크기의 그림으로 글자 대신 사용하여 작업에 참여하도록 한다. 이러한 작은 그림들은 별도로 제공되는 CD 자료에 모두 수록되어 있다. 그리고 [그림 2-2]와 같이 문제해결력의 하위영역인 '결과예측' '원인 · 이유' '해결방안'의 용어와 '그다음에는 어떤 일이 일어날까?' 등의 쉬운 말을 동시에 사용하도록 하여 아동의 용어 이해에 도움이 되게 한다.

여섯째, 전체수업 단계에서는 모둠별로 완성된 '도와주기 게시판'에 기초해 개별 아동이 교사와 전체 아동 앞에 서서 발표를 해야 한다. 초기 발표 시에는 교사의 시범이 이루어져야 하고, 발표력이 뒤처지거나 어려움을 겪는 아동일 경우 간단하게 교사의 발표를 작은 단위로 하나씩 따라 하게 하여 발표 경험을 쌓도록 한다. 수업 시간에 따라 발표 아동 수는 적절히 조절하면 된다.

일곱째, 본시 수업 관련 단계에서는 추가 보충수업을 진행하도록 한다. 이는 PBL 수업은 충실히 이루어질 수 있으나, 주제와 관련한 지식 측면에서는 미비한 점이 있을 수 있기 때문이다. 예를 들어, 계절과 날씨 단원 '3번째 회기'는 야외 활동으로 인한 유행성 출혈열이나 벌 쏘임을 예방하고 문제해결을 할 수 있도록 제시한 단계다. 이때 유행성 출혈열에 대한 좀 더 구체적인 정보를 제공하고, 실제 유행성 출혈열로 입은 피해를 사진 자료를 통해 제시하여 경각심을 일깨워 주면 예방 측면과 지식 습득에서 효과적일 것이다.

여덟째, 개별수업 단계에서는 아동의 수준에 따라 매 회기 제공되는 상/하 수준과 중 수준의 학습지를 가지고 개별적인 수업을 하는 것이다. 상 수준의 학습지는 주관식 문제로 글을 읽고 쓸 줄 아는 아동용이며, 수업 중 배운 내용을 상기하며 직접 글을 써넣으면 된다. 그러나 하 수준의 아동은 글을 읽고 쓸 줄 모르기 때문에 교사나 보조원과 함께 질문에 해당하는 작은 그림을 오려 붙이게 하면 된다. 그리고 중 수준의 아동을 위해서는 객관식 문제를 제공하였다. 개별학습지는 본 지침서 '제2부 지도의 실제'에 수록된 학습지를 복사하여 사용해도 되고, 별도로 제공되는 'CD 자료'에 있으므로 아동 수준에 맞게 학습지를 수정 · 보완하여 출력해서 사용하면 된다.

아홉째, 상황에 따라 생략해도 되는 단계로서 평가단계다. [그림 2-3]의 아동용 자기평가지를 가지고 협력수업을 하면서 아동 스스로가 자신이 본 수업에 얼마나 기여하고 열심히 참여했는지 평가하는 것이다. 그리고 〈표 2-1〉과 같이 교사가 수업 과정을 통해 아동별로 수업참여도를 평가하여 아동용과 함께 비교해 보는 것이다.

학생명: ____________　　날짜: ____월 ____일 _____요일

다음을 읽고 잘했으면 ○, 보통이면 △, 못했으면 X를 표시하세요.

오늘 1. "나는 학습활동에 내 의견을 열심히 말했는가?" ________

2. "나는 모둠 활동에서 친구들과 함께 이야기했는가?" ________

3. "나는 다른 친구들의 말을 잘 들었는가?" ________

4. "나는 질문에 맞게 대답했는가?"________

5. "나는 수업에 열심히 참여했는가?"________

(○는 3점, △는 2점, X는 1점)

점수__________

오늘 내가 어떻게 했나?

잘했다(○)　보통이다(△)　못했다(X)

교사확인란: ________________

[그림 2-3] 아동용 자기평가지

출처: 이경순(2007)

열째, 수업 전체의 마무리 단계로서 전반적인 수업에 대한 간단한 설명과 더불어 아동에게 질문을 하면서 정리한다.

〈표 2-1〉 교사용 아동 평가 점검표

평가 요소(관찰)	평가 내용	잘함	보통	미흡
1. 학습 의욕 · 동기 · 흥미	• 학습에 대한 관심과 흥미를 보이며, 과제에 주의집중을 잘 하는가?			
2. 과제 해결에 대한 책임감	• 과제가 어렵더라도 여러 가지 방법으로 해결하고자 노력하는가?			
3. 학습에 대한 만족감	• 적극적으로 학습에 임하고 그 결과에 만족하는가?			
4. 팀원 간 협력 정도	• 협력적 과제 수행 시 문제해결을 위해 팀원 간 협력을 잘 하는가?			
5. 과제 수행력(문제해결)	• 협력적 과제 수행 능력은 어느 정도인가?			
	• 개별적 과제 수행 능력은 어느 정도인가?			
6. 타인의 말 경청 정도	• 다른 사람의 말을 잘 경청하는가?			

출처: 이경순(2007).

이 책을 활용할 시에는 특수학급과 특수학교에 따라 다소 다르게 적용해야 한다. 예를 들어, 특수학교에서는 국어, 사회, 과학 등의 교과를 2개씩 통합해서 학급 교육과정과의 월별 및 단원별 주제에 따라 이 책의 PBL 주제와 맞는 단원을 선택하여 주별 1회기, 즉 2차시를 국어와 사회 각 1차시씩, 그리고 국어와 과학을 각 1차시씩, 아니면 국어 시간만 2차시를 통합해서 운영해도 된다. 다시 말해서 단원을 선택하는 데 있어서 8단원 외에는 순서대로 적용할 필요가 없으며, 단원에 포함된 4개의 회기별 수업주제를 모두 다 수업할 필요는 없다. 그리고 교과별 통합에 대해서도 단원 주제에 따라 특성에 맞는 교과끼리 묶어서 운영해도 된다. 단, 시간표 작성에서 국어와 사회, 국어와 과학 시간을 주 1회 정도는 각각 연속으로 수업이 가능하도록 앞뒤 차시로 연결해 놓으면 PBL 수업 운영이 좀 더 편리할 것이다.

일반초등학교 내 특수학급에서는 일반적으로 예체능이나 재량활동 수업 외에는 모든 수업이 아동의 개별 수업으로 진행되므로 통합학급 수업에서 장애아동에게 필요한 '발표하기' 기술이나 모둠 수업 시 요구되는 '협동하기' 등의 학업 기술을 증진시키는 데는 한계가 있다. 따라서 PBL 수업을 통해서 이러한 학업 기술 역시 익히게 할 수 있다. 그리고 특수학급에서 PBL을 적용 · 운영할 경우에는 학기 초에 미리 일주일에 1회 특수학급의 모든 아동이 한꺼번에 2개(혹은 1개) 차시를 전체수업으로 진행 가능하도록 시간표 조절을 하면 좀 더 효율적으로 운영할 수 있다. 한두 명 정도 통합학급의 수업으로 전체수업에 참여하지 못하는 경우에는 이들을 대상으로 하여 간단히 개별 PBL 수업을 진행할 수도 있다. 즉, [그림 2-1]의 PBL 과정에서 한두 단계는 생략하고 진행하면 된다. 구체적인 수업 기술이나 단계 절차 등은 제2부 지도의 실제를 참고하도록 한다.

마지막으로, 수업의 효과(개선)를 위해서는 교사가 수업에서 요구되는 역할 수행에 대하여 적절한 수업행동을 하였는지 평가해야 한다(김주혜, 2008). 이는 문제중심학습에서의 교사역할이 일반적인 수업에서의 그것과 다르고 촉진자 역할을 더 많이 요구하기 때문이다. 또한 교사의 수업 진행의 적절성에 따라 그만큼 아동을 적극적인 수업참여자로 만들 수 있기 때문이다.

교사의 수업행동 평가 내용으로는 수업에 필요한 수업자료의 준비와 사용, 교사와 아동 간의 상호작용 정도(교사가 아동이 수업에 참여하도록 촉진하는 정도), 팀별 협력수업의 유도 여부, PBL 수업 흐름에 맞는 진행 여부, 수업단계별 시간 배분의 적절성 등이다. 이들 항목에 맞게 '예' '아니요'나 1~3점 척도로 점수화하여 본인의 수업 행동에 대해 검토하는 시간을 간헐적으로 가져 다음 수업에 반영할 수 있도록 한다.

03 단원별 지도 계획

1 단원별 주제와 PBL 문제

단원 주제	단원별 PBL 문제
1. 교통질서와 안전	자동차, 지하철, 버스 등은 우리 모두 편리하게 이용하고 있는 교통기관입니다. 그러나 이런 편리한 교통기관으로 인해 해마다 어린이 교통사고가 늘어나고 있습니다. 그렇다면 어린이 교통사고는 왜 일어날까요? 이런 사고가 일어나지 않기 위해서는 우리가 어떻게 해야 할까요? 어떻게 해야 교통기관을 편리하고 안전하게 이용할 수 있을까요?
2. 일상생활과 안전	우리는 학교, 집, 동네에서 여러 가지 문제 상황에 부딪히게 됩니다. 어떤 문제가 생길 수 있을까요? 문제가 일어나면 어떻게 해결해야 할까요?
3. 학교생활과 안전	여러분은 학교에서 생활하는 데 많은 시간을 보냅니다. 그런데 학교에는 여러 사람이 생활하고 있기 때문에 질서와 규칙을 지키지 않을 경우에는 많은 문제점이 발생됩니다. 학교에서 규칙과 질서를 지키지 않으면 어떤 일이 일어날까요? 문제가 생기지 않게 하기 위해서는 어떻게 해야 할까요?
4. 환경교육	우리 주변에 있는 땅, 물, 공기가 점점 더러워지고 있습니다. 우리의 땅과 물, 공기가 왜 이렇게 더러워지고 있을까요? 어떻게 하면 깨끗하고 편안하게 살 수 있을까요?
5. 계절과 날씨	우리나라에는 봄, 여름, 가을, 겨울 사계절이 있습니다. 계절에 따라 날씨도 다양합니다. 계절과 날씨에 따라 어떤 것을 조심해야 할까요?

6. 음식과 안전	여러 사람이 이용하는 식당에서 음식을 먹을 때와 집이나 학교에서 요리를 하면서 일어나는 일에는 어떤 것이 있을까요? 어떻게 해야 할까요?
7. 공공기관과 안전	우리의 주변에는 소방서, 경찰서, 보건소나 병원, 우체국 등 공공기관이 우리의 재산과 생명을 보호해 주고, 우리를 편안하게 지낼 수 있도록 해 줍니다. 이러한 공공기관을 어떻게 이용해야 할까요? 어떨 때 이용해야 할까요?
8. 〈종합〉나도 혼자서 할 수 있어!	여러분은 초등학생이에요. 이제 부모님의 도움 없이 물건도 사고, 박물관 견학도 하고, 축하파티도 열 수 있어요. 어른의 도움 없이 여러분끼리 협력하여 다음 문제를 해결해 보세요.

2 차시별 지도계획

단원 주제	회기	차시	수업주제	지도서 쪽수
1. 교통질서와 안전	1	1/2	길을 건널 때는 어떻게 해야 할까요?	40
	2	3/4	골목길에서 공놀이는 어떨까요?	52
	3	5/6	지하철에서 질서를 지켜요!	62
	4	7/8	버스 안에서는 조심해요!	72
2. 일상생활과 안전	5	1/2	생일잔치에서는 이런 일이 생겨요!	86
	6	3/4	놀이터에서는 어떤 일이 생길까요?	97
	7	5/6	낯선 사람과는 어떤 일이 벌어질까요?	108
	8	7/8	길 잃은 동생은 어떻게 해야 할까요?	119
3. 학교생활과 안전	9	1/2	학교에 지각하는 이유는 무엇일까요?	134
	10	3/4	친구와는 사이좋게 지내요!	146
	11	5/6	질서를 지키지 않으면 큰일 나요!	157
	12	7/8	현장학습에서는 어떤 일이 생길까요?	168
4. 환경교육	13	1/2	꽃과 나무들이 힘들어해요!	182
	14	3/4	계곡에는 어떤 일이 생길까요?	194
	15	5/6	깨끗한 공기로 바꿔요!	207
	16	7/8	쓰레기 없는 동네를 만들어요!	218
5. 계절과 날씨	17	1/2	황사가 왔어요!	232
	18	3/4	물놀이는 이렇게!	243
	19	5/6	가을철 나들이 조심해요!	253
	20	7/8	추운 날에는 따뜻하게!	264

6. 음식과 안전	21	1/2	식당에서는 이러면 안 돼요!	278
	22	3/4	요리 활동은 안전하게 해요!(1)	289
	23	5/6	요리 활동은 안전하게 해요!(2)	299
	24	7/8	과식은 안 돼요! 음식보관은 제대로!	310
7. 공공기관과 안전	25	1/2	불이 났어요!	324
	26	3/4	집에 도둑이 들어왔어요!	336
	27	5/6	머리와 배가 아파요!	347
	28	7/8	택배가 잘못 왔어요!	358
8. 〈종합〉 나도 혼자서 할 수 있어!	29	1/2	친구의 생일에는 무엇을 해 줄까요?	372
	30	3/4	친구와의 나들이에 무엇을 준비해야 할까요?	385
	31	5/6	갈 곳 없는 강아지를 어떻게 할까요?	398
	32	7/8	가득 찬 저금통은 어떻게 할까요?	409

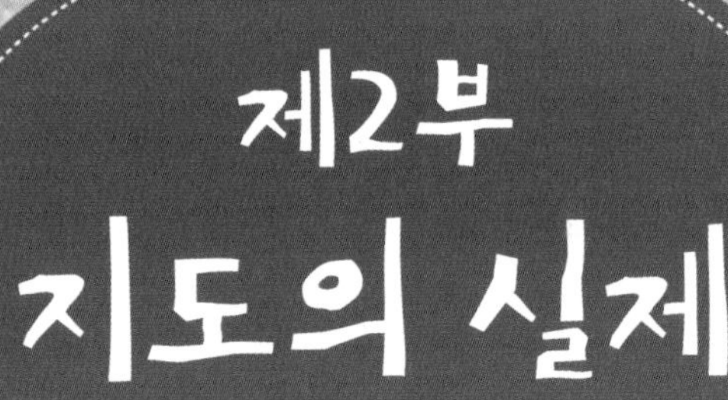

제2부 지도의 실제

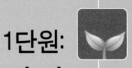

1단원: 교통질서와 안전

1 단원소개

이 단원은 아동이 교통기관이나 그와 관련한 시설을 이용하면서 흔히 경험하게 되는 다양한 교통 관련 사고에 대해 다룸으로써, 아동이 교통질서를 습득하고 아울러 이와 관련한 문제해결력을 신장할 수 있도록 하기 위해 선정되었다.

2 차시별 수업주제 및 지도목적

단원	회기 (차시)	수업 주제	지도목적	학습자료	관련 교과
교통질서와 안전	1 (1~2)	길을 건널 때는 어떻게 해야 할까요?	횡단보도에서 아동이 혹은 자동차 운전자가 신호를 지키지 않아서 일어날 수 있는 교통사고에 대해 다룸으로써 자연스럽게 교통질서도 익히고 여러 가지 문제해결도 경험하게 하기 위해 이 주제를 선정하였다.	횡단보도 사진 및 그림 자료, 교통사고 자료, 교통안전 교육 자료	사회
	2 (3~4)	골목길에서 공놀이는 어떨까요?	길에서 아동이 놀다가 장난감이 도로로 들어갔을 때 무심코 장난감을 가지러 가다가 일어날 수 있는 안전사고에 대한 예방교육을 PBL 수업에 적용하여 이에 대한 문제해결력을 신장시키기 위해 이 주제를 선정하였다.	골목길 관련 사진 자료, 골목길 관련 동요, 교통안전교육 자료	사회
	3 (5~6)	지하철에서 질서를 지켜요!	본 회기의 PBL 문제는 아동보다는 어른이 자주 행하는 행동으로 지하철 문이 닫히는 순간 지하철을 타기 위해 행하는 잘못된 행동과 이로 인해 발생하는 문제를 다루었다. 잘못된 어른의 행동을 아동이 모방하지 않도록 아동에게 경각심을 일깨우기 위해 이 주제를 선정하였다.	지하철 사진, 지하역 내 모습 사진, 지하철 사고 관련 사진 및 동영상 자료	사회
	4 (7~8)	버스 안에서는 조심해요!	일반적으로 시내버스에서는 안전벨트가 없는 경우가 많다. 이러한 특성상 버스 이용 시에 아동이 다칠 수 있는 상황이 발생되기 쉬우므로 이에 대한 안전교육과 더불어 안전벨트가 있는 버스에서 자연스럽게 벨트를 착용하도록 유도하여 버스 혹은 자동차 안에서 부주의로 일어날 수 있는 사고를 예방하기 위해 이 주제를 선정하였다.	다양한 버스 관련 사진, 버스 관련 교통사고 뉴스 자료, 여러 가지 안전벨트 사진	사회

3 단원 및 회기별 문제

<table>
<tr><th>영 역</th><th colspan="3">내 용</th></tr>
<tr><td>단원</td><td>교통질서와 안전</td><td>관련교과</td><td>사회</td></tr>
<tr><td>단원
문제</td><td colspan="3">자동차, 지하철, 버스 등은 우리 모두 편리하게 이용하고 있는 교통기관입니다. 그러나 이런 편리한 교통 기관으로 인해 해마다 어린이 교통사고가 늘어나고 있습니다. 그렇다면 어린이 교통사고는 왜 일어날까요? 이런 사고가 일어나지 않기 위해서는 우리가 어떻게 해야 할까요? 어떻게 해야 교통기관을 편리하고 안전하게 이용할 수 있을까요?</td></tr>
<tr><td rowspan="4">회기별
문제</td><td></td><td colspan="2">1 자동차가 빠르게 달려오고 있는데, 짱이는 정신없이 길을 건너고 있습니다. 이럴 땐 어떤 일이 벌어질까요? 왜 이런 일이 일어날까요? 어떻게 해야 할까요?</td></tr>
<tr><td></td><td colspan="2">2 짱이와 친구들이 좁은 골목길에서 공놀이를 하고 있습니다. 그런데 짱이가 찬 공이 자동차가 쌩쌩 달리고 있는 큰 도로 쪽으로 굴러가고 있습니다. 짱이는 어떻게 해야 될까요? 왜 이런 일이 생길까요?</td></tr>
<tr><td></td><td colspan="2">3 짱이는 지하철을 타려고 승강장 쪽으로 막 내려갔습니다. 마침 지하철 문이 닫히려고 하고 있어서 짱이는 가지고 있던 가방을 문 쪽으로 던졌습니다. 다음에는 어떤 일이 벌어질까요? 짱이는 어떻게 해야 할까요?</td></tr>
<tr><td></td><td colspan="2">4 버스가 빨리 달리다가 갑자기 섰습니다. 그런데 버스 안에서 짱이 혼자 통로 쪽으로 넘어지고 있습니다. 짱이는 왜 이렇게 되었을까요? 어떻게 해야 할까요?</td></tr>
</table>

1/4 1~2/8 차시	길을 건널 때는 어떻게 해야 할까요?
학습목표	☑ 횡단보도를 안전하게 건너기 위한 여러 가지 문제해결 방안을 찾을 수 있다. ☑ 협력하여 과제에 참여할 수 있다.

지도상 유의점

- 본시에서는 아동이 횡단보도에서 길을 건널 때 빈번하게 일어날 수 있는 교통사고에 대해 다루고 있다. 따라서 횡단보도를 이용하면서 부주의에 의해 일어날 수 있는 안전사고를 예방할 수 있도록 관련 규칙을 선수학습 및 본시의 보충학습 부분에서 반드시 지도하도록 한다.
- 단원별 문제는 교사가 직접 설명하거나 비디오 자료와 같은 영상자료를 활용하도록 하고, 회기별 PBL 그림은 별첨 CD 자료의 그림을 B4 크기로 출력해 사용하거나 PPT를 활용한다.
- PBL 수업 초기(1, 2회기 동안)에는 아동이 좀 더 수업 상황에 익숙해지고, 문제해결의 방향을 잡아 가도록 교사가 더 많은 개입과 지원을 하도록 한다.
- PBL 수업은 초기에는 수업 시간이 약 80여 분이 소요되나, 아동이 숙달되면 50~60분 정도로 시간이 단축될 수도 있다.
- 40분 수업 후 반드시 쉬는 시간을 가지도록 한다.
- PBL 수업은 개별아동(개별수업)에 적용하여 40분 수업으로 활용할 수도 있다.

학습 내용 및 활동

전체수업

수업을 위한 동기유발

■■ 교통 관련 노래나 플래시 자료를 제시하며 교통질서에 대해 이야기하기

- (노래 플래시 자료가 제시되었을 경우) 노래를 따라 부른다.
- (자동차들이 달리는 거리의 사진과 횡단보도에 기다리고 있는 사람들의 사진을 제시하며) 사람과 자동차가 서로 부딪히지 않고 이렇게 달릴 수 있는 것은 무엇 때문인가요?
  ☺ 질서를 지켜서 그래요.
  ☺ 자동차 신호를 잘 지켜서 그래요.
  ☺ 사람이 자동차 길로 다니지 않고 횡단보도를 건너다녀서 그래요.
  ☺ 자동차가 사람이 다니는 인도가 아닌 차도를 이용하기 때문이에요.
- 만약 자동차나 사람이 신호등이나 질서를 지키지 않으면 어떻게 될까요?
  ☺ 사고가 나요.
  ☺ 사람이 다쳐요.
  ☺ 자동차가 부서져요.

■■ 본시 수업 안내하기

- 오늘 수업에서는 교통과 관련되어 일어날 수 있는 문제 상황에 어떻게 대처해야 하는지에 대해 배운다는 것을 설명한다.

■■ 강화제공 안내(강화계획이 있을 경우)

- 수업 마지막 부분에서 과제수행을 열심히 수행한 팀을 선정하고, 우수왕을 선발하여 강화가 제공된다는 것을 안내한다.

문제 제시

PBL 문제 만나기

■■ 단원 PBL 문제 안내하기

- 단원 문제: 자동차, 지하철, 버스 등은 우리 모두 편리하게 이용하고 있는 교통기관입니다. 그러나 이런 편리한 교통 기관으로 인해 해마다 어린이 교통사고가 늘어나고 있습니다. 그렇다면 어린이 교통사고는 왜 일어날까요? 이런 사고가 일어나지 않기 위해서는 우리가 어떻게 해야 할까요? 어떻게 해야 교통기관을 편리

하고 안전하게 이용할 수 있을까요?

■■ 그림 자료나 PPT 자료로 PBL 문제 제시하기

• 문제내용: 자동차가 빠르게 달려오고 있는데, 짱이는 정신없이 길을 건너고 있습니다. 이럴 땐 어떤 일이 벌어질까요? 왜 이런 일이 일어날까요? 어떻게 해야 할까요?

◪ 문제 파악

■■ **문제해결력의 하위 영역인 결과예측, 원인 · 이유, 해결방안으로 나누어 단계별로 아동에게 질문하기**

• 결과 예측하기: 다음에는 어떤 일이 생길까요?

☺ 짱이가 다쳐요.

☺ 짱이가 놀라요.

☺ 자동차가 부서져요.

☺ 운전사 아저씨가 빵소니를 쳐요.

☺ 아무 일 없이 짱이는 길을 건너요.

☺ 사람들이 구경해요.

☺ 자동차 운전사가 화를 내요.

☺ 119 구급차가 와요.

☺ 짱이는 병원에 입원해요.

☺ 짱이가 병원에서 주사가 무서워서 울어요.

☺ 경찰관 아저씨가 와요.

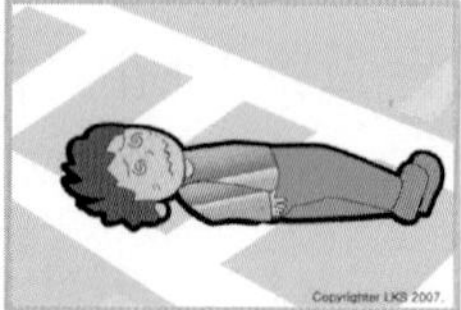
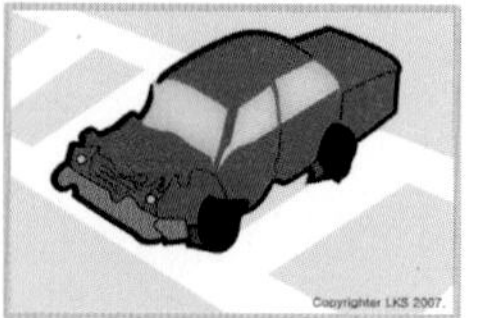

• 원인 · 이유 파악하기: 왜 이런 일이 생기게 되었을까요?

☺ 짱이가 빨간색 신호등일 때 길을 건넜기 때문이에요.

☺ 자동차가 신호등을 지키지 않았기 때문이에요.

☺ 짱이가 파란색 불이 깜박일 때 길을 건넜기 때문이에요.

☺ 길을 건널 때 짱이가 손을 들지 않았기 때문이에요.

☺ 녹색 어머니 말을 안 들었기 때문이에요.

☺ 자동차가 자동차 신호등을 지키지 않았기 때문이에요.

☺ 자동차가 '학교 앞 천천히'를 지키지 않았기 때문이에요.

• 해결방안 찾기: 이런 일이 생기지 않게 하려면 어떻게 해야 할까요?

☺ 짱이가 횡단보도 신호등을 구분하여 파란색 불일 때 건너야 해요.

☺ 파란색 신호등 불이 깜박일 때는 길을 건너지 않아야 해요.

☺ 어른과 함께 길을 건너야 해요.

☺ 손을 들고 길을 건너야 해요.

☺ 자동차도 신호등을 지켜야 해요.

☺ 육교나 지하도가 근처에 있으면 그쪽으로 건너야 해요.

☺ 짱이가 교통안전 교육을 받아야 해요.

☺ 운전사 아저씨들이 교통질서를 지키도록 교통 캠페인을 열어야 해요.

☺ 운전사 아저씨들이 횡단보도를 지날 때는 천천히 지나가야 해요.

• 아동이 여러 가지 결과예측과 원인을 파악할 수 있도록 교사는 다

양한 방법으로 자료를 조사하고(예, 인터넷 검색, 교사가 준비해 둔 사진 자료, 비디오 자료, CD-ROM, 교통 관련 사이트 등), 아울러 사전에 가정과 연계하여 아동에게도 자료 수집을 할 수 있도록 안내한다.

모둠 구성하기

■■ 아동 수에 따라 1~2개의 모둠 구성하기

- 학습 능력이 상중하 수준으로 골고루 섞이도록 모둠별로 아동을 골고루 배치하도록 한다.
- 한 모둠은 2~3명으로 구성한다.

⇨ 모둠은 상황에 따라 매번 바꾸지 않고 전 시간에 배치된 인원 그대로 편성해도 되고, 아동이 원하는 팀으로 구성해도 된다. 그러나 한 아동 때문에 모둠에 다툼이 잦을 때는 아동이 눈치 채지 못하도록 자연스럽게 구성원을 교체하도록 한다.

■■ 모둠별로 '도와주기 게시판' 제공하기

- 게시판은 1/2 전지를 제공하거나 아동 수가 적을 때는 B4 용지를 제공해도 된다.
- 게시판의 제목인 '짱이를 도와주세요'는 아동이 원하는 이름이 있을 경우에는 변경해서 사용해도 된다.

⇨ '도와주기 게시판'은 모둠별 과제 수행을 위한 협력 학습자료로 이용됨과 동시에 개별 발표 시에도 이용되며 단원에 따라 재구성하여 사용해도 된다.

⇨ 유의점: 모둠별 협동 수업 전에 전체 아동의 수준에 따라 각 질문에 대한 간단한 단서를 제공하여 모둠별 과제 수행이 용이하게 이루어지도록 한다.

협동수업

모둠별 문제 탐색

협동적 문제 탐색 · 해결하기

■■ 모둠별 책상 정리 후 PBL 문제에 대한 문제해결의 하위 영역별로 문제를 협동으로 탐색 · 해결하기

- 아동에게 전체 수업 시간에 함께 문제해결 했던 PBL 문제를 상기하며 '짱이'를 도와주기 위한 결과예측, 원인 · 이유, 해결방안에 대해 '도와주기 게시판'을 완성하도록 독려한다.

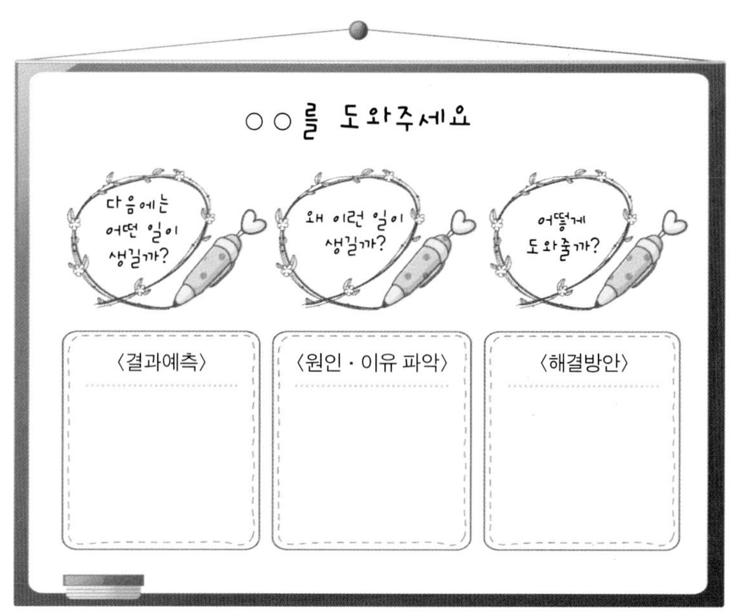
○○를 도와주세요
다음에는 어떤 일이 생길까?
왜 이런 일이 생길까?
어떻게 도와줄까?
〈결과예측〉
〈원인 · 이유 파악〉
〈해결방안〉

- 글자를 읽고 쓰는 것에 어려움이 있는 아동은 글자 대신 '작은 그림'으로 된 답지를 제공하여 해당 칸에 오려 붙일 수 있도록 한다.
- 수업 중에 아동이 인터넷에서 '어린이 교통사고' 관련 검색어로 수집한 교통사고 장면이나, 아동이 다쳐서 병원에 입원해 있는 장면의 사진/그림을 찾아 붙이거나 또는 이를 문장으로 직접 써넣도록 한다.

전체수업

발표하기

■■ 모둠별로 완성된 게시판을 앞에 붙이고 순서대로 발표하기

- 발표는 팀에서 선발하거나 원하는 아동이 할 수 있도록 한다.
- 초기에는 아동이 발표하는 데 어려움을 겪으므로 교사가 발표 시범을 보여 주도록 한다.
- 앞부분에서 많은 시간이 소요되어 발표시간이 부족할 경우에는 1～2명 아동만 발표시킨다.

⇨ 모둠별 결과 발표 시 아동이 상대방의 결과가 자기 팀과 다르다고 하여 비난하거나 놀리지 않도록 하고, 아동이 최선을 다해 과제 수행한 것을 서로 격려하도록 지도한다.

보충 학습하기

보충 설명: 모둠별 발표 후 내용이 부족할 경우 교사의 보충 설명이나 보충 자료를 제시하여 아동의 이해 돕기

- 해결방안 중 건널목 '신호등을 잘 지키자'가 나왔다면 신호등 색상에 따른 '기다리기' '건너기'를 아동이 알고 있는지 질문하고, 아동 중 질문에 답하지 못하는 아동을 위해 신호등 지키기에 대한 학습이 간단히 이루어지도록 한다. 그리고 신호등이 있더라도 교통 경찰관이 지도하고 있을 때는 경찰관의 지시에 따라 길을 건너야 함을 설명한다.

개별수업

개별학습 및 평가

개별학습 · 평가하기

문제해결의 개별학습하기

- 교사는 독립적으로 과제 수행을 할 수 없는 아동부터 순서대로 수업한 내용을 복습할 수 있도록 지도한다. 제시된 문제와 유사한 문제를 제시하여 결과예측, 원인 · 이유, 해결방안에 대해 과제 수행할 수 있도록 지도한다(학습지 과제 수행하기).

자기평가하기([그림 2-3] 참조)

- 자기평가를 독립적으로 할 수 없는 아동은 교사와 함께 평가하도록 한다.
- 자기평가는 매 회기별로 실시하지 않고, 단원별로 한두 차례 실시하도록 한다.

전체수업

수업 정리

수업 마무리하기

개별학습과 자기평가 시간이 완료되면 수업 마무리하기

- 문제 상황에 대해 종합적으로 질문하고 설명한다.
- '도와주기 게시판'을 교실 환경판에 전시한다(다음 수업에 활용).

- 매 수업 후 교사는 개별아동의 학업 수행력에 대한 전반적인 평가를 한다.
- 강화는 도입 부분에서 안내하였을 경우 그에 알맞게 제공하도록 한다.

학습지 1

단원	교통질서와 안전	수업 주제	길을 건널 때는 어떻게 해야 할까요?	차시	1~2
				수준	상/하
월 일 요일			이름		

⇨ 하 수준의 아동은 교사/보조원과 함께 답란에 글자 대신 그림을 붙이게 한다.

자동차가 달려오고 있습니다. 짱이는 정신없이 횡단보도를 건너고 있습니다.

❶ 다음에는 어떤 일이 일어날까요?

❷ 왜 이런 일이 생기게 되었을까요?

❸ 짱이가 안전하게 길을 건너도록 하려면 어떻게 해야 할까요?

학습지 2

<table>
<tr><td rowspan="2">단원</td><td rowspan="2">교통질서와 안전</td><td rowspan="2">수업 주제</td><td rowspan="2">길을 건널 때는 어떻게 해야 할까요?</td><td>차시</td><td>1~2</td></tr>
<tr><td>수준</td><td>중</td></tr>
<tr><td colspan="3">월 일 요일</td><td>이름</td><td colspan="2"></td></tr>
</table>

자동차가 달려오고 있습니다. 짱이는 정신없이 횡단보도를 건너고 있습니다.

※ 다음 문제를 읽고 맞는 것에는 'ㅇ'를, 틀린 것에는 '×'를 표시하세요.

❶ 다음에는 어떤 일이 일어날까요?

① 짱이가 자동차와 부딪혀 다칠 것이다._____

② 119 구급차가 올 것이다._____

③ 짱이가 주위 사람에게서 칭찬을 받을 것이다._____

❷ 왜 이런 일이 생기게 되었을까요?

① 자동차 운전하는 사람이 신호등을 지키지 않았기 때문에_____

② 짱이가 빨간 신호등일 때 횡단보도를 건넜기 때문에_____

③ 짱이가 횡단보도가 아닌 곳에서 길을 건넜기 때문에_____

❸ 짱이가 안전하게 길을 건너도록 하려면 어떻게 해야 할까요?

① 짱이가 신호등을 잘 보고 건너도록 가르쳐 준다._____

② 횡단보도를 모두 없애 버린다._____

③ 자동차 운전하는 사람이 운전을 조심하게 하도록 가르쳐 준다._____

1단원 1회기(1~2차시)에 필요한 그림 자료

❶ PBL 그림 문제: 확대 출력하여 사용(A4 혹은 B4 확대/코팅 사용)

- 엽서 크기로 PBL 그림을 출력하여 모둠별 도와주기 게시판 좌측 혹은 우측 상단에 붙여 주어 아동이 PBL 문제를 이해하는 데 도움을 주도록 한다.
- 다음 쪽의 작은 그림은 글자를 모르는 아동용이다. 글자를 아는 아동이라도 글쓰기에 어려움을 겪는 아동을 위해 그림 자료의 아래에 글자를 써 주어도 된다.
  ㉸ 짱이가 다리를 다쳤어요.

❷ 문제해결의 하위영역별 모둠별 '도와주기 게시판' 수행 시 혹은 개별학습지 수행 시 사용(글자를 읽고 쓰는 것에 어려움이 있는 아동용)

- 결과예측의 예

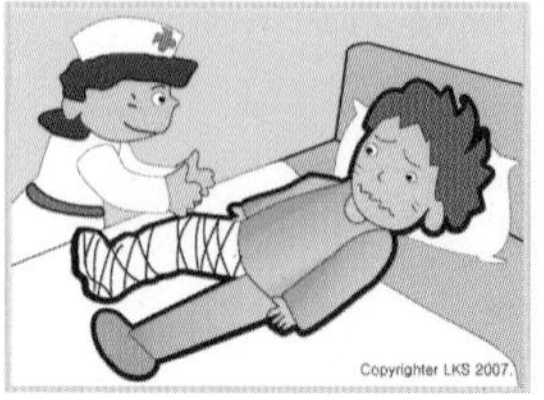

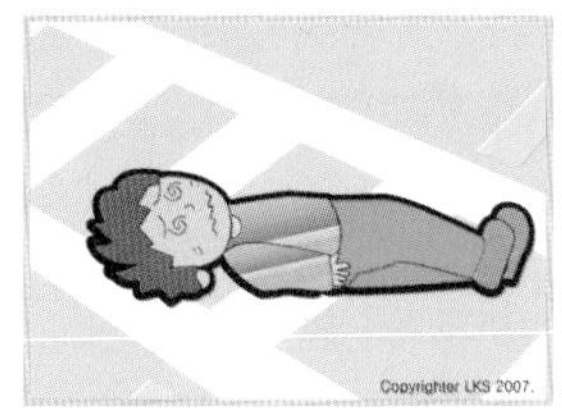

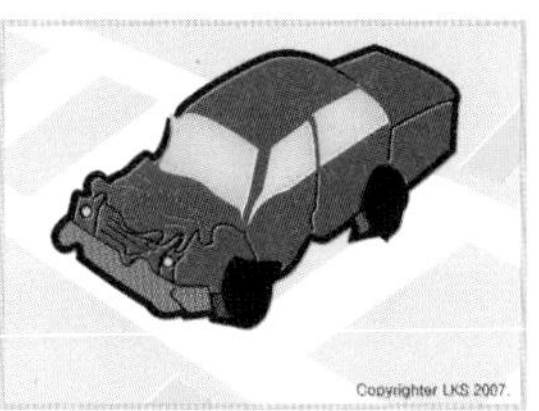

• 원인 · 이유의 예

• 해결방안의 예

2/4 3～4/8 차시	골목길에서 공놀이는 어떨까요?
학습목표	☑ 골목길에서 공놀이 하는 것은 위험함을 알 수 있다 ☑ 안전하게 놀이를 하는 방법을 찾을 수 있다.

지도상 유의점

• 골목길에서 공놀이를 하는 것은 대도시에 사는 아동에게는 흔히 일어나지 않는 경우일 것이다. 그러나 아동이 마음껏 뛰어놀 수 있는 공간이 부족하여, 아동이 놀고 있는 공간에는 늘 자동차나 다른 위험 요소가 도사리고 있다. 아파트에 사는 경우 자동차가 있는 곳에서 놀 수 있을 것이며, 지하철이나 버스정류장에서 차를 기다리다가 가지고 있는 풍선이나 공, 다양한 장난감을 놓치는 경우가 생길 수도 있다. 특히 장애아동에게는 이러한 안전교육을 좀 더 구체적이고 반복적으로 교육할 필요가 있다. 단, 호기심으로 이러한 일을 의도적으로 발생시킬 수도 있으므로 이에 대한 예방교육까지도 철저히 지도할 수 있어야 할 것이다.

학습 내용 및 활동

전체수업

수업을 위한 동기유발

■■ 집 앞 골목길이나 아파트 주차장에서 공놀이나 다른 놀이를 한 경험에 대해 이야기하기

• 골목길이나 아파트 주차장에서 공놀이를 하거나 다른 놀이를 한 적이 있나요?

☺ 아빠랑 축구 했어요.

☺ 비눗방울 놀이 했어요.

• 골목길이나 아파트 주차장에서 놀이를 한다면 어떻게 될까요?

☺ 위험해요.

☺ 다쳐요.

■■ 본시 수업 안내하기

- 오늘 수업에서는 골목길에서 생길 수 있는 문제 상황에 어떻게 대처해야 하는지에 대해 배운다는 것을 설명한다.

◪ 문제 제시

PBL 문제 만나기

■■ 단원 PBL 문제 안내하기

- 단원 문제: 자동차, 지하철, 버스 등은 우리 모두 편리하게 이용하고 있는 교통기관입니다. 그러나 이런 편리한 교통 기관으로 인해 해마다 어린이 교통사고가 늘어나고 있습니다. 그렇다면 어린이 교통사고는 왜 일어날까요? 이런 사고가 일어나지 않기 위해서는 우리가 어떻게 해야 할까요? 어떻게 해야 교통기관을 편리하고 안전하게 이용할 수 있을까요?

⇨ 단원 PBL 문제는 1회기(1~2차시)에 소개한 경우에는 그다음 차시부터 생략해도 된다.

■■ 그림 자료나 PPT 자료로 PBL 문제 제시하기

- 문제내용: 짱이와 친구들이 좁은 골목길에서 공놀이를 하고 있습니다. 그런데 짱이가 찬 공이 자동차가 쌩쌩 달리고 있는 큰 도로 쪽으로 굴러가고 있습니다. 짱이는 어떻게 해야 할까요? 왜 이런 일이 생길까요?

◪ 문제 파악

■■ 문제해결력의 하위 영역인 결과예측, 원인·이유, 해결방안으로 나누어 단계별로 아동에게 질문하기

- 결과 예측하기: 다음에는 어떤 일이 생길까요?

☺ 짱이가 다쳐요.

☺ 공이 자동차에 치여 터져요.

☺ 짱이가 공을 주우러 가다가 자동차에 치여요.

☺ 운전사 아저씨가 화를 내요.

☺ 짱이는 병원에 입원할 거예요.

☺ 병원에서 주사가 무서워서 울어요.

☺ 자동차가 급하게 서다가(공을 또는 짱이를 피하다가) 다른 차와 사고가 나요.

☺ 자동차에 공이 맞아서 사고가 나요.(운전사 아저씨가 다쳐요.)

⇨ 가능한 한 교육을 위해 부정적인 결과를 예측하도록 유도한다.

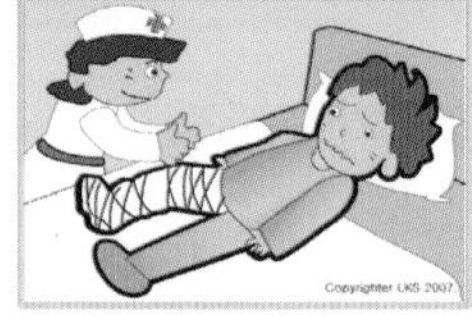

⇨ 공놀이의 결과예측에 대한 그림 자료는 '1회기'의 횡단보도 사고에서의 결과예측 부분과 유사하므로 함께 사용하도록 한다.

- 원인 · 이유 파악하기: 왜 이런 일이 생기게 되었을까요?

☺ 짱이가 위험한 골목길에서 공놀이를 하였기 때문이에요.

☺ 공을 자동차가 다니는 길로 찼기 때문이에요.

☺ 자동차가 서지 않았기 때문이에요.

☺ 짱이가 놀이터에서 안 놀고 위험한 데서 놀았기 때문이에요.

☺ 짱이가 엄마 말을 잘 듣지 않고 골목에서 놀았기 때문이에요.

- 해결방안 찾기: 이런 일이 생기지 않게 하려면 어떻게 해야 할까요?

☺ 공놀이는 놀이터, 학교 운동장, 축구장에서 하도록 해야 해요.

☺ 자동차가 달리는 도로에는 공 주우러 가면 안 돼요.

☺ 자동차가 다니는 길로 공이 들어가면 어른들께 부탁해요.

- 아동이 골목길이나 아파트 주자장 등에서 놀 때 어떤 일이 벌어질 수 있는지 여러 가지 결과예측과 원인 · 이유를 파악할 수 있도록 사전에 가정과 연계하여 지도하도록 한다.
- PBL 그림 문제에 맞게 단계별로 결과예측, 원인 · 이유, 해결 방안에 대해 다시 한 번 간단히 설명하고 질문한다.

◪ 모둠 구성하기

■■ **아동 수에 따라 1~2개의 모둠 구성하기**

- 학습 능력이 상중하 수준으로 골고루 섞이도록 모둠별로 아동을 골고루 배치하도록 한다.
- 한 모둠은 2~3명으로 구성한다.

⇨ 모둠은 상황에 따라 매번 바꾸지 않고 전 시간에 배치된 인원 그대로 편성해도 된다.

■■ **모둠별로 '도와주기 게시판' 제공하기**

- 게시판은 1/2 전지를 제공하거나 아동 수가 적을 때는 B4(개별일 때는 A4) 용지를 제공해도 된다.
- 게시판의 제목인 '짱이를 도와주세요'는 아동이 원하는 이름이 있을 경우에는 변경해서 사용해도 된다.

⇨ '도와주기 게시판'은 모둠별 과제 수행을 위한 협력 학습자료로 이용됨과 동시에 개별 발표 시에도 이용되며 단원에 따라 재구성하여 사용해도 된다.

⇨ 모둠별 협동 수업 전에 전체 아동의 수준에 따라 각 질문에 대한 간단한 단서를 제공하여 모둠별 과제 수행이 용이하게 이루어지도록 한다.

협동수업

◪ 모둠별 문제 탐색

협동적 문제 탐색 · 해결하기

■■ **모둠별 책상 정리 후 PBL 문제에 대한 문제해결의 하위 영역별로 문제를 협동으로 탐색 · 해결하기**

- 아동에게 전체 수업 시간에 함께 문제해결 했던 PBL 문제를 상기

하며 '짱이'를 도와주기 위한 결과예측, 원인 · 이유, 해결방안에 대해 '도와주기 게시판'을 완성하도록 독려한다.

- 글자를 읽고 쓰는 것에 어려움이 있는 아동은 글자 대신 '작은 그림'으로 된 답지를 제공하여 해당 칸에 오려 붙일 수 있도록 한다.
- 수업 중에 아동이 인터넷에서 '어린이 교통사고', 놀이터, 공원, 학교 운동장, 축구장에서의 '공놀이 모습' 등을 검색어로 수집한 자료를 활용해도 된다.

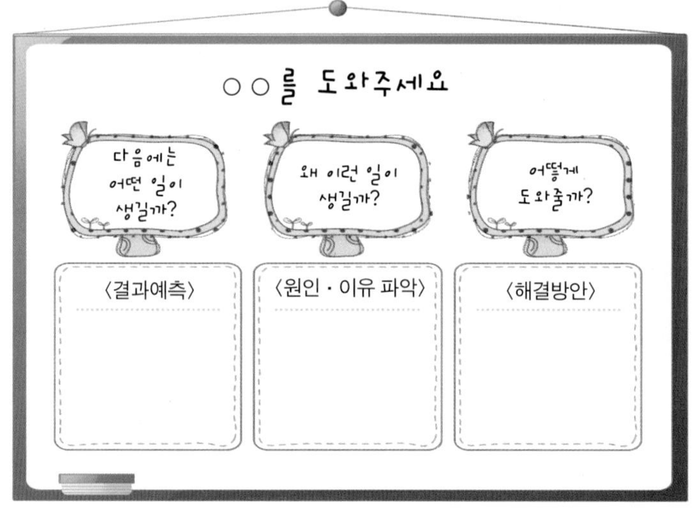
○○를 도와주세요
다음에는 어떤 일이 생길까?
왜 이런 일이 생길까?
어떻게 도와줄까?
〈결과예측〉
〈원인 · 이유 파악〉
〈해결방안〉

전체수업

발표하기

■■ 모둠별로 완성된 게시판은 앞에 붙이고 순서대로 발표하기

- 발표는 팀에서 선발하거나 원하는 아동이 할 수 있도록 한다.
- 초기에는 아동이 발표하는 데 어려움을 겪으므로 교사가 발표 시범을 보여 주도록 한다.
- 앞부분에서 많은 시간이 소요되어 발표시간이 부족할 경우에는 1~2명 아동만 발표시킨다.

⇨ 모둠별 결과 발표 시 아동이 상대방의 결과가 자기 팀과 다르다고 하여 비난하거나 놀리지 않도록 하고, 아동이 최선을 다해 과제 수행한 것을 서로 격려하도록 지도한다.

보충 학습하기

■■ 보충 설명: 모둠별 발표 후 내용이 부족할 경우 교사의 보충 설명이나 보충 자료를 제시하여 아동의 이해 돕기

- 해결방안 중 놀이터나 공원에서 '공놀이 하기'가 제시되었다면, 놀이터나 공원 중에는 장소가 좁아서 공놀이를 할 경우 다른 사람에게 피해를 줄 수도 있음을 설명한다.

개별수업

개별학습 및 평가

개별학습 · 평가하기

문제해결의 개별학습하기

- 교사는 독립적으로 과제 수행을 할 수 없는 아동부터 순서대로 수업한 내용을 복습할 수 있도록 지도한다. 제시된 문제와 유사한 문제를 제시하여 결과예측, 원인 · 이유, 해결방안에 대해 과제 수행할 수 있도록 지도한다.

자기평가하기([그림 2-3] 참조)

- 자기평가를 독립적으로 할 수 없는 아동은 교사와 함께 평가하도록 한다.
- 자기평가는 매 회기별로 실시하지 않고, 단원별로 한두 차례 실시하도록 한다.

전체수업

수업 정리

수업 마무리하기

개별학습과 자기평가 시간이 완료되면 수업을 마무리하기

- 문제 상황에 대해 종합적으로 질문하고 설명한다.
- '도와주기 게시판'을 교실 환경판에 전시한다(다음 수업에 활용).
- 매 수업 후 교사는 개별아동의 학업 수행력에 대한 전반적인 평가를 한다.
- 강화는 도입 부분에서 안내하였을 경우 그에 알맞게 제공하도록 한다.

학습지 1

단원	교통질서와 안전	수업 주제	골목길에서 공놀이는 어떨까요?	차시	3~4
				수준	상/하
월 일 요일			이름		

⇨ 하 수준의 아동은 교사/보조원과 함께 답란에 글자 대신 그림을 붙이게 한다.

짱이와 친구들이 좁은 골목길에서 공놀이를 하고 있습니다. 그런데 짱이가 찬 공이 자동차가 쌩쌩 달리고 있는 큰 도로 쪽으로 굴러가고 있습니다.

❶ 다음에는 어떤 일이 일어날까요?

❷ 왜 이런 일이 생기게 되었을까요?

❸ 짱이가 안전하게 공놀이를 하려면 어떻게 해야 할까요?

학습지 2

단원	교통질서와 안전	수업 주제	골목길에서 공놀이는 어떨까요?	차시	3~4
				수준	중
월 일 요일				이름	

짱이와 친구들이 좁은 골목길에서 공놀이를 하고 있습니다. 그런데 짱이가 찬 공이 자동차가 쌩쌩 달리고 있는 큰 도로 쪽으로 굴러가고 있습니다.

※ 다음 문제를 읽고 맞는 것에는 'ㅇ'를, 틀린 것에는 'X'를 표시하세요.

❶ 다음에는 어떤 일이 일어날까요?

① 짱이가 찬 공이 자동차와 부딪칠 것이다._____

② 공이 저절로 도로 밖으로 다시 나올 것이다._____

③ 공이 자동차에 깔려 터질 것이다._____

❷ 왜 이런 일이 생기게 되었을까요?

① 짱이가 좁은 골목길에서 놀았기 때문에_____

② 짱이가 일부러 장난 삼아 공을 도로로 찼기 때문에_____

❸ 짱이가 안전하게 공놀이를 하려면 어떻게 해야 할까요?

① 짱이가 안전하게 놀 수 있도록 공원이나 놀이터를 가르쳐 준다. _____

② 짱이에게 도로로 공이 들어갈 때는 절대로 못 들어가도록 한다. _____

③ 계속 짱이가 골목길에서 놀도록 가만히 둔다._____

1단원 2회기(3~4차시)에 필요한 그림 자료

❶ PBL 그림 문제: 확대 출력하여 사용(A4 혹은 B4 확대/코팅 사용)

- 엽서 크기로 PBL 그림을 출력하여 모둠별 도와주기 게시판 좌측 혹은 우측 상단에 붙여 주어 아동이 PBL 문제를 이해하는 데 도움을 주도록 한다.
- 다음 쪽의 작은 그림은 글자를 모르는 아동용이다. 글자를 아는 아동이라도 글쓰기에 어려움을 겪는 아동을 위해 그림 자료의 아래에 글자를 써 주어도 된다.
  ㉮ 공이 도로로 굴러갔다. 운전사 아저씨가 화를 낸다.

❷ 문제해결의 하위영역별 모둠별 '도와주기 게시판' 수행 시 혹은 개별학습지 수행 시 사용(글자를 읽고 쓰는 것에 어려움이 있는 아동용)

- 결과예측의 예

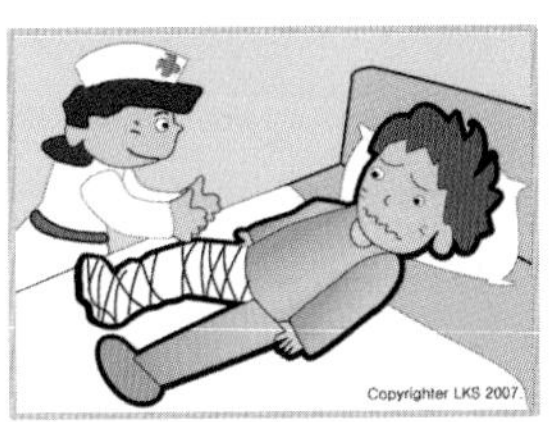

- 원인 · 이유의 예

- 해결방안의 예

3/4 5~6/8 차시	지하철에서 질서를 지켜요!
학습목표	☑ 지하철 역내에서 안전하게 지하철을 타는 방법을 알 수 있다.

지도상 유의점

• 일반적으로 장애아동은 교통기관 중 특히 지하철이나 기차 타는 것을 좋아한다. 그러나 이러한 교통기관을 이용하는 데에는 위험한 상황이 많이 존재한다. 사소한 실수나 장난이 곧바로 대형 사고로 이어질 수도 있으므로 교통기관 이용 방법과 규칙을 철저히 지도할 수 있어야 할 것이다.

학습 내용 및 활동

전체수업

수업을 위한 동기유발

■■ 지하철이나 기차를 타 본 경험을 이야기하기

• 지하철이나 기차를 타 본 적이 있나요?

☺ 타 봤어요.

☺ 우리 동네에는 지하철이 없어요.

☺ 타 보고 싶어요.

☺ 기차 타고 놀러 갔어요.

• 가장 기억에 남는 지하철/기차 타기는 어떤 게 있나요?

☺ 엄마랑 아빠랑 기차 타고 놀러 갔어요.

☺ 지하철 타고 동물원에 갔어요.

■■ 본시 수업 안내하기

• 오늘 수업에서는 지하철을 이용하면서 생길 수 있는 문제 상황에 어떻게 대처해야 하는지에 대해 배운다는 것을 설명한다.

◪ 문제 제시

PBL 문제 만나기

■■ 단원 PBL 문제 안내하기

• 단원 문제: 자동차, 지하철, 버스 등은 우리 모두 편리하게 이용하고 있는 교통기관입니다. 그러나 이런 편리한 교통 기관으로 인해 해마다 어린이 교통사고가 늘어나고 있습니다. 그렇다면 어린이 교통사고는 왜 일어날까요? 이런 사고가 일어나지 않기 위해서는 우리가 어떻게 해야 할까요? 어떻게 해야 교통기관을 편리하고 안전하게 이용할 수 있을까요?

⇨ 단원 PBL 문제는 1회기(1~2차시)에 소개한 경우에는 그다음 차시부터 생략해도 된다.

■■ 그림 자료나 PPT 자료로 PBL 문제를 제시하기

• 문제내용: 짱이는 지하철을 타려고 승강장 쪽으로 막 내려갔습니다. 마침 지하철 문이 닫히려고 하고 있어서 짱이는 가지고 있던 가방을 문 쪽으로 던졌습니다. 다음에는 어떤 일이 벌어질까요? 짱이는 어떻게 해야 할까요?

◪ 문제 파악

■■ 문제해결력의 하위 영역인 결과예측, 원인 · 이유, 해결방안으로 나누어 단계별로 아동에게 질문하기

• 결과 예측하기: 다음에는 어떤 일이 생길까요?

☺ 짱이가 가방을 따라 달리다가 다쳐요.

☺ 지하철 문이 다시 열려요.

☺ 가방이 지하철 문에 끼어서 지하철이 멈춰요.

☺ 지하철이 고장이 나요.

☺ 지하철이 멈춰서 사람들이 내려요.

☺ 사람들이 짱이에게 화를 내요.

☺ 뒤에 오는 지하철이 역 안으로 못 들어와요.

☺ 지하철 문에 가방 끈이 낀 채로 지하철이 가 버려 짱이는 가방을 잃어버려요.

⇨ 가능한 한 교육을 위해 부정적인 결과를 예측하도록 유도한다.

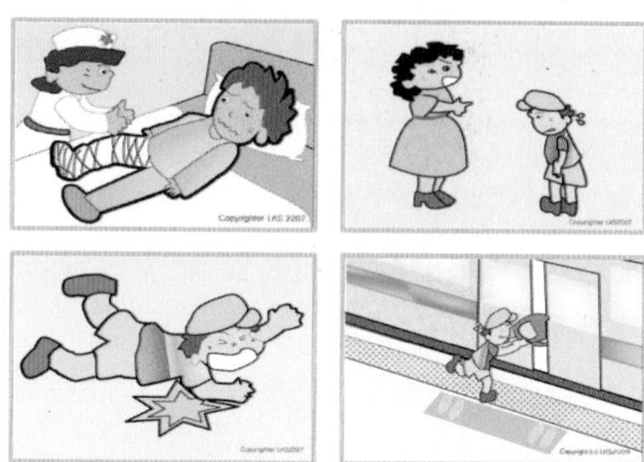

• 원인 · 이유 파악하기: 왜 이런 일이 생기게 되었을까요?

☺ 짱이가 지하철 문이 닫히는데 가방을 던졌기 때문이에요.

☺ 지하철 운전아저씨가 짱이를 보지 못했기 때문이에요.

☺ 지하철 문이 너무 빨리 닫혔기 때문이에요.

☺ 옆에 있는 사람들이 짱이를 말리지 않았기 때문이에요.

☺ 짱이가 가방을 지하철 문으로 던졌을 때 얼마나 위험한지 몰랐기 때문이에요.

☺ 짱이가 다음 지하철을 타도되는데 빨리 타려고 했기 때문이에요.

• 해결방안 찾기: 이런 일이 생기지 않게 하려면 어떻게 해야 할까요?

☺ 지하철 문이 닫힐 때(출발할 때)는 타면 안 돼요.

☺ 노란선 안전선 밖에서 기다려야 해요.

☺ 어른과 함께 차례를 기다려야 해요.

☺ 지하철을 못 타면 다음에 오는 지하철을 기다려야 해요.

☺ 주위의 어른이 짱이가 위험한 행동을 하지 못하도록 도와주어

야 해요.

☺ 지하철 역 안에서는 뛰어다니면 안 돼요.

• PBL 그림 문제에 맞게 단계별로 결과예측, 원인 · 이유, 해결 방안에 대해 다시 한 번 간단히 설명하고 질문한다.

모둠 구성하기

■■ **아동 수에 따라 1~2개의 모둠 구성하기**

• 학습 능력이 상중하 수준으로 골고루 섞이도록 모둠별로 아동을 골고루 배치하도록 한다.

• 한 모둠은 2~3명으로 구성한다.

■■ **모둠별로 '도와주기 게시판' 제공하기**

• 게시판은 1/2 전지를 제공하거나 아동 수가 적을 때는 B4(개별일 때는 A4) 용지를 제공해도 된다.

• 게시판의 제목인 '짱이를 도와주세요'는 아동이 원하는 이름이 있을 경우에는 변경해서 사용해도 된다.

⇨ '도와주기 게시판'은 모둠별 과제 수행을 위한 협력 학습자료로 이용됨과 동시에 개별 발표 시에도 이용되며 단원에 따라 재구성하여 사용해도 된다.

⇨ 유의점: 모둠별 협동 수업 전에 전체 아동의 수준에 따라 각 질문에 대한 간단한 단서를 제공하여 모둠별 과제 수행이 용이하게 이루어지도록 한다.

협동수업

모둠별 문제 탐색

협동적 문제 탐색 · 해결하기

■■ **모둠별 책상 정리 후 PBL 문제에 대한 문제해결의 하위 영역별로 문제를 협동으로 탐색 · 해결하기**

• 아동에게 전체 수업 시간에 함께 문제해결 했던 PBL 문제를 상기시키며 '짱이'를 도와주기 위한 결과예측, 원인 · 이유, 해결방안에 대해 '도와주기 게시판'을 완성하도록 독려한다.

• 글자를 읽고 쓰는 것에 어려움이 있는 아동은 글자 대신 '작은 그

림'으로 된 답지를 제공하여 해당 칸에 오려 붙일 수 있도록 한다.

- 수업 중에 아동이 인터넷에서 '지하철 안전사고' '지하철' 등을 검색어로 수집한 자료를 활용해도 된다.

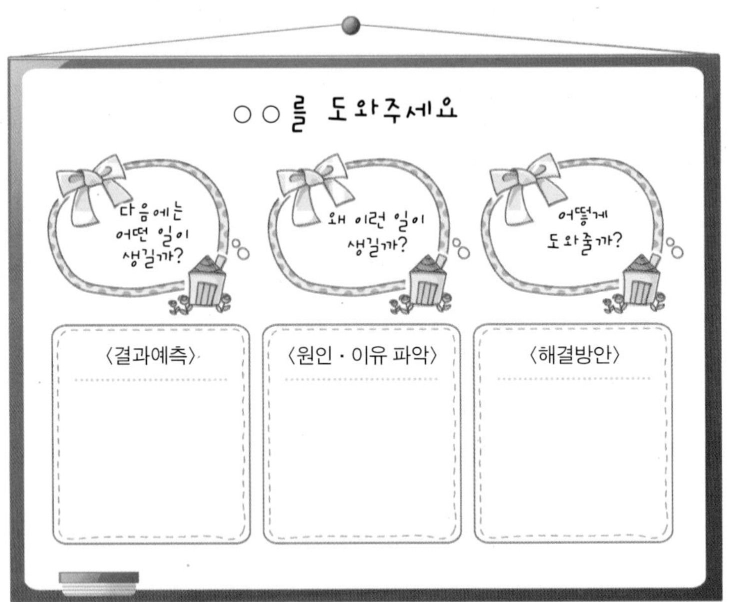
○○를 도와주세요
다음에는 어떤 일이 생길까?
왜 이런 일이 생길까?
어떻게 도와줄까?
〈결과예측〉
〈원인 · 이유 파악〉
〈해결방안〉

전체수업

발표하기

■■ 모둠별로 완성된 게시판은 앞에 붙이고 순서대로 발표하기

- 발표는 팀에서 선발하거나 원하는 아동이 할 수 있도록 한다.
- 초기에는 아동이 발표하는 데 어려움을 겪으므로 교사가 발표 시범을 보여 주도록 한다.
- 앞부분에서 많은 시간이 소요되어 발표시간이 부족할 경우에는 1~2명 아동만 발표시킨다.

⇨ 모둠별 결과 발표 시 아동이 상대방의 결과가 자기 팀과 다르다고 하여 비난하거나 놀리지 않도록 하고, 아동이 최선을 다해 과제 수행한 것을 서로 격려하도록 지도한다.

보충 학습하기

■■ 보충 설명: 모둠별 발표 후 내용이 부족할 경우 교사의 보충 설명이나 보충 자료를 제시하여 아동의 이해 돕기

- 지하철 철로로 떨어진 사람들에 대한 사고 뉴스를 보여 주고 위험 상황을 정확히 인지하도록 한다.

개별수업

개별학습 및 평가

개별학습 · 평가하기

문제해결의 개별학습하기

- 교사는 독립적으로 과제 수행을 할 수 없는 아동부터 순서대로 수업한 내용을 복습할 수 있도록 지도한다. 제시된 문제와 유사한 문제를 제시하여 결과예측, 원인 · 이유, 해결방안에 대해 과제 수행할 수 있도록 지도한다.

자기평가하기([그림 2-3] 참조)

- 자기평가를 독립적으로 할 수 없는 아동은 교사와 함께 평가하도록 한다.
- 자기평가는 매 회기별로 실시하지 않고, 단원별로 한두 차례 실시하도록 한다.

전체수업

수업 정리

수업 마무리하기

개별학습과 자기평가 시간이 완료되면 수업 마무리하기

- 문제 상황에 대해 종합적으로 질문하고 설명한다.
- '도와주기 게시판'을 교실 환경판에 전시한다(다음 수업에 활용).
- 매 수업 후 교사는 개별아동의 학업 수행력에 대한 전반적인 평가를 한다.
- 강화는 도입 부분에서 안내하였을 경우 그에 알맞게 제공하도록 한다.

학습지 1

단원	교통질서와 안전	수업 주제	지하철에서 질서를 지켜요!	차시	5~6
				수준	상/하
월 일 요일			이름		

⇨ 하 수준의 아동은 교사/보조원과 함께 답란에 글자 대신 그림을 붙이게 한다.

짱이는 지하철을 타려고 승강장 쪽으로 막 내려갔습니다. 마침 지하철 문이 닫히려고 하고 있어서 짱이는 가지고 있던 가방을 문 쪽으로 던졌습니다.

❶ 다음에는 어떤 일이 일어날까요?

❷ 왜 이런 일이 생기게 되었을까요?

❸ 짱이가 안전하게 지하철을 타려면 어떻게 해야 할까요?

학습지 2

단원	교통질서와 안전	수업 주제	지하철에서 질서를 지켜요!	차시	5~6
				수준	중
월	일	요일	이름		

짱이는 지하철을 타려고 승강장 쪽으로 막 내려갔습니다. 마침 지하철 문이 닫히려고 하고 있어서 짱이는 가지고 있던 가방을 문 쪽으로 던졌습니다.

※ 다음 문제를 읽고 알맞은 답의 번호를 모두 고르세요.

❶ 다음에는 어떤 일이 일어날까요? (　　)

① 짱이의 가방 때문에 지하철이 고장 날 것이다.
② 주변 사람한테 짱이는 꾸중을 들을 것이다.
③ 지하철 문에 가방이 끼어도 아무런 일이 일어나지 않을 것이다.

❷ 왜 이런 일이 생기게 되었을까요? (　　)

① 짱이가 지하철을 고장 나게 하려고 했기 때문에
② 짱이가 출발하려는 지하철을 세워서 타려고 했기 때문에

❸ 짱이가 안전하게 지하철을 타려면 어떻게 해야 할까요? (　　)

① 지하철이 오기 전에는 노란색의 안전선 안에서 기다려야 해요.
② 지하철 문이 닫히고 출발하려고 할 때는 타지 말아야 해요.
③ 지하철 문이 닫히려고 할 때 억지로 문을 열고 타도 돼요.

1단원 3회기(5~6차시)에 필요한 그림 자료

❶ PBL 그림 문제: 확대 출력하여 사용(A4 혹은 B4 확대/코팅 사용)

- 엽서 크기로 PBL 그림을 출력하여 모둠별 도와주기 게시판 좌측 혹은 우측 상단에 붙여 주어 아동이 PBL 문제를 이해하는 데 도움을 주도록 한다.
- 다음 쪽의 작은 그림은 글자를 모르는 아동용이다. 글자를 아는 아동이라도 글쓰기에 어려움을 겪는 아동을 위해 그림 자료의 아래에 글자를 써 주어도 된다.
  ㉮ 지하철이 고장 나요.

❷ 문제해결의 하위영역별 모둠별 '도와주기 게시판' 수행 시 혹은 개별학습지 수행 시 사용(글자를 읽고 쓰는 것에 어려움이 있는 아동용)

- 결과예측의 예

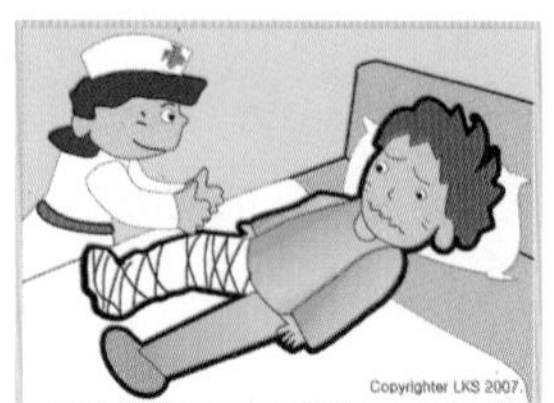

• 원인 · 이유의 예

• 해결방안의 예

4/4 7~8/8 차시	버스 안에서는 조심해요!
학습목표	☑ 달리는 버스 안에서 일어날 수 있는 다양한 안전사고를 말할 수 있다. ☑ 버스 안에서 일어나는 여러 가지 문제 상황이 일어나지 않도록 예방할 수 있는 방법을 알 수 있다.

지도상 유의점

- 버스는 좌석에 안전벨트가 있는 버스와 없는 버스로 크게 두 종류로 나눌 수 있다. 일반적으로 초등학생이 현장학습을 갈 때 이용하는 관광버스나 학교 통학버스 등은 좌석에 안전벨트가 있고, 시내버스인 경우 좌석에 안전벨트가 없는 경우가 많다. 이 단원에서는 좌석에 안전벨트가 없는 시내버스를 중심으로 다루었으나, 실제 지도 시 안전벨트의 중요성을 부각하여야 한다.
- 일반적으로 안전벨트의 여부와 관계없이 버스 탑승 시 지켜야 하는 안전수칙은 유사하기 때문에 시내버스로 국한하지 않고 버스와 관련된 문제 상황에 아동이 문제해결을 할 수 있도록 다양하게 접근한다.

학습 내용 및 활동

전체수업

수업을 위한 동기유발

버스 관련 노래를 들려주며 따라 부르기(가능하면 인터넷 동요사이트의 플래시 자료 함께 사용)

버스의 종류에 대해 이야기하기

- 버스에는 시내버스, 통학버스(스쿨버스), 고속버스, 관광버스 등이 있습니다. 여러분이 타 본 적이 있는 버스에는 어떤 버스가 있나요?

  ☺ 시내버스요.

☺ 고속버스요.

☺ 마을버스요.

☺ 관광버스요.

☺ 스쿨버스요.

• 모든 자동차에는 안전벨트가 좌석에 있습니다. 버스 중에 좌석에 안전벨트가 없는 것은 어느 것일까요?

☺ 시내버스요.

⇨ 시내버스 좌석에는 안전벨트가 없는 이유가 사람들이 짧은 거리를 주로 이용하고, 버스의 속도가 많이 나지 않기 때문에 법적으로 보장되었다는 것을 부연 설명해 준다.

■■ 본시 수업 안내하기

• 오늘 수업에서는 버스(시내버스)를 타면서 생길 수 있는 문제 상황에 어떻게 대처해야 하는지에 대해 배운다는 것을 안내한다.

문제 제시 | PBL 문제 만나기 |

■■ 단원 PBL 문제 안내하기

• 단원 문제: 자동차, 지하철, 버스 등은 우리 모두 편리하게 이용하고 있는 교통기관입니다. 그러나 이런 편리한 교통 기관으로 인해 해마다 어린이 교통사고가 늘어나고 있습니다. 그렇다면 어린이 교통사고가 왜 일어날까요? 이런 사고가 일어나지 않기 위해서는 우리가 어떻게 해야 할까요? 어떻게 해야 교통기관을 편리하고 안전하게 이용할 수 있을까요?

⇨ 단원 PBL 문제는 1회기(1~2차시)에 소개한 경우에는 그다음 차시부터 생략해도 된다.

■■ 그림 자료나 PPT 자료로 PBL 문제 제시하기

• 문제내용: 버스가 빨리 달리다가 갑자기 섰습니다. 그런데 버스 안에서 짱이 혼자 통로 쪽으로 넘어지고 있습니다. 짱이는 왜 이렇게 되었을까요? 어떻게 해야 할까요?

문제 파악

■■ 문제해결력의 하위 영역인 결과예측, 원인 · 이유, 해결방안으로 나누어 단계별로 아동에게 질문하기

• 결과 예측하기: 다음에는 어떤 일이 생길까요?

☺ 짱이가 팔을 다쳐요.

☺ 짱이의 얼굴에서 피가 나요

☺ 버스에 있던 사람들이 놀라요.

☺ 사람들이 웃어요.

☺ 짱이가 어른들께 꾸중을 들어요.

☺ 버스가 갑자기 서서 뒤에 오던 버스가 부딪혀요.

☺ 짱이가 울어요.

☺ 버스 운전아저씨가 짱이를 혼내요.

☺ 짱이가 창피해서 버스에서 내려요.

☺ 버스 기사아저씨나 사람들이 짱이가 다쳤을까 봐 걱정을 해요.

⇨ 가능한 한 교육을 위해 부정적인 결과를 예측하도록 유도한다.

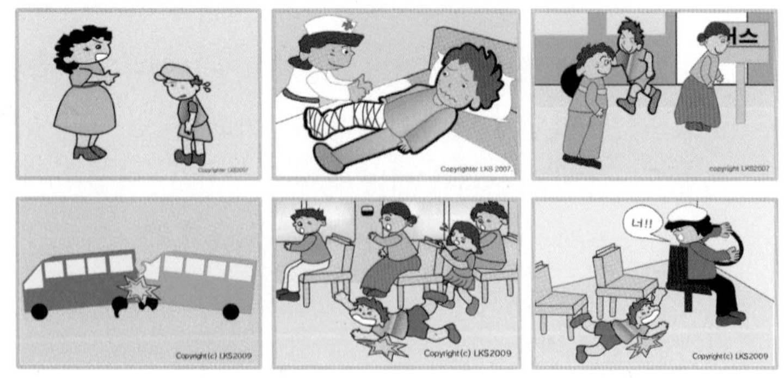

• 원인 · 이유 파악하기: 왜 이런 일이 생기게 되었을까요?

☺ 짱이가 버스 통로에서 아무것도 안 잡고 있었기 때문이에요.

☺ 버스 운전 아저씨가 갑자기 버스를 세웠기 때문이에요.

☺ 버스 앞으로 누가 갑자기 지나가서 버스가 갑자기 섰기 때문이에요.

☺ 버스가 고장 났기 때문이에요.

☺ 짱이가 장난을 치다가 넘어졌기 때문이에요.

☺ 버스가 사고가 났기 때문(앞차나 뒤차와 부딪혔기 때문)이에요.

☺ 짱이는 혼자 서 있기 힘든 어린이인데 양보해 주는 사람이 없어 서 있었기 때문이에요.

- 해결방안 찾기: 이런 일이 생기지 않게 하려면 어떻게 해야 할까요?

☺ 버스에서는 의자에 앉아 있어야 해요.

☺ 빈자리가 없을 때는 버스 손잡이나 의자 등받이 쪽을 잘 잡아야 해요.

☺ 좌석에 안전벨트가 있을 때는 꼭 안전띠를 매야 해요.

☺ 버스 운전하는 아저씨는 버스를 천천히 멈추어야 해요.

☺ 버스가 고장 나지 않도록 해야 해요.

☺ 버스 뒤에 따라오는 차들이 조심해야 해요.

☺ 버스에서는 장난치지 말아야 해요.

☺ 버스가 과속하지 않아야 해요.(빨리 달리지 말아야 해요.)

☺ 서 있기 어려운 사람들에게는 자리를 양보해 주어야 해요.

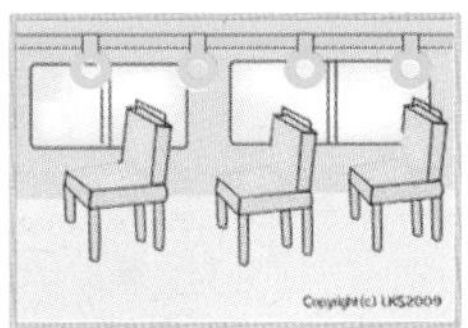

- PBL 그림 문제에 맞게 단계별로 결과예측, 원인 · 이유, 해결 방안에 대해 다시 한 번 간단히 설명하고 질문한다.

모둠 구성하기

■■ 아동 수에 따라 1~2개의 모둠 구성하기

- 학습 능력이 상중하 수준으로 골고루 섞이도록 모둠별로 아동을 골고루 배치하도록 한다.
- 한 모둠은 2~3명으로 구성한다.

⇨ 모둠은 상황에 따라 매번 바꾸지 않고 전 시간에 배치된 인원 그대로 편성해도 되고, 아동이 원하는 팀으로 구성해도 된다. 그러나 한 아동 때문에 모둠에 다툼이 잦을 때는 아동이 눈치 채지 못하도록 자연스럽게 구성원을 교체하도록 한다.

■■ 모둠별로 '도와주기 게시판' 제공하기

- 게시판은 1/2 전지를 제공하거나 아동 수가 적을 때는 B4(개별일 때는 A4) 용지를 제공해도 된다.
- 게시판의 제목인 '짱이를 도와주세요'는 아동이 원하는 이름이 있을 경우에는 변경해서 사용해도 된다.

⇨ '도와주기 게시판'은 모둠별 과제 수행을 위한 협력 학습 자료로 이용됨과 동시에 개별 발표 시에도 이용되며 단원에 따라 재구성하여 사용해도 된다.

⇨ 유의점: 모둠별 협동 수업 전에 전체 아동의 수준에 따라 각 질문에 대한 간단한 단서를 제공하여 모둠별 과제 수행이 용이하게 이루어지도록 한다.

협동수업

모둠별 문제 탐색

협력적 문제 탐색 · 해결하기

■■ 모둠별 책상 정리 후 PBL 문제에 대한 문제해결의 하위 영역별로 문제를 협동으로 탐색 · 해결하기

- 아동에게 전체 수업 시간에 함께 문제해결 했던 PBL 문제를 상기시키며 '짱이'를 도와주기 위한 결과예측, 원인 · 이유, 해결방안에 대해 '도와주기 게시판' 을 완성하도록 독려한다.
- 글자를 읽고 쓰는 것에 어려움이 있는 아동은 글자 대신 '작은 그

림'으로 된 답지를 제공하여 해당 칸에 오려 붙일 수 있도록 한다.

• 수업 중에 아동이 인터넷에서 '버스 안전사고' '버스 교통사고' 등을 검색어로 수집한 자료를 활용해도 된다.

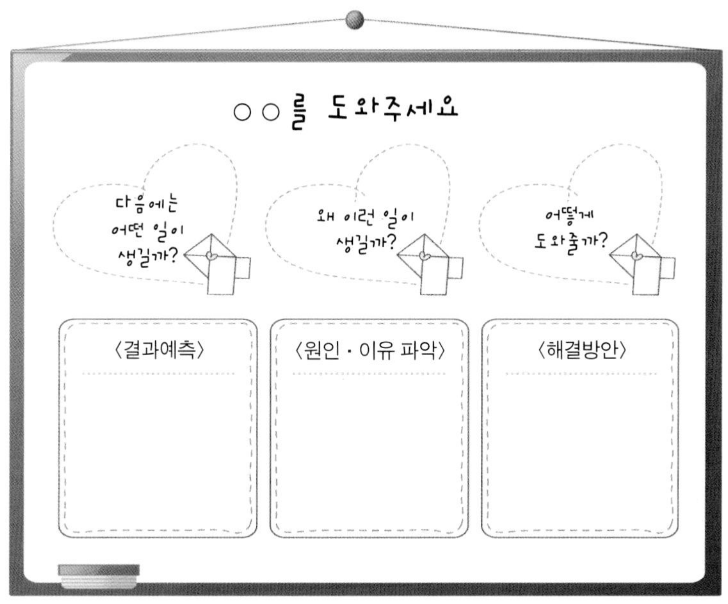
○○를 도와주세요
다음에는 어떤 일이 생길까?
왜 이런 일이 생길까?
어떻게 도와줄까?
〈결과예측〉
〈원인 · 이유 파악〉
〈해결방안〉

전체수업

발표하기

■■ **모둠별로 완성된 게시판은 앞에 붙이고 순서대로 발표하기**

• 발표는 팀에서 선발하거나 원하는 아동이 할 수 있도록 한다.
• 초기에는 아동이 발표하는 데 어려움을 겪으므로 교사가 발표 시범을 보여 주도록 한다.
• 앞부분에서 많은 시간이 소요되어 발표시간이 부족할 경우에는 1~2명 아동만 발표시킨다.

⇨ 모둠별 결과 발표 시 아동이 상대방의 결과가 자기 팀과 다르다고 하여 비난하거나 놀리지 않도록 하고, 아동이 최선을 다해 과제 수행한 것을 서로 격려하도록 지도한다.

보충 학습하기

■■ **보충 설명: 모둠별 발표 후 내용이 부족할 경우 교사의 보충 설명이나 보충 자료를 제시하여 아동의 이해 돕기**

• 시내버스 외에 통학버스, 고속버스, 마을버스 등의 다양한 버스의

쓰임새와 좌석마다 안전벨트가 있으며 이를 항상 착용해야 함을 지도한다.

개별수업

개별학습 및 평가

개별학습 · 평가하기

문제해결의 개별학습하기

- 교사는 독립적으로 과제 수행을 할 수 없는 아동부터 순서대로 수업한 내용을 복습할 수 있도록 지도한다. 제시된 문제와 유사한 문제를 제시하여 결과예측, 원인 · 이유, 해결방안에 대해 과제 수행할 수 있도록 지도한다.

자기평가하기([그림 2-3] 참조)

- 자기평가를 독립적으로 할 수 없는 아동은 교사와 함께 평가하도록 한다.
- 자기평가는 매 회기별로 실시하지 않고, 단원별로 한두 차례 실시하도록 한다.

전체수업

수업 정리

수업 마무리하기

개별학습과 자기평가 시간이 완료되면 수업 마무리하기

- 문제 상황에 대해 종합적으로 질문하고 설명한다.
- '도와주기 게시판'을 교실 환경판에 전시한다.
- 매 수업 후 교사는 개별아동의 학업 수행력에 대한 전반적인 평가를 한다.
- 강화는 도입 부분에서 안내하였을 경우 그에 알맞게 제공하도록 한다.

학습지 1

단원	교통질서와 안전	수업 주제	버스 안에서는 조심해요!	차시	7~8
				수준	상/하
월	일	요일	이름		

⇨ 하 수준의 아동은 교사/보조원과 함께 답란에 글자 대신 그림을 붙이게 한다.

버스가 빨리 달리다가 갑자기 섰습니다. 그런데 버스 안에서 짱이 혼자 통로 쪽으로 넘어지고 있습니다.

❶ 다음에는 어떤 일이 일어날까요?

❷ 왜 이런 일이 생기게 되었을까요?

❸ 짱이가 안전하게 버스를 타려면 어떻게 해야 할까요?

학습지 2

단원	교통질서와 안전	수업 주제	버스 안에서는 조심해요!	차시	7~8
				수준	중
월	일	요일	이름		

시내버스가 빨리 달리다가 갑자기 섰습니다. 그런데 버스 안에서 짱이 혼자 통로 쪽으로 넘어지고 있습니다.

※ 다음 문제를 읽고 맞는 것에는 'ㅇ'를, 틀린 것에는 '×'를 표시하세요.

❶ 다음에는 어떤 일이 일어날까요?

① 짱이는 팔과 다리를 다칠 것이다. ______

② 짱이는 활짝 웃고, 주위 어른도 박수를 칠 것이다. ______

③ 버스 운전아저씨가 짱이를 꾸중할 것이다. ______

❷ 왜 이런 일이 생기게 되었을까요?

① 짱이가 의자에 잘 앉아 있었기 때문에 ______

② 짱이가 버스 안에서 아무것도 잡지 않고 있었기 때문에 ______

❸ 짱이가 안전하게 버스를 타려면 어떻게 해야 할까요?

① 짱이가 버스 통로를 계속 뛰어다니면 된다. ______

② 의자에 앉아 있거나 의자 등받이를 꼭 잡고 있어야 한다. ______

③ 버스 좌석에 안전벨트를 달고, 어린이용 손잡이도 만들어야 한다. ______

1단원 4회기(7~8차시)에 필요한 그림 자료

❶ PBL 그림 문제: 확대 출력하여 사용(A4 혹은 B4 확대/코팅 사용)

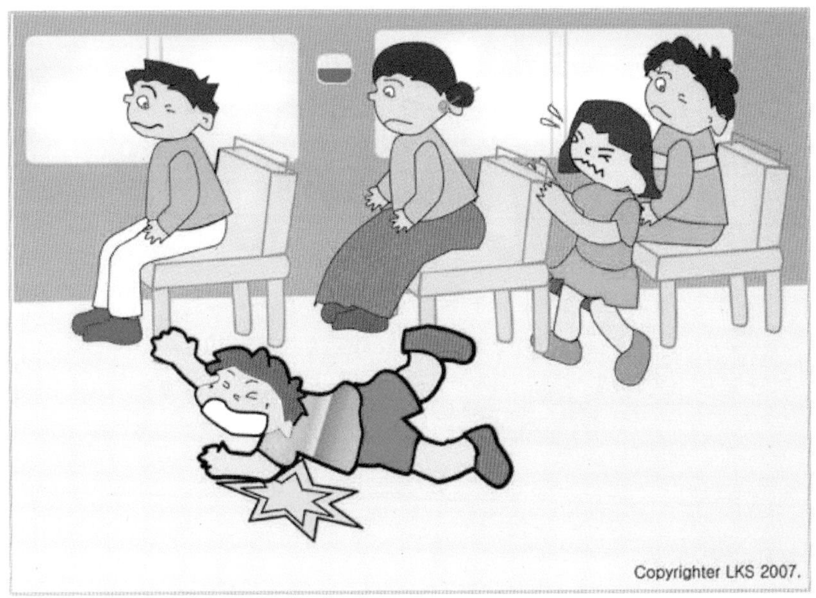

- 엽서 크기로 PBL 그림을 출력하여 모둠별 도와주기 게시판 좌측 혹은 우측 상단에 붙여 주어 아동이 PBL 문제를 이해하는 데 도움을 주도록 한다.
- 다음 쪽의 작은 그림은 글자를 모르는 아동용이다. 글자를 아는 아동이라도 글쓰기에 어려움을 겪는 아동을 위해 그림 자료의 아래에 글자를 써 주어도 된다.
  ㉠ 의자 등받이를 꼭 잡고 있어야 해요.

❷ 문제해결의 하위영역별 모둠별 '도와주기 게시판' 수행 시 혹은 개별학습지 수행 시 사용(글자를 읽고 쓰는 것에 어려움이 있는 아동용)

- 결과예측의 예

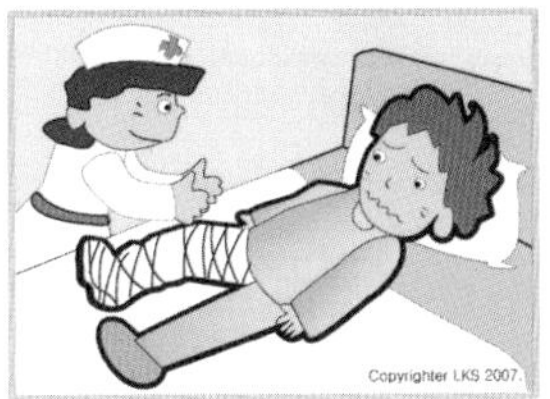

• 원인 · 이유의 예

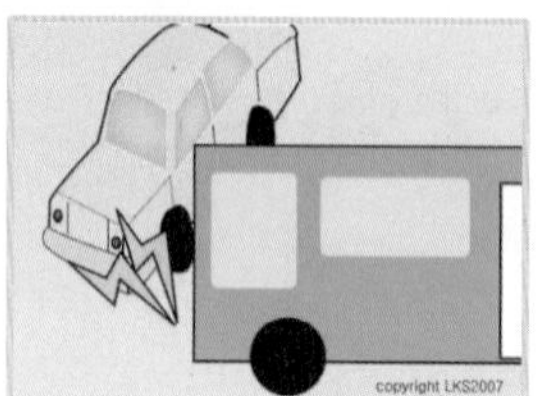

• 해결방안의 예

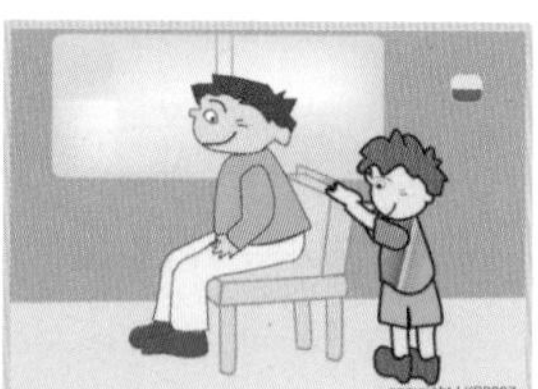

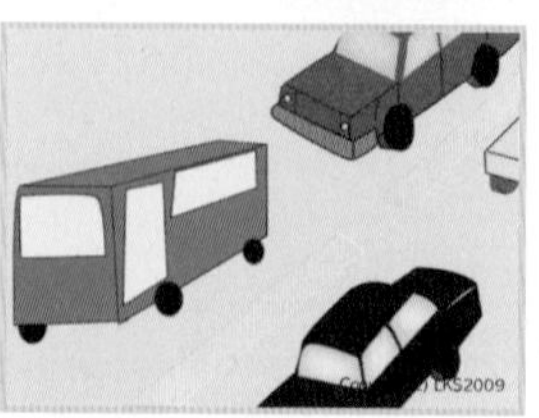
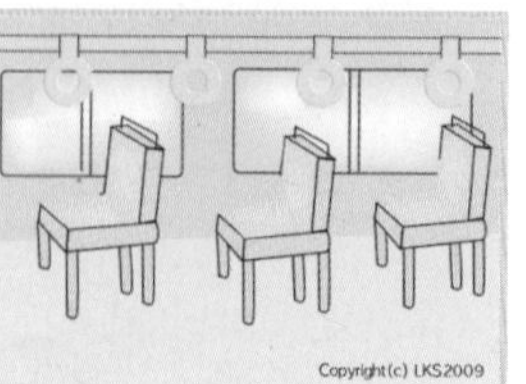

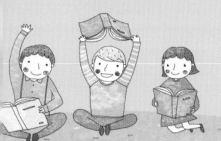

2단원: 일상생활과 안전

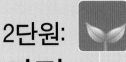

1 단원소개

이 단원은 가정이나 지역사회에서의 일상생활 중에 발생할 수 있는 문제 상황에 대처하는 능력을 키우기 위해 선정하였다. 친구 생일잔치에서 일어날 수 있는 안전 문제, 질서를 지키지 않음으로써 놀이터에서 생길 수 있는 문제, 거리에서 길 잃은 동생을 도와주는 방법을 생각해 보면서 아동 자신이 길을 잃었을 때 어떻게 대처해야 하는지, 그리고 낯선 사람이 범죄 목적으로 다가오는 것에 어떤 태도로 대응해야 하는지 등 빈번하게 일어나지는 않지만 안전지도가 꼭 이루어져야 할 주제로 선정하여 회기별로 PBL 교수법에 적용하였다.

2 차시별 수업주제 및 지도목적

단원	회기 (차시)	수업 주제	지도목적	학습자료	관련 교과
일상생활과 안전	5 (1~2)	생일잔치에서는 이런 일이 생겨요!	요즘 초등학생에게는 생일잔치가 흔하게 이루어지고 있다. 장애아동도 친구의 생일잔치에 참석할 수 있고, 자기의 생일잔치에 친구들을 초대할 수도 있다. 그런데 생일잔치에서 촛불을 끄다가 혹은 폭죽을 친구들의 얼굴로 향하여 터뜨리다가 종종 안전사고가 유발되는 경우가 있다. 이러한 문제상황이 일어나지 않도록 하기 위해 이 주제를 선정하였다.	생일잔치 사진, 폭죽사진 (실물)	사회
	6 (3~4)	놀이터에서는 어떤 일이 생길까요?	친구들과 놀이터에서 놀다 보면 차례를 지키지 않거나 놀이터 시설물을 제대로 이용하지 못해서 여러 가지 안전사고가 발생할 수 있으므로 아동에게 놀이 시설에서의 차례와 규칙을 잘 지키는 것이 얼마나 중요한 것인지 인식시키기 위해 이 주제를 선정하였다.	다양한 놀이터 관련 사진	사회
	7 (5~6)	낯선 사람과는 어떤 일이 생길까요?	유괴와 성폭행 범죄로부터 아동을 보호하기 위해 이 주제를 선정하였다. 또한 아동 대상의 범죄에서는 주로 아동이 좋아하는 과자나 장난감을 매개로 하는 경우가 많아서 이를 참고로 하였다.	아이 대상의 범죄 예방 관련 사진 등	사회
	8 (7~8)	길 잃은 동생은 어떻게 해야 할까요?	길 잃은 동생을 도와줌으로써 장애 아동 자신이 길을 잃었을 경우 어떤 행동을 해야 하는지 알 수 있도록 하기 위해 이 주제를 선정하였다.	미아보호소	사회

3 단원 및 회기별 문제

영 역	내 용		
단원	일상생활과 안전	관련교과	사회
단원 문제	우리는 학교, 집, 동네에서 여러 가지 문제 상황에 부딪히게 됩니다. 어떤 문제가 생길 수 있을까요? 문제가 일어나면 어떻게 해결해야 할까요?		
회기별 문제 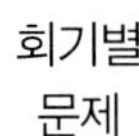		1 짱이의 생일잔치가 벌어지고 있습니다. 한 친구가 짱이의 머리를 촛불이 켜져 있는 케이크 쪽으로 누르고 있습니다. 옆에 있던 친구는 짱이를 향하여 폭죽을 당기려고 하고 있습니다. 다음에는 어떤 일이 벌어질까요?	
		2 놀이터 미끄럼틀 위에서 짱이가 내려오려고 합니다. 그런데 친구가 미끄럼틀을 거꾸로 올라가려고 합니다. 다음에는 어떤 일이 벌어질까요?	
		3 학교가 끝난 후 짱이가 가방을 매고 놀이터에서 놀고 있습니다. 한 아저씨가 다가와서 짱이에게 피자와 아이스크림을 사 줄 테니 아저씨랑 같이 가자고 말합니다. 짱이는 어떻게 해야 할까요?	
		4 짱이는 길에서 울고 있는 유치원 동생을 보았습니다. 동생은 유치원 가방과 모자를 쓰고 있고, 저 멀리에는 유치원 버스의 뒷모습이 보입니다. 어떻게 된 걸까요? 다음에는 어떤 일이 벌어질까요?	

1/4 1~2/8 차시	생일잔치에서는 이런 일이 생겨요!
학습목표	☑ 생일잔치에서 일어날 수 있는 여러 가지 문제 상황에 대처할 수 있는 해결법을 말할 수 있다.

지도상 유의점

- 아동끼리 벌이는 '생일잔치'에서는 폭죽이나 촛불 등으로 장난을 하거나 부주의한 행동으로 인하여 각종 사고가 유발될 수 있다. 이러한 사고에 대처할 수 있도록 아동에게 다양한 안전교육을 실시하도록 한다. 그리고 8단원의 1회기 '친구의 생일에는 무엇을 해 줄까'와 연계하여 지도한다.
- 단원별 문제는 교사가 직접 설명하거나 비디오 자료와 같은 영상 자료를 활용하도록 하고, 회기별 PBL 그림은 별첨 CD 자료의 그림을 B4 크기로 출력해 사용하거나 PPT를 활용한다.
- PBL 수업 초기(1, 2회기 동안)에는 아동이 수업 상황에 좀 더 익숙해지고, 문제해결의 방향을 잡아 가도록 교사가 더 많은 개입과 지원을 하도록 한다.
- PBL 수업은 초기에는 수업 시간이 약 80여 분이 소요되나, 아동이 숙달되면 50~60분 정도로 시간이 단축될 수도 있다.
- 40분 수업 후 반드시 쉬는 시간을 가지도록 한다.
- PBL 수업은 개별아동(개별수업)에 적용하여 40분 수업으로 활용할 수도 있다.

학습 내용 및 활동

전체수업 | 수업을 위한 동기유발 |

■■ **생일잔치 장면의 자료를 제시하며 생일에 대한 이야기하기**

- 내 생일잔치에 다른 사람을 초대해 본 경험이 있나요?

☺ 네, 있어요.

☺ 저도 있어요.

- 그럼 다른 사람 생일잔치에 참석해 본 적이 있나요?

☺ 친구요.

☺ 할머니 칠순잔치요.

☺ 엄마, 아빠 생일잔치요.

- 생일잔치에서 기억에 남는 것은 어떤 게 있나요?

☺ 케이크가 맛있었어요.

☺ 폭죽 터트린 것이 재미있었어요.

☺ 풍선으로 장식한 것이 예뻐 보였어요.

☺ 게임을 해서 재미있었어요.

☺ 선물을 많이 받아서 좋았어요.

☺ 케이크의 촛불을 끄는 것이 즐거웠어요.

본시 수업 안내하기

- 오늘 수업에서는 생일잔치에서 일어날 수 있는 여러 가지 문제 상황에 어떻게 대처해야 하는지에 대해 배운다는 것을 설명한다.

문제 제시

PBL 문제 만나기

단원 PBL 문제 안내하기

- 단원 문제: 우리는 학교, 집, 동네에서 여러 가지 문제 상황에 부딪히게 됩니다. 어떤 문제가 생길 수 있을까요? 문제가 일어나면 어떻게 해결해야 할까요?

그림 자료나 PPT 자료로 PBL 문제 제시하기

- 문제내용: 짱이의 생일잔치가 벌어지고 있습니다. 한 친구가 짱이

의 머리를 촛불이 켜져 있는 케이크 쪽으로 누르고 있습니다. 옆에 있던 친구는 짱이를 향하여 폭죽을 당기려고 하고 있습니다. 다음에는 어떤 일이 벌어질까요?

◪ 문제 파악

■■ **문제해결력의 하위 영역인 결과예측, 원인 · 이유, 해결방안으로 나누어 단계별로 아동에게 질문하기**

- 결과 예측하기: 다음에는 어떤 일이 생길까요?

☺ 짱이의 얼굴에 케이크가 묻어요.

☺ 촛불에 머리카락이 타요.

☺ 짱이가 초에 얼굴을 찔려요.

☺ 폭죽이 짱이의 얼굴에 맞아요.

☺ 불이 나요.

☺ 케이크를 못 먹어요.

☺ 짱이 얼굴에 케이크가 묻어서 짱이가 울어요.

☺ 폭죽이 터져서 짱이가 깜짝 놀라요.

☺ 폭죽 때문이 풍선이 터져요.

☺ 아이들이 놀라요.

☺ 짱이가 화내요.

☺ 폭죽에 맞아서 짱이가 다쳐요.

- 원인 · 이유 파악하기: 왜 이런 일이 생기게 되었을까요?

☺ 친구가 짱이의 얼굴을 케이크 쪽으로 눌렀기 때문이에요.

☺ 케이크 위에 초가 있었기 때문이에요.

☺ 초에 불이 켜져 있었기 때문이에요.

☺ 친구가 짱이의 얼굴로 폭죽을 당겼기 때문이에요.

☺ 촛불을 빨리 끄지 않았기 때문이에요.

- **해결방안 찾기**: 이런 일이 생기지 않게 하려면 어떻게 해야 할까요?
  ☺ 짱이의 친구들에게 생일잔치에서 케이크 쪽으로 사람을 누르지 않도록 가르쳐야 해요.
  ☺ 폭죽은 사람이 없는 곳을 향해 안전하게 당기도록 해야 해요.
  ☺ 초에 불을 켜 놓았을 때는 빨리 불을 끄도록 해야 해요.
  ☺ 어린이들이 생일잔치를 할 때는 어른도 함께 있게 해야 해요.
  ☺ 생일잔치에서 장난을 심하게 치지 않도록 해야 해요.

- 아동이 여러 가지 결과예측과 원인을 파악할 수 있도록 교사는 다양한 방법으로 자료를 조사하고(예, 인터넷 검색, 교사가 준비해 둔 사진 자료, 비디오 자료, CD-ROM, 교통 관련 사이트 등), 아울러 사전에 가정과 연계하여 아동에게도 자료 수집을 할 수 있도록 안내한다.

모둠 구성하기

아동 수에 따라 1~2개의 모둠 구성하기

- 학습 능력이 상중하 수준으로 골고루 섞이도록 모둠별로 아동을 골고루 배치하도록 한다.
- 한 모둠은 2~3명으로 구성한다.

■■ 모둠별로 '도와주기 게시판' 제공하기

- 게시판은 1/2 전지를 제공하거나 아동 수가 적을 때는 B4 용지를 제공해도 된다.
- 게시판의 제목인 '짱이를 도와주세요'는 아동이 원하는 이름이 있을 경우에는 변경해서 사용해도 된다.

⇨ '도와주기 게시판'은 모둠별 과제 수행을 위한 협력 학습 자료로 이용됨과 동시에 개별 발표 시에도 이용되며 단원에 따라 재구성하여 사용해도 된다.

⇨ 유의점: 모둠별 협동 수업 전에 전체 아동의 수준에 따라 각 질문에 대한 간단한 단서를 제공하여 모둠별 과제 수행이 용이하게 이루어지도록 한다.

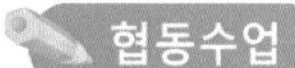
협동수업

모둠별 문제 탐색

협동적 문제 탐색 · 해결하기

■■ 모둠별 책상 정리 후 PBL 문제에 대한 문제해결의 하위 영역별로 문제를 협동으로 탐색 · 해결하기

- 아동에게 전체 수업 시간에 함께 문제해결 했던 PBL 문제를 상기하며 '짱이'를 도와주기 위한 결과예측, 원인 · 이유, 해결방안에 대해 '도와주기 게시판'을 완성하도록 독려한다.

○○를 도와주세요
다음에는 어떤 일이 생길까?
왜 이런 일이 생길까?
어떻게 도와줄까?
〈결과예측〉
〈원인 · 이유 파악〉
〈해결방안〉

- 글자를 읽고 쓰는 것에 어려움이 있는 아동은 글자 대신 '작은 그림'으로 된 답지를 제공하여 해당 칸에 오려 붙일 수 있도록 한다.
- 수업 중에 아동이 인터넷에서 '생일잔치' 관련 검색어로 수집한 생일잔치 장면의 사진/그림을 찾아 붙이거나 또는 이를 문장으로 직접 써넣도록 한다.

전체수업

발표하기

모둠별로 완성된 게시판은 앞에 붙이고 순서대로 발표하기

- 발표는 팀에서 선발하거나 원하는 아동이 할 수 있도록 한다.
- 초기에는 아동이 발표하는 데 어려움을 겪으므로 교사가 발표 시범을 보여 주도록 한다.
- 앞부분에서 많은 시간이 소요되어 발표시간이 부족할 경우에는 1~2명 아동만 발표시킨다.

⇨ 모둠별 결과 발표 시 아동이 상대방의 결과가 자기 팀과 다르다고 하여 비난하거나 놀리지 않도록 하고, 아동이 최선을 다해 과제 수행한 것을 서로 격려하도록 지도한다.

보충 학습하기

보충 설명: 모둠별 발표 후 내용이 부족할 경우 교사의 보충 설명이나 보충 자료를 제시하여 아동의 이해 돕기

- 안전하게 생일잔치를 할 수 있는 방법을 설명한다.

개별수업

개별학습 및 평가

개별학습 · 평가하기

문제해결의 개별학습하기

- 교사는 독립적으로 과제 수행을 할 수 없는 아동부터 순서대로 수업한 내용을 복습할 수 있도록 지도한다. 제시된 문제와 유사한 문제를 제시하여 결과예측, 원인 · 이유, 해결방안에 대해 과제 수행할 수 있도록 지도한다.

■■ **자기평가하기**([그림 2-3] 참조)

- 자기평가를 독립적으로 할 수 없는 아동은 교사와 함께 평가하도록 한다.
- 자기평가는 매 회기별로 실시하지 않고, 단원별로 한두 차례 실시하도록 한다.

전체수업

수업 정리

수업 마무리하기

■■ **개별학습과 자기평가 시간이 완료되면 수업 마무리하기**

- 문제 상황에 대해 종합적으로 질문하고 설명한다.
- '도와주기 게시판'을 교실 환경판에 전시한다(다음 수업에 활용).
- 매 수업 후 교사는 개별아동의 학업 수행력에 대한 전반적인 평가를 한다.
- 강화는 도입 부분에서 안내하였을 경우 그에 알맞게 제공하도록 한다.

학습지 1

<table>
<tr><td rowspan="2">단원</td><td rowspan="2">일상생활과 안전</td><td rowspan="2">수업 주제</td><td rowspan="2">생일잔치에서는 이런 일이 생겨요!</td><td>차시</td><td>1~2</td></tr>
<tr><td>수준</td><td>상/하</td></tr>
<tr><td colspan="4">월 일 요일</td><td>이름</td><td></td></tr>
</table>

⇨ 하 수준의 아동은 교사/보조원과 함께 답란에 글자 대신 그림을 붙이게 한다.

짱이의 생일잔치가 벌어지고 있습니다. 한 친구가 짱이의 머리를 촛불이 켜져 있는 케이크 쪽으로 누르고 있습니다. 옆에 있던 친구는 짱이를 향하여 폭죽을 당기려고 하고 있습니다.

❶ 다음에 짱이는 어떻게 될까요?

❷ 짱이는 왜 얼굴을 찡그리고 있을까요?

❸ 만약 케이크 위에 있는 촛불이 선물 꾸러미 쪽으로 넘어지면 어떤 일이 생길까요?

❹ 짱이가 이런 사고를 당하지 않게 하려면 어떻게 해야 할까요?

학습지 2

단원	일상생활과 안전	수업 주제	생일잔치에서는 이런 일이 생겨요!	차시	1~2
				수준	중
월 일 요일			이름		

짱이의 생일잔치가 벌어지고 있습니다. 한 친구가 짱이의 머리를 촛불이 켜져 있는 케이크 쪽으로 누르고 있습니다. 옆에 있던 친구는 짱이를 향하여 폭죽을 당기려고 하고 있습니다.

※ 다음 문제를 읽고 알맞은 답의 번호를 모두 고르세요.

❶ 다음에 짱이는 어떻게 될까요? (　　)
① 짱이의 얼굴에 케이크가 묻어요.
② 짱이의 다리에 피가 나요.
③ 짱이의 얼굴로 폭죽이 날아와요.

❷ 짱이는 왜 얼굴을 찡그리고 있을까요?(원인이 무엇일까요?) (　　)
① 선물이 싫었기 때문에
② 친구가 머리를 누르려고 했기 때문에

❸ 만약 케이크 위에 있는 촛불이 선물 꾸러미 쪽으로 넘어지면 어떤 일이 생길까요? (　　)
① 선물에 불이 붙어요.
② 예쁜 꽃이 생겨요.

❹ 짱이가 이런 사고를 당하지 않게 하려면 어떻게 해야 할까요? (　　)
① 케이크의 촛불은 빨리 꺼야 해요.
② 짱이와 친구들이 싸우면 돼요.
③ 폭죽은 사람이 없는 곳으로 당겨야 해요.

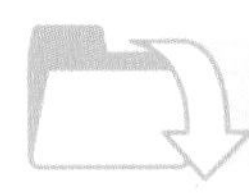

2단원 1회기 1~2차시에 필요한 그림 자료

❶ PBL 그림 문제: 확대 출력하여 사용(A4 혹은 B4 확대/코팅 사용)

- 엽서 크기로 PBL 그림을 출력하여 모둠별 도와주기 게시판 좌측 혹은 우측 상단에 붙여 주어 아동이 PBL 문제를 이해하는 데 도움을 주도록 한다.
- 다음 쪽의 작은 그림은 글자를 모르는 아동용이다. 글자를 아는 아동이라도 글쓰기에 어려움을 겪는 아동을 위해 그림 자료 아래 글자를 써 주어도 된다.
  ㉮ 짱이의 얼굴에 케이크가 묻었어요.

❷ 문제해결의 하위 영역별 모둠별 '도와주기 게시판' 수행 시 혹은 개별학습지 수행 시 사용(글자를 읽고 쓰는 것에 어려움이 있는 아동용)

- 결과예측의 예

• 원인 · 이유의 예

• 해결방안의 예

2/4 3~4/8 차시	놀이터에서는 어떤 일이 생길까요?
학습목표	☑ 놀이터에서 차례와 규칙을 잘 지킬 수 있다. ☑ 안전하게 놀이하는 방법을 찾을 수 있다.

지도상 유의점

- 친구들과 놀이터에서 놀다 보면 차례를 지키지 않거나 놀이터 시설물을 제대로 이용하지 못해 여러 가지 안전사고가 발생할 수 있으므로 아동에게 놀이 시설에서의 차례와 규칙을 잘 지키는 것이 얼마나 중요한 것인지 인식시켜 주도록 한다.

학습 내용 및 활동

전체수업

수업을 위한 동기유발

놀이터에서 놀아 본 경험을 이야기하기

- 놀이터에서 놀았던 경험 중에서 재미있는 기억은 어떤 것인가요? (놀이터에서 놀았던 기억 중 가장 생각나는 것은 무엇인가요?)

  ☺ 미끄럼틀을 타는 것이 재미있었어요.

  ☺ 그네 탈 때 재미있었어요.

  ☺ 친구랑 시소 타는 것도 재미있었어요.
- 놀이터에 놀면서 위험할 때는 어떨 때인가요?

  ☺ 친구와 싸우면 위험해요.

  ☺ 놀이기구를 탈 때 차례를 지키지 않으면 위험해요.

본시 수업 안내하기

- 오늘 수업에서는 놀이터에서 놀 때 생길 수 있는 위험 상황에 어떻게 대처해야 하는지에 대해 배운다는 것을 설명한다.

문제 제시

PBL 문제 만나기

■■ **단원 PBL 문제 안내하기**

- 단원 문제: 우리는 학교, 집, 동네에서 여러 가지 문제 상황에 부딪히게 됩니다. 어떤 문제가 생길 수 있을까요? 문제가 일어나면 어떻게 해결해야 할까요?

⇨ 단원 PBL 문제는 1회기(1~2차시)에 소개한 경우에는 그다음 차시부터 생략해도 된다.

■■ **그림 자료나 PPT 자료로 PBL 문제 제시하기**

Copyright(c) LKS2007

- 문제내용: 놀이터 미끄럼틀 위에서 짱이가 내려오려고 합니다. 그런데 친구가 미끄럼틀을 거꾸로 올라가려고 합니다. 다음에는 어떤 일이 벌어질까요?

문제 파악

■■ **문제해결력의 하위 영역인 결과예측, 원인 · 이유, 해결방안으로 나누어 단계별로 아동에게 질문하기**

- 결과 예측하기: 다음에는 어떤 일이 생길까요?

☺ 짱이가 친구와 부딪혀요.
☺ 짱이가 울어요.
☺ 짱이와 친구는 다쳐서 상처가 나요.
☺ 병원에서 치료를 받아요.
☺ 거꾸로 올라온 친구가 어른한테 꾸중을 들어요.
☺ 짱이와 친구가 서로 잘못했다고 싸워요.
☺ 짱이 엄마가 친구를 찾아가 혼내요.
☺ 짱이와 친구 부모님들이 싸워요.

⇨ 가능한 한 교육을 위해 부정적인 결과를 예측하도록 유도한다.

• 원인 · 이유 파악하기: 왜 이런 일이 생기게 되었을까요?

☺ 짱이 친구가 미끄럼틀에서 거꾸로 올라갔기 때문이에요.

☺ 짱이는 친구가 올라오는 것을 보고도 그냥 내려갔기 때문이에요.

☺ 친구가 짱이가 내려올 줄 모르고 거꾸로 올라갔기 때문이에요.

☺ 친구가 짱이를 괴롭히려고 했기 때문이에요.

☺ 친구가 장난을 치고 싶어 했기 때문이에요.

• 해결방안 찾기: 이런 일이 생기지 않게 하려면 어떻게 해야 할까요?

☺ 미끄럼틀에서는 거꾸로 올라오는 친구가 있을 때는 내려가지 않아야 해요.

☺ 거꾸로 올라오는 친구에게 올라오지 말라고 말해야 해요.

☺ 친구끼리 부딪혀서 조금만 다쳤다면 빨리 집으로 가고, 많이

다친 경우(아픈 경우)에는 주위에 도움을 청해서 병원으로 가야 해요.

☺ 친구의 사과를 받아 내도록 해야 해요.

☺ 짱이가 친구가 올라오는 것을 보고도 미끄럼을 탔을 경우 짱이도 잘못을 하였으므로 친구에게 사과해야 해요.

☺ 서로 잘못이 없다고 싸우는 일이 없도록 해야 해요.

☺ 미끄럼틀 아래서 놀면 안 돼요.

☺ 미끄럼틀을 탈 때는 꼭 주변을 확인하고 타도록 해요.

- 아동이 놀이터에서 놀 때 어떤 일이 벌어질 수 있는지 여러 가지 결과예측과 원인 · 이유를 파악할 수 있도록 사전에 가정과 연계하여 지도하도록 한다.
- PBL 그림 문제에 맞게 단계별로 결과예측, 원인 · 이유, 해결 방안에 대해 다시 한 번 간단히 설명하고 질문한다.

모둠 구성하기

■■ 아동 수에 따라 1~2개의 모둠 구성하기

- 학습 능력이 상중하 수준으로 골고루 섞이도록 모둠별로 아동을 골고루 배치하도록 한다.
- 한 모둠은 2~3명으로 구성한다.

⇨ 모둠은 상황에 따라 매번 바꾸지 않고 전 시간에 배치된 인원 그대로 편성해도 된다.

■■ 모둠별로 '도와주기 게시판' 제공하기

- 게시판은 1/2 전지를 제공하거나 아동 수가 적을 때는 B4(개별일 때는 A4) 용지를 제공해도 된다.
- 게시판의 제목인 '짱이를 도와주세요'는 아동이 원하는 이름이 있을 경우에는 변경해서 사용해도 된다.

⇨ '도와주기 게시판'은 모둠별 과제 수행을 위한 협력 학습 자료로 이용됨과 동시에 개별 발표 시에도 이용되며 단원에 따라 재구성하여 사용해도 된다.

⇨ 유의점: 모둠별 협동 수업 전에 전체 아동의 수준에 따라 각 질문에 대한 간단한 단서를 제공하여 모둠별 과제 수행이 용이하게 이루어지도록 한다.

협동수업

모둠별 문제 탐색

협동적 문제 탐색 · 해결하기

■■ 모둠별 책상 정리 후 PBL 문제에 대한 문제해결의 하위 영역별로 문제를 협동으로 탐색 · 해결하기

- 아동에게 전체 수업 시간에 함께 문제해결 했던 PBL 문제를 상기하며 '짱이'를 도와주기 위한 결과예측, 원인 · 이유, 해결방안에 대해 '도와주기 게시판'을 완성하도록 독려한다.
- 글자를 읽고 쓰는 것에 어려움이 있는 아동은 글자 대신 '작은 그림'으로 된 답지를 제공하여 해당 칸에 오려 붙일 수 있도록 한다.
- 수업 중에 아동이 인터넷에서 '놀이터에서 노는 모습' '미끄럼틀 타는 모습' 등의 검색어로 수집한 자료를 활용해도 된다.

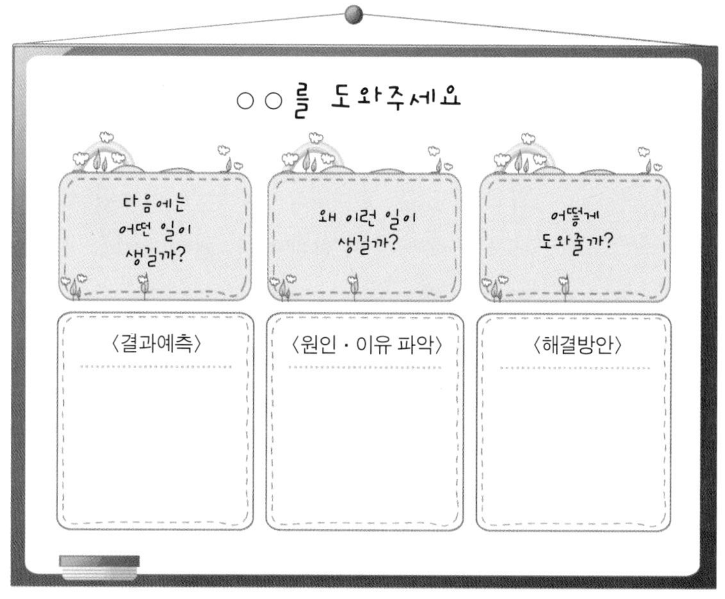
○○를 도와주세요
다음에는 어떤 일이 생길까?
왜 이런 일이 생길까?
어떻게 도와줄까?
〈결과예측〉
〈원인 · 이유 파악〉
〈해결방안〉

전체수업

발표하기

■■ 모둠별로 완성된 게시판은 앞에 붙이고 순서대로 발표하기

- 발표는 팀에서 선발하거나 원하는 아동이 할 수 있도록 한다.

- 초기에는 아동이 발표하는 데 어려움을 겪으므로 교사가 발표 시범을 보여 주도록 한다.
- 앞부분에서 많은 시간이 소요되어 발표시간이 부족할 경우에는 1~2명 아동만 발표시킨다.

⇨ 모둠별 결과 발표 시 아동이 상대방의 결과가 자기 팀과 다르다고 하여 비난하거나 놀리지 않도록 하고, 아동이 최선을 다해 과제 수행한 것을 서로 격려하도록 지도한다.

보충 학습하기

보충 설명: 모둠별 발표 후 내용이 부족할 경우 교사의 보충 설명이나 보충 자료를 제시하여 아동의 이해 돕기

- 놀이터에서 차례 지키기, 놀이터 모래놀이 때 사람에게 모래 뿌리지 않기, 그네 차례대로 타기, 친구가 타고 있는 그네 가까이(또는 아래) 가지 않기, 친구에게 사과하는 방법 등을 설명한다.

개별수업

개별학습 및 평가

개별학습 · 평가하기

문제해결의 개별학습하기

- 교사는 독립적으로 과제 수행을 할 수 없는 아동부터 순서대로 수업한 내용을 복습할 수 있도록 지도한다. 제시된 문제와 유사한 문제를 제시하여 결과예측, 원인 · 이유, 해결방안에 대해 과제 수행할 수 있도록 지도한다.

자기평가하기([그림 2-3] 참조)

- 자기평가를 독립적으로 할 수 없는 아동은 교사와 함께 평가하도록 한다.
- 자기평가는 매 회기별로 실시하지 않고, 단원별로 한두 차례 실시하도록 한다.

전체수업

수업 정리

수업 마무리하기

개별학습과 자기평가 시간이 완료되면 수업 마무리하기

- 문제 상황에 대해 종합적으로 질문하고 설명한다.
- '도와주기 게시판'을 교실 환경판에 전시한다(다음 수업에 활용).
- 매 수업 후 교사는 개별아동의 학업 수행력에 대한 전반적인 평가를 한다.
- 강화는 도입 부분에서 안내하였을 경우 그에 알맞게 제공하도록 한다.

학습지 1

단원	일상생활과 안전	수업 주제	놀이터에서는 어떤 일이 생길까요?	차시	3~4
				수준	상/하
월 일 요일				이름	

⇨ 하 수준의 아동은 교사/보조원과 함께 답란에 글자 대신 그림을 붙이게 한다.

놀이터 미끄럼틀 위에서 짱이가 내려오려고 합니다. 그런데 친구가 미끄럼틀을 거꾸로 올라가려고 합니다.

❶ 다음에 짱이는 어떻게 될까요?

❷ 만약 짱이와 친구가 서로 부딪힌다면 어떻게 될까요?

❸ 짱이가 이런 사고를 당하지 않게 하려면 어떻게 해야 할까요?

학습지 2

단원	일상생활과 안전	수업 주제	놀이터에서는 어떤 일이 생길까요?	차시	3~4
				수준	중
월 일 요일			이름		

놀이터 미끄럼틀 위에서 짱이가 내려오려고 합니다. 그런데 친구가 미끄럼틀을 거꾸로 올라가려고 합니다.

※ 다음 문제를 읽고 알맞은 답의 번호를 모두 고르세요.

❶ 다음에 짱이는 어떻게 될까요? (　　)
① 짱이와 친구가 부딪혀요.
② 친구가 어른들께 칭찬받아요.
③ 친구의 얼굴에 피가 나요.

❷ 만약 짱이와 친구가 미끄럼틀에서 부딪힌다면 왜 그런 일이 생겼을까요?(원인이 무엇일까요?) (　　)
① 짱이가 배가 고팠기 때문에
② 친구가 미끄럼틀을 거꾸로 올라가려고 했기 때문에

❸ 만약 짱이가 다친다면 친구는 어떻게 해야 할까요? (　　)
① 친구는 짱이에게 미안하다고 말해야 해요.
② 친구는 짱이를 두고 혼자 집으로 가야 해요.
③ 친구는 짱이가 잘못했다고 화내면 돼요.

❹ 짱이가 이런 사고를 당하지 않게 하려면 어떻게 해야 할까요? (　　)
① 미끄럼틀을 탈 때는 아무렇게나 마음대로 타야 해요.
② 미끄럼틀을 타기 위해서는 한 명씩 차례를 지켜 타야 해요.

2단원 2회기(3~4차시)에 필요한 그림 자료

❶ PBL 그림 문제: 확대 출력하여 사용(A4 혹은 B4 확대/코팅 사용)

- 엽서 크기로 PBL 그림을 출력하여 모둠별 도와주기 게시판 좌측 혹은 우측 상단에 붙여 주어 아동이 PBL 문제를 이해하는 데 도움을 주도록 한다.
- 다음 쪽의 작은 그림은 글자를 모르는 아동용이다. 글자를 아는 아동이라도 글쓰기에 어려움을 겪는 아동을 위해 그림 자료의 아래에 글자를 써 주어도 된다.
  예 짱이가 친구와 부딪혔다. 병원에서 치료를 받을 것 같다.

❷ 문제해결의 하위 영역별 모둠별 '도와주기 게시판' 수행 시 혹은 개별학습지 수행 시 사용(글자를 읽고 쓰는 것에 어려움이 있는 아동용)

- 결과예측의 예

• 원인 · 이유의 예

• 해결방안의 예

3/4 5~6/8 차시	낯선 사람과는 어떤 일이 생길까요?
학습목표	☑ 낯선 사람을 만나면 어떻게 해야 하는지를 말할 수 있다.

지도상 유의점

• 아이들은 낯선 사람을 보아도 별로 경계심을 가지지 않는다. 조금만 친한 척을 하거나 아는 척을 하면 바로 친분 관계가 형성되어 유괴와 성폭행 등 범죄 대상에 쉽게 노출된다. 또 아동 대상의 범죄에서는 주로 아동이 좋아하는 과자나 장난감을 매개로 하는 경우가 많기 때문에 이에 대한 지도가 구체적으로 이루어지도록 해야 한다('보충학습' 참조).

학습 내용 및 활동

전체수업

수업을 위한 동기유발

■■ 학교나 동네 근처에서 낯선 사람이 도와달라고 하거나 과자를 주어서 받은 적이 있는지 이야기하기

• 낯선 사람이 길을 묻거나 과자를 사 준다고 도와 달라고 한 적이 있나요?

☺ 네, 있어요.

☺ 길을 물어서 가르쳐 준 적이 있어요.

☺ 아저씨가 과자를 주셨는데 안 받았어요.

☺ 지나가시는 할머니께서 과자를 주셔서 받아먹었어요.

☺ 저는 할머니의 짐이 무거워 보여 대신 들어 주었어요.

■■ 본시 수업 안내하기

• 오늘 수업에서는 낯선 사람이 과자나 음식을 사 준다고 할 때 그리고 어디론가 함께 가자고 할 때 어떻게 대처해야 하는지에 대해 배운다는 것을 설명한다.

문제 제시

PBL 문제 만나기

단원 PBL 문제 안내하기

- 단원 문제: 우리는 학교, 집, 동네에서 여러 가지 문제 상황에 부딪히게 됩니다. 어떤 문제가 생길 수 있을까요? 문제가 일어나면 어떻게 해결해야 할까요?

⇨ 단원 PBL 문제는 1회기(1~2차시)에 소개한 경우에는 그다음 차시부터 생략해도 된다.

그림 자료나 PPT 자료로 PBL 문제 제시하기

아저씨랑
같이 가자
Copyright(c) LKS2007

- 문제내용: 학교가 끝난 후 짱이가 가방을 매고 놀이터에서 놀고 있었습니다. 한 아저씨가 다가와서 짱이에게 피자와 아이스크림을 사 줄 테니 아저씨랑 같이 가자고 말합니다. 짱이는 어떻게 해야 할까요?

문제 파악

문제해결력의 하위 영역인 결과예측, 원인 · 이유, 해결방안으로 나누어 단계별로 아동에게 질문하기

- 결과 예측하기: 다음에는 어떤 일이 생길까요?

☺ 짱이는 아저씨를 따라가지 않아요.

☺ 짱이가 아저씨를 따라가요.

☺ 엄마 아빠가 짱이가 없어져서 경찰에 신고해요.

☺ 짱이가 외딴집에 갇혀요.

☺ 아저씨가 집에 전화해서 돈을 갖고 오라고 해요.

☺ 엄마가 걱정이 돼서 울어요.

☺ 아저씨가 짱이 몸을 만져요.

⇨ 가능한 한 교육을 위해 부정적인 결과를 예측하도록 유도한다.

- 원인 · 이유 파악하기: 왜 이런 일이 생기게 되었을까요?

  ☺ 학교가 끝난 후 바로 집에 가지 않았기 때문이에요.

  ☺ 맛있는 거 먹으려고 아저씨를 따라갔기 때문이에요.

  ☺ 낯선 사람을 따라갔기 때문이에요.

  ☺ 혼자서 놀이터에서 놀았기 때문이에요.

  ☺ 엄마한테 놀이터에서 논다고 말하지 않았기 때문이에요.

  ☺ 짱이는 낯선 사람한테는 어떻게 대해야 하는지 못 배웠기 때문이에요.

  ☺ 다른 곳에 놀러갈 때(아저씨를 따라갈 때) 엄마에게 허락받지 않았기 때문이에요.

- 해결방안 찾기: 이런 일이 생기지 않게 하려면 어떻게 해야 할까요?

  ☺ 학교가 끝나면 집으로 바로 가야 해요.

  ☺ 엄마랑 함께 놀이터에서 놀아야 해요.

  ☺ 낯선 사람이 가자고 하면 '싫어요' 라고 말하고 집으로 와야 해요.

  ☺ 아저씨가 끌고 가려고 하면 주변 사람한테 '도와주세요'라고 소리쳐야 해요.

☺ 도망가서 엄마나 아빠한테 전화해야 해요.

☺ 놀이터에서 놀거나 다른 곳으로 갈 때는 부모님께 허락을 받아야 해요.

- PBL 그림 문제에 맞게 단계별로 결과예측, 원인 · 이유, 해결 방안에 대해 다시 한 번 간단히 설명하고 질문한다.

모둠 구성하기

■■ 아동 수에 따라 1~2개의 모둠 구성하기

- 학습 능력이 상중하 수준으로 골고루 섞이도록 모둠별로 아동을 골고루 배치하도록 한다.
- 한 모둠은 2~3명으로 구성한다.

⇨ 모둠은 상황에 따라 매번 바꾸지 않고 전 시간에 배치된 인원 그대로 편성해도 되고, 아동이 원하는 팀으로 구성해도 된다. 그러나 한 아동 때문에 모둠에 다툼이 잦을 때는 아동이 눈치 채지 못하도록 자연스럽게 구성원을 교체하도록 한다.

■■ 모둠별로 '도와주기 게시판' 제공하기

- 게시판은 1/2 전지를 제공하거나 아동 수가 적을 때는 B4(개별일 때는 A4) 용지를 제공해도 된다.
- 게시판의 제목인 '짱이를 도와주세요'는 아동이 원하는 이름이 있을 경우에는 변경해서 사용해도 된다.

⇨ '도와주기 게시판'은 모둠별 과제 수행을 위한 협력 학습 자료로 이용됨과 동시에 개별 발표 시에도 이용되며 단원에 따라 재구성하여 사용해도 된다.

⇨ 유의점: 모둠별 협동 수업 전에 전체 아동의 수준에 따라 각 질문에 대한 간단한 단서를 제공하여 모둠별 과제 수행이 용이하게 이루어지도록 한다.

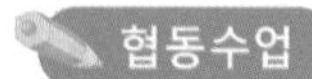

협동수업

◪ 모둠별 문제 탐색

| 협동적 문제 탐색 · 해결하기 |

■■ 모둠별 책상 정리 후 PBL 문제에 대한 문제해결의 하위 영역별로 문제를 협동으로 탐색 · 해결하기

- 아동에게 전체 수업 시간에 함께 문제를 해결했던 PBL 문제를 상기시키며 '짱이'를 도와주기 위한 결과예측, 원인 · 이유, 해결방안에 대해 '도와주기 게시판'을 완성하도록 독려한다.
- 글자를 읽고 쓰는 것에 어려움이 있는 아동은 글자 대신 '작은 그림'으로 된 답지를 제공하여 해당 칸에 오려 붙일 수 있도록 한다.
- 수업 중에 아동이 인터넷에서 '어린이 유괴' '어린이 성폭력' 등의 검색어로 수집한 자료를 활용해도 된다.

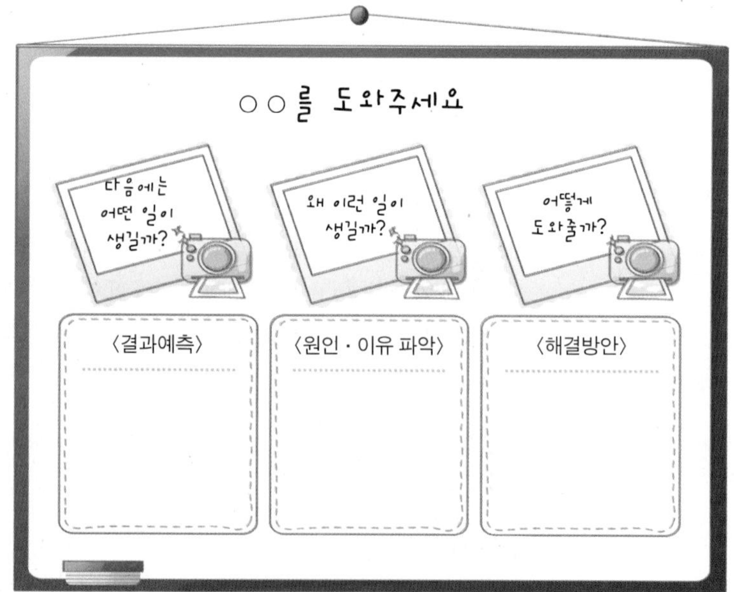
○○를 도와주세요
다음에는 어떤 일이 생길까?
왜 이런 일이 생길까?
어떻게 도와줄까?
〈결과예측〉
〈원인 · 이유 파악〉
〈해결방안〉

전체수업

◪ 발표하기

■■ 모둠별로 완성된 게시판은 앞에 붙이고 순서대로 발표하기

- 발표는 팀에서 선발하거나 원하는 아동이 할 수 있도록 한다.
- 초기에는 아동이 발표하는 데 어려움을 겪으므로 교사가 발표 시범을 보여 주도록 한다.
- 앞부분에서 많은 시간이 소요되어 발표시간이 부족할 경우에는

1~2명 아동만 발표시킨다.

⇨ 모둠별 결과 발표 시 아동이 상대방의 결과가 자기 팀과 다르다고 하여 비난하거나 놀리지 않도록 하고, 아동이 최선을 다해 과제 수행한 것을 서로 격려하도록 지도한다.

보충 학습하기

■■ 보충 설명: 모둠별 발표 후 내용이 부족할 경우 교사의 보충 설명이나 보충 자료를 제시하여 아동의 이해 돕기

- 모르는 사람인데 엄마 친구(아빠 친구)라고 말하면서 같이 가자고 하는 사람에 대한 상황도 정확히 인지할 수 있도록 한다. 그리고 아는 아저씨라도 얼굴에 뽀뽀를 하자고 하거나, 뽀뽀를 하려고 하면 '싫어요'라고 말하고 얼른 도망가야 함을 강조한다.
- 어린이 지킴이 표지판이 있는 곳을 평상시에 알고 있다가 위험 상황일 때 들어갈 수 있도록 지도한다.
- 가방이나 신발주머니에 아동의 이름이 크게 적혀 있어서 범죄에 이용당하는 것을 예방하도록 가정과 연계하여 철저히 지도한다.
- 길을 지나가는 도중에 친구가 가기 싫어하며 낯선 사람에게 끌려가는 것처럼 보일 때 휴대폰이 있으면 사진을 찍거나 '어린이 지킴이' 표지판이 있는 가게나 경찰서에 들어가 도움을 청하도록 지도한다.
- 낯선 사람이 주는 음식을 함부로 먹지 않도록 한다.
- 아동이 혼자 지나가다가(아파트 엘리베이터 포함) 할머니, 할아버지(어른 포함) 또는 다른 아동이 도움을 요청할 경우에는 주위의 어른을 불러오거나 다른 사람과 '함께' 도움을 줄 수 있도록 철저히 지도한다. 또한 평소 얼굴을 알고 지내던 사람이라도 어디로 가자고 하거나, 차를 태워 준다거나 할 때는 부모한테 허락을 받아야 한다는 것을 말할 수 있도록 지도한다.

개별수업

개별학습 및 평가

개별학습 · 평가하기

문제해결의 개별학습하기

- 교사는 독립적으로 과제 수행을 할 수 없는 아동부터 순서대로 수업한 내용을 복습할 수 있도록 지도한다. 제시된 문제와 유사한 문제를 제시하여 결과예측, 원인 · 이유, 해결방안에 대해 과제 수행할 수 있도록 지도한다.

자기평가하기([그림 2-3] 참조)

- 자기평가를 독립적으로 할 수 없는 아동은 교사와 함께 평가하도록 한다.
- 자기평가는 매 회기별로 실시하지 않고, 단원별로 한두 차례 실시하도록 한다.

전체수업

수업 정리

수업 마무리하기

개별학습과 자기평가 시간이 완료되면 수업 마무리하기

- 문제 상황에 대해 종합적으로 질문하고 설명한다.
- '도와주기 게시판'을 교실 환경판에 전시한다(다음 수업에 활용).
- 매 수업 후 교사는 개별아동의 학업 수행력에 대한 전반적인 평가를 한다.
- 강화는 도입 부분에서 안내하였을 경우 그에 알맞게 제공하도록 한다.

학습지 1

단원	일상생활과 안전	수업 주제	낯선 사람과는 어떤 일이 생길까요?	차시	5~6
				수준	상/하
월	일	요일	이름		

⇨ 하 수준의 아동은 교사/보조원과 함께 답란에 글자 대신 그림을 붙이게 한다.

학교가 끝난 후 짱이가 가방을 매고 놀이터에서 놀고 있었습니다. 한 아저씨가 다가와서 짱이에게 피자와 아이스크림을 사 줄 테니 아저씨랑 같이 가자고 말합니다.

아저씨랑
같이 가자
Copyright(c) LKS2007

❶ 다음에는 어떤 일이 일어날까요?

❷ 아저씨는 왜 짱이에게 맛있는 것을 사 준다고 했을까요?

❸ 짱이가 나쁜 아저씨에게 유괴당하지 않으려면 어떻게 해야 할까요?

학습지 2

<table>
<tr><td rowspan="2">단원</td><td rowspan="2">일상생활과 안전</td><td rowspan="2">수업 주제</td><td rowspan="2">낯선 사람과는 어떤 일이 생길까요?</td><td>차시</td><td>5~6</td></tr>
<tr><td>수준</td><td>중</td></tr>
<tr><td colspan="3">월 일 요일</td><td>이름</td><td colspan="2"></td></tr>
</table>

학교가 끝난 후 짱이가 가방을 매고 놀이터에서 놀고 있었습니다. 한 아저씨가 다가와서 짱이에게 피자와 아이스크림을 사 줄 테니 아저씨랑 같이 가자고 말합니다.

아저씨랑 같이 가자
Copyright(c) LKS2007

※ 다음 문제를 읽고 맞는 것에는 'ㅇ'를, 틀린 것에는 '×'를 표시하세요.

❶ 다음에는 어떤 일이 일어날까요?
① 아저씨가 아이스크림과 피자를 사 준다. ______
② 짱이가 아저씨에게 붙잡혀서 집에 돌아가지 못한다. ______
③ 짱이 엄마 아빠와 경찰들이 짱이를 찾으러 다닌다. ______

❷ 짱이는 왜 아저씨를 따라갔을까요?
① 맛있는 것을 사 준다는 아저씨의 말에 속았기 때문에 ______
② 집에 가기 싫었기 때문에 ______

❸ 아저씨는 왜 짱이에게 맛있는 것을 사 준다고 했을까요?
① 짱이가 예뻐서 ______
② 짱이를 유괴해서 짱이 엄마 아빠에게 돈을 요구하려고 ______
③ 짱이를 데리고 가서 짱이에게 나쁜 짓을 하려고 ______

❹ 짱이가 나쁜 아저씨에게 유괴당하지 않으려면 어떻게 해야 할까요?
① 잘 모르는 사람이 맛있는 것 사 준다고 하면 따라가도 돼요. ______
② 잘 모르는 사람이 맛있는 것 사 준다고 하면 '싫어요'라고 말하고 빨리 집으로 가요. ______
③ 아무도 없는 놀이터에서 혼자 놀지 않아요. ______

2단원 3회기(5~6차시)에 필요한 그림 자료

❶ PBL 그림 문제: 확대 출력하여 사용(A4 혹은 B4 확대/코팅 사용)

아저씨랑
같이 가자
Copyright(c) LKS2007

- 엽서 크기로 PBL 그림을 출력하여 모둠별 도와주기 게시판 좌측 혹은 우측 상단에 붙여 주어 아동이 PBL 문제를 이해하는 데 도움을 주도록 한다.
- 다음 쪽의 작은 그림은 글자를 모르는 아동용이다. 글자를 아는 아동이라도 글쓰기에 어려움을 겪는 아동을 위해 그림 자료의 아래에 글자를 써 주어도 된다.
  ㉠ 짱이가 아저씨를 따라가요.

❷ 문제해결의 하위 영역별 모둠별 '도와주기 게시판' 수행 시 혹은 개별학습지 수행 시 사용(글자를 읽고 쓰는 것에 어려움이 있는 아동용)

- 결과예측의 예

경찰서
Copyright(c) LKS2007

Copyright(c) LKS2007

돈을 가져와!!
Copyright(c) LKS2007

• 원인 · 이유의 예

• 해결방안의 예

4/4 7~8/8 차시	길 잃은 동생은 어떻게 해야 할까요?
학습목표	☑ 길을 잃었을 때 어떻게 해야 하는지 말할 수 있다.

지도상 유의점

- 아동에게 거리에서 길 잃은 동생을 만날 때 어떻게 도와주어야 하는지 간접적인 경험을 하게 함으로써, 아동 자신이 길을 잃었을 경우 이를 적용하여 문제해결을 할 수 있도록 구체적인 문제해결 방법을 가르치도록 한다. 그리고 3단원 4회기 '현장학습' 주제와 연계하여 지도한다.

학습 내용 및 활동

전체수업

수업을 위한 동기유발

놀러 갔다가 길 잃은 경험이 있는지 이야기하기

- 혹시 길을 잃었거나 놀러 갔다가 엄마(아빠)를 잃어버린 경험이 있나요?
  - ☺ 네, 저는 시장에 갔다가 엄마를 잃어버린 적이 있었어요.
  - ☺ 저는 할머니댁에 가서 문방구점에 갔다 오다가 길을 잃었어요.
  - ☺ 저는 새로 이사해서 처음 학교 갔다 오다가 길을 잃은 적이 있어요.
  - ☺ 놀이공원에 갔다가 제 동생을 잃어버린 적이 있어요.
  - ☺ 마트에서 사람이 많아서 엄마를 잃어버린 적이 있어요.
- 어떻게 다시 집(엄마/아빠)을 찾았나요?
  - ☺ 제가 전화번호를 알아서 전화했어요.
  - ☺ 제가 저의 집주소를 알려 주어서 경찰관 아저씨가 집을 찾아 주셨어요.
  - ☺ 놀이공원에서 방송이 나와서 엄마(아빠)가 저를 데리러 왔어요.

■■ **본시 수업 안내하기**

- 오늘 수업에서는 길을 잃었을 때에는 어떻게 대처해야 하는지에 대해 배운다는 것을 설명한다.

◢ 문제 제시

PBL 문제 만나기

■■ **단원 PBL 문제 안내하기**

- 단원 문제: 우리는 학교, 집, 동네에서 여러 가지 문제 상황에 부딪히게 됩니다. 어떤 문제가 생길 수 있을까요? 문제가 일어나면 어떻게 해결해야 할까요?

⇨ 단원 PBL 문제는 1회기(1~2차시)에 소개한 경우에는 그다음 차시부터 생략해도 된다.

■■ **그림 자료나 PPT 자료로 PBL 문제 제시하기**

- 문제내용: 짱이는 길에서 울고 있는 유치원 동생을 보았습니다. 동생은 유치원 가방과 모자를 쓰고 있고, 저 멀리에는 유치원 버스의 뒷모습이 보입니다. 어떻게 된 걸까요? 다음에는 어떤 일이 벌어질까요?

◢ 문제 파악

■■ **문제해결력의 하위 영역인 결과예측, 원인 · 이유, 해결방안으로 나누어 단계별로 아동에게 질문하기**

- 결과 예측하기: 다음에는 어떤 일이 생길까요?
  ☺ 짱이가 동생에게 왜 우냐고 물어요.
  ☺ 짱이가 유치원 버스를 따라가요.
  ☺ 짱이가 동생을 파출소에 데려다 줘요.
  ☺ 동생의 유치원 가방을 뒤져 집이나 유치원 전화번호를 알아내

서 전화해요.

☺ 동생의 엄마가 와서 짱이에게 '고맙다'고 해요.

☺ 동생이 사는 아파트를 가르쳐 주어서 그곳으로 데려다 줘요.

☺ 지나가는 어른이 동생을 도와줘요.

☺ 동생에게 엄마 휴대폰 번호를 물어서 전화해요.

☺ 짱이 엄마에게 전화해서 도와달라고 말해요.

☺ 동생의 엄마가 올 때까지 그 자리에서 같이 기다려요.

- 원인 · 이유 파악하기: 왜 이런 일이 생기게 되었을까요?

☺ 유치원 버스 운전 아저씨가 어린 동생을 혼자 길에 내려놓았기 때문이에요.

☺ 동생의 엄마가 유치원 버스가 오는 시간에 맞춰 마중을 못 왔기 때문이에요.

☺ 유치원 버스가 어린 동생을 못 보고 그냥 갔기 때문이에요.

☺ 동생의 엄마가 유치원 버스가 오기 전에 그곳을 떠났기 때문이에요.

☺ 동생의 엄마가 잠깐 가게에 갔기 때문이에요.

☺ 어린 동생이 자기 집에 가는 길을 몰랐기 때문이에요.

☺ 어린 동생이 유치원 버스를 놓쳤기 때문이에요.

☺ 동생이 유치원 버스에서 내려 장난을 치며 돌아다녀서 엄마를 만나지 못했기 때문이에요.

- 해결방안 찾기: 이런 일이 생기지 않게 하려면 어떻게 해야 할까요?
  - ☺ 어린 동생이 왜 우는지 물어봐야 해요.
  - ☺ 동생이 대답을 못 하면 동생의 가방에 연락처가 있는지 찾아 집이나 유치원으로 연락을 해 줘야 해요.
  - ☺ 기다리다가 동생의 엄마가 오지 않으면 근처의 파출소에 데려다 주어야 해요.
  - ☺ 지나가는 어른이 있으면 도와 달라고 해야 해요.
  - ☺ 동생에게 전화번호를 물어봐서 전화해야 해요.
  - ☺ 112에 전화해서 경찰아저씨에게 부탁을 해요.
  - ☺ 짝이 엄마에게 도와주도록 부탁해요.

- PBL 그림 문제에 맞게 단계별로 결과예측, 원인 · 이유, 해결 방안에 대해 다시 한 번 간단히 설명하고 질문한다.

모둠 구성하기

■■ 아동 수에 따라 1~2개의 모둠 구성하기

- 학습 능력이 상중하 수준으로 골고루 섞이도록 모둠별로 아동을 골고루 배치하도록 한다.
- 한 모둠은 2~3명으로 구성한다.

⇨ 모둠은 상황에 따라 매번 바꾸지 않고 전 시간에 배치된 인원 그대로 편성해도 되고, 아동이 원하는 팀으로 구성해도 된다. 그러나 한 아동 때문에 모둠에 다툼이 잦을 때는 아동이 눈치 채지 못하도록 자연스럽게 구성원을 교체하도록 한다.

■■ 모둠별로 '도와주기 게시판' 제공하기

- 게시판은 1/2 전지를 제공하거나 아동 수가 적을 때는 B4(개별일 때는 A4) 용지를 제공해도 된다.
- 게시판의 제목인 '짱이를 도와주세요'는 아동이 원하는 이름이 있을 경우에는 변경해서 사용해도 된다.

⇨ '도와주기 게시판'은 모둠별 과제 수행을 위한 협력 학습 자료로 이용됨과 동시에 개별 발표 시에도 이용되며 단원에 따라 재구성하여 사용해도 된다.

⇨ 유의점: 모둠별 협동 수업 전에 전체 아동의 수준에 따라 각 질문에 대한 간단한 단서를 제공하여 모둠별 과제 수행이 용이하게 이루어지도록 한다.

모둠별 문제 탐색

협동적 문제 탐색 · 해결하기

■■ 모둠별 책상 정리 후 PBL 문제에 대한 문제해결의 하위 영역별로 문제를 협동으로 탐색 · 해결하기

- 아동에게 전체 수업 시간에 함께 문제해결 했던 PBL 문제를 상기시키며 '짱이'를 도와주기 위한 결과예측, 원인 · 이유, 해결방안에 대해 '도와주기 게시판'을 완성하도록 독려한다.
- 글자를 읽고 쓰는 것에 어려움이 있는 아동은 글자 대신 '작은 그림'으로 된 답지를 제공하여 해당 칸에 오려 붙일 수 있도록 한다.
- 수업 중에 아동이 인터넷에서 '미아보호소' 관련 검색어로 수집한 자료를 활용해도 된다.

○○를 도와주세요
다음에는 어떤 일이 생길까?
왜 이런 일이 생길까?
어떻게 도와줄까?
〈결과예측〉
〈원인 · 이유 파악〉
〈해결방안〉

전체수업

발표하기

■■ 모둠별로 완성된 게시판은 앞에 붙이고 순서대로 발표하기

- 발표는 팀에서 선발하거나 원하는 아동이 할 수 있도록 한다.
- 초기에는 아동이 발표하는 데 어려움을 겪으므로 교사가 발표 시범을 보여 주도록 한다.
- 앞부분에서 많은 시간이 소요되어 발표시간이 부족할 경우에는 1~2명 아동만 발표시킨다.

⇨ 모둠별 결과 발표 시 아동이 상대방의 결과가 자기 팀과 다르다고 하여 비난하거나 놀리지 않도록 하고, 아동이 최선을 다해 과제 수행한 것을 서로 격려하도록 지도한다.

보충 학습하기

■■ 보충 설명: 모둠별 발표 후 내용이 부족할 경우 교사의 보충 설명이나 보충 자료를 제시하여 아동의 이해 돕기

- 길 잃은 동생을 만났을 때 해결할 수 있는 여러 가지 방법, 자신이 부모와 함께 외출했다가 혼자 부모를 잃었을 경우 대처하는 방법 등을 보충 설명한다.

개별수업

개별학습 및 평가

개별학습 · 평가하기

문제해결의 개별학습하기

- 교사는 독립적으로 과제 수행을 할 수 없는 아동부터 순서대로 수업한 내용을 복습할 수 있도록 지도한다. 제시된 문제와 유사한 문제를 제시하여 결과예측, 원인 · 이유, 해결방안에 대해 과제 수행할 수 있도록 지도한다.

자기평가하기([그림 2-3] 참조)

- 자기평가를 독립적으로 할 수 없는 아동은 교사와 함께 평가하도록 한다.
- 자기평가는 매 회기별로 실시하지 않고, 단원별로 한두 차례 실시하도록 한다.

전체수업

수업 정리

수업 마무리하기

개별학습과 자기평가 시간이 완료되면 수업 마무리하기

- 문제 상황에 대해 종합적으로 질문하고 설명한다.
- '도와주기 게시판'을 교실 환경판에 전시한다(다음 수업에 활용).
- 매 수업 후 교사는 개별아동의 학업 수행력에 대한 전반적인 평가를 한다.
- 강화는 도입 부분에서 안내하였을 경우 그에 알맞게 제공하도록 한다.

학습지 1

<table>
<tr><td rowspan="2">단원</td><td rowspan="2">일상생활과 안전</td><td rowspan="2">수업 주제</td><td rowspan="2">길 잃은 동생은 어떻게 해야 할까요?</td><td>차시</td><td>7~8</td></tr>
<tr><td>수준</td><td>상/하</td></tr>
<tr><td colspan="3">월 일 요일</td><td>이름</td><td colspan="2"></td></tr>
</table>

⇨ 하 수준의 아동은 교사/보조원과 함께 답란에 글자 대신 그림을 붙이게 한다.

짱이는 길에서 울고 있는 유치원 동생을 보았습니다. 동생은 유치원 가방과 모자를 쓰고 있고, 저 멀리에는 유치원 버스의 뒷모습이 보입니다.

❶ 다음에는 어떤 일이 일어날까요?

❷ 어린 동생은 왜 울고 있을까요?

❸ 짱이는 동생을 어떻게 도와주어야 할까요?

학습지 2

단원	일상생활과 안전	수업 주제	길 잃은 동생은 어떻게 해야 할까요?	차시	7~8
				수준	중
월	일	요일	이름		

짱이는 길에서 울고 있는 유치원 동생을 보았습니다. 동생은 유치원 가방과 모자를 쓰고 있고, 저 멀리에는 유치원 버스의 뒷모습이 보입니다.

※ 다음 문제를 읽고 맞는 것에는 'ㅇ'를, 틀린 것에는 '×'를 표시하세요.

❶ 다음에는 어떤 일이 일어날까요?

① 짱이는 어린 동생에게 왜 우냐고 묻는다. ______

② 짱이는 동생에게 공부하자고 화를 낸다. ______

③ 짱이가 동생의 가방에 연락처가 있는지 살핀다. ______

❷ 어린 동생은 왜 울고 있을까요?(원인이 무엇일까요?)

① 짱이가 무서웠기 때문에 ______

② 동생의 엄마가 데리러 나오지 않았기 때문에 ______

❸ 짱이는 동생을 어떻게 도와주어야 할까요?

① 짱이는 동생의 가방에 있는 전화번호를 보고 전화를 해야 한다.

______

② 짱이는 동생을 근처에 있는 파출소에 데려다 주어야 한다. ______

③ 짱이는 지나가는 아무 자동차에 동생을 태워 보내면 된다. ______

❹ 만약 짱이가 빨리 학교에 가야 한다면 어떻게 해야 할까요?

① 짱이는 어린 동생에게 혼자 집에 가라고 윽박지르면 된다. ______

② 근처의 어른께 어린 동생을 도와줄 것을 부탁하면 된다. ______

2단원 4회기(7~8차시)에 필요한 그림 자료

❶ PBL 그림 문제: 확대 출력하여 사용(A4 혹은 B4 확대/코팅 사용)

Copyright(c) LKS2007

- 엽서 크기로 PBL 그림을 출력하여 모둠별 도와주기 게시판 좌측 혹은 우측 상단에 붙여 주어 아동이 PBL 문제를 이해하는 데 도움을 주도록 한다.
- 다음 쪽의 작은 그림은 글자를 모르는 아동용이다. 글자를 아는 아동이라도 글쓰기에 어려움을 겪는 아동을 위해 그림 자료의 아래에 글자를 써 주어도 된다.
  ⓔ 왜 우냐고 물어볼 것이다.

❷ 문제해결의 하위 영역별 모둠별 '도와주기 게시판' 수행 시 혹은 개별학습지 수행 시 사용(글자를 읽고 쓰는 것에 어려움이 있는 아동용)

- 결과예측의 예

왜 울어 ?

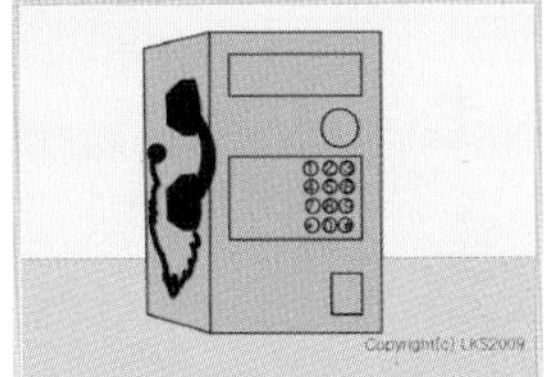

- 원인 · 이유의 예

- 해결방안의 예

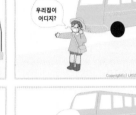

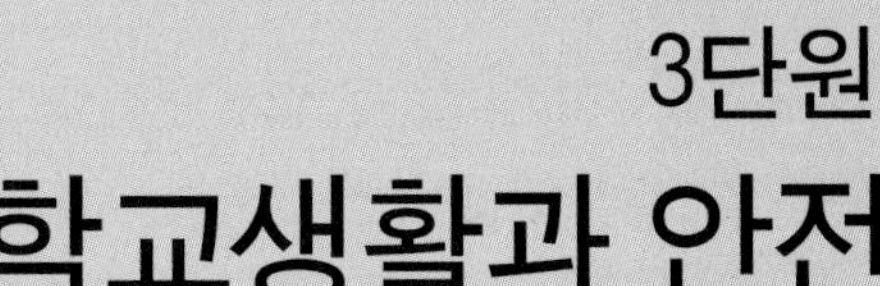

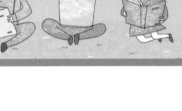

3단원: 학교생활과 안전

1 단원소개

이 단원은 학교생활을 하면서 경험하게 될 여러 가지 문제 상황에 적절히 대처할 수 있는 능력을 키울 수 있도록 하기 위해 선정하였다. 학교에 지각하지 않기, 친구와 사이좋게 지내기, 학교에서 질서 지키기, 현장학습에서는 어떤 일이 생길까 등 학교생활에서 지켜야 할 규칙과 질서를 다루면서 이를 지켜야 하는 이유와 그렇지 않았을 때 발생할 수 있는 상황에 대해 자연스럽게 아동이 문제해결력을 키울 수 있도록 하였다.

2 차시별 수업주제 및 지도목적

단원	회기 (차시)	수업 주제	지도목적	학습자료	관련 교과
학교생활과 안전	9 (1~2)	학교에 지각하는 이유는 무엇일까요?	아동이 밤늦게까지 게임을 하거나 TV를 보는 등으로 다음 날 일찍 일어나지 못해 학교에 지각하는 경우가 종종 있다. 이러한 문제점을 개선시키면서 문제해결 능력을 키울 수 있도록 하기 위해 이 주제를 선정하였다.	게임 하는 장면, TV 보는 장면, 학교에 지각하는 장면 등의 자료	사회
	10 (3~4)	친구와는 사이좋게 지내요!	간혹 일반학급이나 특수학급 어디에서나 아동끼리 따돌림을 하는 경우가 있다. 아동이 따돌림을 당하고, 따돌림을 하는 경우 모든 아동이 불행해짐을 알게 하여 친구끼리 사이좋게 지내야 한다는 교훈을 주기 위해 이 주제를 선정하였다.	친구끼리 사이좋게 지내는 장면, 외톨이가 되어 혼자 노는 아동의 모습의 사진 및 동영상 자료 등	사회
	11 (5~6)	질서를 지키지 않으면 큰일 나요!	학교에서는 교사의 손이 미치지 못하는 곳에서 많은 안전사고가 발생하고 있다. 지나친 장난으로 야기되는 위험 상황을 알게 하여 안전한 학교생활이 될 수 있도록 하기 위해 이 주제를 선정하였다.	경기장, 학교 계단에 사람들이 한꺼번에 몰려들어 다치는 모습의 자료 등	사회
	12 (7~8)	현장학습에서는 어떤 일이 생길까요?	장애아동이 현장학습에서 여러 가지 안전사고를 경험하거나 혹은 미아가 되는 경우가 발생한다. 이러한 문제를 예방하기 위해 이 주제를 선정하였다.	놀이공원, 동물원, 영화관 등의 현장학습을 갈 수 있는 장소의 자료 등	사회

3 단원 및 회기별 문제

영 역	내 용		
단 원	학교생활과 안전	관련교과	사회
단원 문제	여러분은 학교에서 생활하는 데 많은 시간을 보냅니다. 그런데 학교에는 여러 사람이 생활하고 있기 때문에 질서와 규칙을 지키지 않을 경우 많은 문제점이 발생됩니다. 학교에서 규칙과 질서를 지키지 않으면 어떤 일이 일어날까요? 문제가 생기지 않게 하기 위해서는 어떻게 해야 할까요?		
회기별 문제		① 월요일 아침입니다. 짱이가 학교에 도착하니 교실에서는 수업이 이미 시작되었습니다. 다음에는 어떤 일이 일어날까요? 왜 이런 일이 생겼을까요?	
		② 교실에서 짱이가 자기 자리에 혼자 앉아 있습니다. 그런데 뒤쪽에 여러 명의 친구가 손가락질을 하고 있습니다. 무슨 일이 생긴 걸까요? 어떻게 해야 할까요?	
		③ 짱이가 복도에서 뛰어가며 친구들과 장난을 치고 있습니다. 그런데 어쩌죠? 반대편 쪽에서 선생님이 화분을 들고 오고 계십니다. 어떤 일이 생길까요?	
		④ 짱이네 반 친구들은 선생님과 함께 놀이공원으로 현장학습을 왔습니다. 그런데 짱이가 자꾸만 반 친구와 멀어지고 있습니다. 어떤 일이 생길까요?	

1/4 1～2/8 차시	학교에 지각하는 이유는 무엇일까요?
학습목표	☑ 학교에 지각하게 되는 여러 가지 이유를 알고 지각하는 것을 방지할 수 있는 방법을 말할 수 있다.

지도상 유의점

- 학교생활 중 장애아동은 '등교 시간 지키기'에서 여러 가지 이유로 예외가 되는 경우가 있다. 그러나 등교시간은 학교구성원으로서 일과를 시작하는 중요한 시간이며, 등교시간을 지키는 일은 학교 규칙과 질서를 지키는 것의 시작이다. 지각을 하게 되면 본인과 타인에게 불이익을 줄 수 있으므로 가능한 한 등교시간을 지킬 수 있도록 하고, 지각을 했을 때 발생할 수 있는 본인과 타인의 불이익과 문제요소를 아동이 충분히 파악할 수 있도록 구체적으로 지도하여야 한다.
- PBL 문제를 제시한 후 전체 수업에서 교사가 아동에게 문제해결 영역별로 질문할 때 아동 중 앞의 아동이 말한 것을 그대로 따라 하는 경우에도 긍정적인 강화를 해 주도록 한다. 또래의 대답을 따라 하는 것도 모방이 되어 학습에 좋은 영향을 미치기 때문이다.
- 문제해결 시 아동 간의 아이디어가 나오면 브레인스토밍이 되어 궁극적으로 바람직한 방향의 더 좋은 아이디어가 나오게 되므로 많은 격려가 필요하다.
- 단원별 문제는 교사가 직접 설명하거나 비디오 자료와 같은 영상 자료를 활용하도록 하고, 회기별 PBL 그림은 별첨 CD 자료의 그림을 B4 크기로 출력해 사용하거나 PPT를 활용한다.
- PBL 수업 초기(1, 2회기 동안)에는 아동이 수업 상황에 좀 더 익숙해지고, 문제해결의 방향을 잡아 가도록 교사가 더 많은 개입과 지원을 하도록 한다.
- PBL 수업은 초기에는 수업 시간이 약 80여 분이 소요되나, 아동이

숙달되면 50~60분 정도로 시간이 단축될 수도 있다.

- 40분 수업 후 반드시 쉬는 시간을 가지도록 한다.
- PBL 수업은 개별아동(개별수업)에 적용하여 40분 수업으로 활용할 수도 있다.

학습 내용 및 활동

전체수업

수업을 위한 동기유발

학교에 지각한 경험을 이야기하기

- 학교에 지각한 적이 있나요?

  ☺ 아니요.

  ☺ 있어요.

- 지각한 적이 있다면, 왜 지각하였나요?

  ☺ 늦잠을 잤기 때문이에요.

  ☺ 아침밥 먹다가 늦었어요.

  ☺ 준비물 챙기다가 늦었어요.

본시 수업 안내하기

- 오늘 수업에서는 학교에 지각했을 때 일어날 수 있는 여러 가지 문제 상황에 어떻게 대처해야 하는지에 대해 배운다는 것을 설명한다.

문제 제시

PBL 문제 만나기

단원 PBL 문제 안내하기

- 단원 문제: 여러분은 학교에서 생활하는 데 많은 시간을 보냅니다. 그런데 학교에는 여러 사람이 생활하고 있기 때문에 질서와 규칙을 지키지 않을 경우 많은 문제점이 발생됩니다. 학교에서 규칙과 질서를 지키지 않으면 어떤 일이 일어날까요? 문제가 생기지 않게 하기 위해서는 어떻게 해야 할까요?

■■ 그림 자료나 PPT 자료로 PBL 문제 제시하기

- 문제내용: 월요일 아침입니다. 짱이가 학교에 도착하니 교실에서는 수업이 이미 시작되었습니다. 다음에는 어떤 일이 일어날까요? 왜 이런 일이 생겼을까요?

◪ 문제 파악

■■ 문제해결력의 하위 영역인 결과예측, 원인 · 이유, 해결방안으로 나누어 단계별로 아동에게 질문하기

- 결과 예측하기: 다음에는 어떤 일이 생길까요?
  - ☺ 교실에 들어갈 때 아이들이 다 쳐다봐요.
  - ☺ 창피하다고 느껴요.
  - ☺ 교감선생님께 혼나요.
  - ☺ 담임선생님께 혼나요.
  - ☺ 서둘러 나오느라고 준비물을 챙겨 오지 못해요.
  - ☺ 다시 집으로 돌아가고 싶어요.
  - ☺ 친구들이 놀라요.
  - ☺ 아침부터 선생님께 혼나서 하루 종일 기분이 나빠요.
  - ☺ 짱이가 교실에 들어갈 때 수업이 멈추게 되어 친구들이 공부하는 데 방해가 돼요.
  - ☺ 짱이는 겁이 나서 교실에 들어갈 수가 없어 교실 밖에 계속 서 있어요.
  - ☺ 들어가기가 겁나서 학교 안을 돌아다니다가 다른 선생님께 야단을 맞아요.
  - ☺ 학교 오는 길에 녹색어머니가 없어 길 건너기가 어려워요.

- 원인 · 이유 파악하기: 왜 이런 일이 생기게 되었을까요?
  - ☺ 늦게 일어났기 때문이에요.
  - ☺ 아침에 문방구에서 준비물을 샀기 때문이에요.
  - ☺ 전날 밤 늦게까지 컴퓨터 게임하느라고 늦잠을 잤기 때문이에요.
  - ☺ 학교 가는 길에 군것질을 했기 때문이에요.
  - ☺ 어젯밤에 TV를 늦게까지 봐서 늦잠을 잤기 때문이에요.
  - ☺ 엄마가 깨웠을 때 일어나지 않았기 때문이에요.
  - ☺ 미리 가방과 준비물을 챙겨 놓지 않았기 때문이에요.
  - ☺ 엄마 말씀을 잘 듣지 않고 아침에 고집을 부렸기 때문이에요.
  - ☺ 학교 오는 길에 장난을 치면서 왔기 때문이에요.

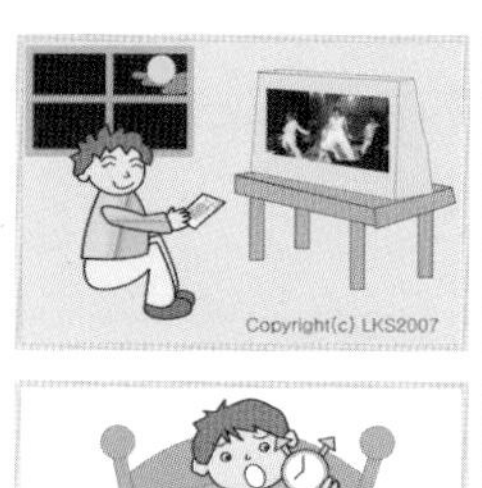

- 해결방안 찾기: 이런 일이 생기지 않게 하려면 어떻게 해야 할까요?
  ☺ 밤에 일찍 자야 해요.
  ☺ 엄마가 깨울 때 바로 일어나야 해요.
  ☺ 책가방과 준비물을 미리 챙겨 놓아야 해요.
  ☺ 시계의 알람을 미리 맞춰 두어 일찍 일어나야 해요.
  ☺ 아침에는 군것질을 하면 안 돼요.
  ☺ 아침시간에 고집부리지 않고 엄마 말씀을 잘 들어야 해요.
  ☺ 학교 가는 길에는 장난치지 않고 걸어서 학교로 와야 해요.

- 아동이 여러 가지 결과예측과 원인을 파악할 수 있도록 교사는 다양한 방법으로 자료를 조사하고(예, 인터넷 검색, 교사가 준비해 둔 사진 자료, 비디오 자료, CD-ROM, 교통 관련 사이트 등), 아울러 사전에 가정과 연계하여 아동에게도 자료 수집을 할 수 있도록 안내한다.

모둠 구성하기

■■ 아동 수에 따라 1~2개의 모둠 구성하기

- 학습 능력이 상중하 수준으로 골고루 섞이도록 모둠별로 아동을 골고루 배치하도록 한다.
- 한 모둠은 2~3명으로 구성한다.

■■ **모둠별로 '도와주기 게시판' 제공하기**

- 게시판은 1/2 전지를 제공하거나 아동 수가 적을 때는 B4(개별일 때는 A4) 용지를 제공해도 된다.
- 게시판의 제목인 '짱이를 도와주세요'는 아동이 원하는 이름이 있을 경우에는 변경해서 사용해도 된다.

⇨ '도와주기 게시판'은 모둠별 과제 수행을 위한 협력 학습 자료로 이용됨과 동시에 개별 발표 시에도 이용되며 단원에 따라 재구성하여 사용해도 된다.

⇨ 유의점: 모둠별 협동 수업 전에 전체 아동의 수준에 따라 각 질문에 대한 간단한 단서를 제공하여 모둠별 과제 수행이 용이하게 이루어지도록 한다.

협동수업

◢ 모둠별 문제 탐색

협동적 문제 탐색 · 해결하기

■■ **모둠별 책상 정리 후 PBL 문제에 대한 문제해결의 하위 영역별로 문제를 협동으로 탐색 · 해결하기**

- 아동에게 전체 수업 시간에 함께 문제해결 했던 PBL 문제를 상기하며 '짱이'를 도와주기 위한 결과예측, 원인 · 이유, 해결방안에 대해 '도와주기 게시판' 을 완성하도록 독려한다.

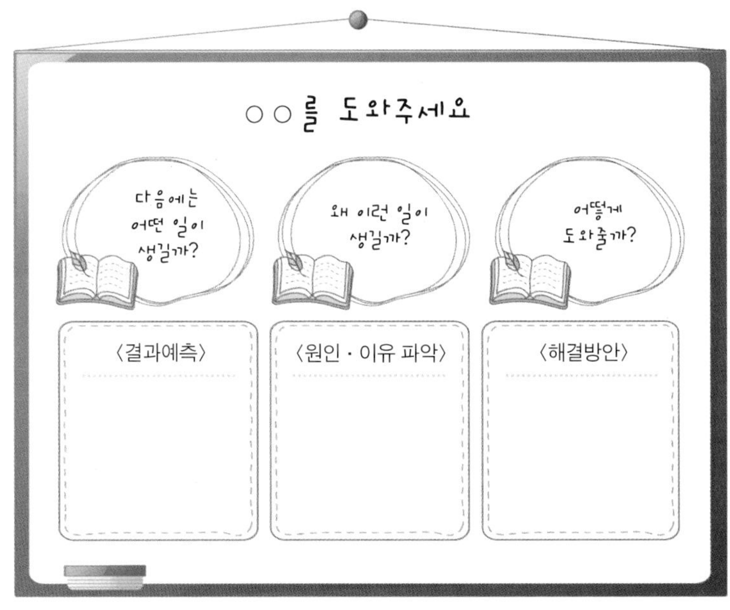
○○를 도와주세요
다음에는 어떤 일이 생길까?
왜 이런 일이 생길까?
어떻게 도와줄까?
〈결과예측〉
〈원인 · 이유 파악〉
〈해결방안〉

• 글자를 읽고 쓰는 것에 어려움이 있는 아동은 글자 대신 '작은 그림'으로 된 답지를 제공하여 해당 칸에 오려 붙일 수 있도록 한다.
• 수업 중에 아동이 인터넷에서 '지각' 관련 검색어로 수집한 사진/그림을 찾아 붙이거나 또는 이를 문장으로 직접 써 넣도록 한다.

전체수업

발표하기

■■ 모둠별로 완성된 게시판은 앞에 붙이고 순서대로 발표하기

• 발표는 팀에서 선발하거나 원하는 아동이 할 수 있도록 한다.
• 초기에는 아동이 발표하는 데 어려움을 겪으므로 교사가 발표 시범을 보여 주도록 한다.
• 앞부분에서 많은 시간이 소요되어 발표시간이 부족할 경우에는 1~2명 아동만 발표시킨다.

⇨ 모둠별 결과 발표 시 아동이 상대방의 결과가 자기 팀과 다르다고 하여 비난하거나 놀리지 않도록 하고, 아동이 최선을 다해 과제 수행한 것을 서로 격려하도록 지도한다.

보충 학습하기

■■ 보충 설명: 모둠별 발표 후 내용이 부족할 경우 교사의 보충 설명이나 보충 자료를 제시하여 아동의 이해 돕기

• 지각하였을 때 본인에게 나쁜 점과 다른 사람에게 피해를 준다는 점을 강조하여 지도한다.

개별수업

개별학습 및 평가

개별학습 · 평가하기

■■ 문제해결의 개별학습하기

• 교사는 독립적으로 과제 수행을 할 수 없는 아동부터 순서대로 수업한 내용을 복습할 수 있도록 지도한다. 제시된 문제와 유사한 문제를 제시하여 결과예측, 원인 · 이유, 해결방안에 대해 과제 수행할 수 있도록 지도한다(학습지 과제 수행하기).

■■ 자기평가하기([그림 2-3] 참조)

• 자기평가를 독립적으로 할 수 없는 아동은 교사와 함께 평가하도

록 한다.

- 자기평가는 매 회기별로 실시하지 않고, 단원별로 한두 차례 실시하도록 한다.

전체수업

수업 정리

수업 마무리하기

개별학습과 자기평가 시간이 완료되면 수업 마무리하기

- 문제 상황에 대해 종합적으로 질문하고 설명한다.
- '도와주기 게시판'을 교실 환경판에 전시한다(다음 수업에 활용).
- 매 수업 후 교사는 개별아동의 학업 수행력에 대한 전반적인 평가를 한다.
- 강화는 도입 부분에서 안내하였을 경우 그에 알맞게 제공하도록 한다.

학습지 1

<table>
<tr><td rowspan="2">단원</td><td rowspan="2">학교생활과 안전</td><td rowspan="2">수업 주제</td><td rowspan="2">학교에 지각하는 이유는 무엇일까요?</td><td>차시</td><td>1~2</td></tr>
<tr><td>수준</td><td>상/하</td></tr>
<tr><td colspan="3">월 일 요일</td><td>이름</td><td colspan="2"></td></tr>
</table>

⇨ 하 수준의 아동은 교사/보조원과 함께 답란에 글자 대신 그림을 붙이게 한다.

월요일 아침입니다. 짱이가 학교에 도착하니 교실에서는 수업이 이미 시작되었습니다.

❶ 다음에는 어떤 일이 일어날까요?

❷ 짱이는 왜 지각을 했을까요?

❸ 짱이가 지각을 하지 않으려면 어떻게 해야 할까요?

학습지 2

단원	학교생활과 안전	수업 주제	학교에 지각하는 이유는 무엇일까요?	차시	1~2
				수준	중
월 일 요일			이름		

월요일 아침입니다. 짱이가 학교에 도착하니 교실에서는 수업이 이미 시작되었습니다.

※ 다음 문제를 읽고 알맞은 답의 번호를 모두 고르세요.

❶ 다음에는 어떤 일이 일어날까요? (　　)
① 짱이가 선생님께 혼날 것이다.
② 반 친구들과 즐겁게 놀 것이다.
③ 선생님께서 잘 했다고 칭찬해 줄 것이다.

❷ 짱이는 왜 지각을 했을까요? (　　)
① 늦게 일어났기 때문에
② 엄마가 자동차로 학교까지 데려다 주셨기 때문에
③ 어젯밤에 늦게까지 컴퓨터 게임을 했기 때문에

❸ 짱이가 지각을 하지 않으려면 어떻게 해야 할까요? (　　)
① 밤늦게까지 텔레비전을 봐야 해요.
② 일찍 자고 일찍 일어나면 돼요.
③ 엄마가 깨우면 바로 일어나야 해요.

❹ 만약 친구가 준비물을 챙겨 오지 못했다면 어떻게 할까요? (　　)
① 내 준비물(색종이, 가위 등)을 만지지 못하게 할 것이다.
② 내 준비물(색종이, 가위 등)을 빌려줄 것이다.
③ 내가 선생님처럼 친구를 혼내 준다.

3단원 1회기(1~2차시)에 필요한 그림 자료

❶ PBL 그림 문제: 확대 출력하여 사용(A4 혹은 B4 확대/코팅 사용)

- 엽서 크기로 PBL 그림을 출력하여 모둠별 도와주기 게시판 좌측 혹은 우측 상단에 붙여 주어 아동이 PBL 문제를 이해하는 데 도움을 주도록 한다.
- 다음 쪽의 작은 그림은 글자를 모르는 아동용이다. 글자를 아는 아동이라도 글쓰기에 어려움을 겪는 아동을 위해 그림 자료 아래 글자를 써 주어도 된다.
  ㉑ 늦게 일어났어요.

❷ 문제해결의 하위 영역별 모둠별 '도와주기 게시판' 수행 시 혹은 개별학습지 수행 시 사용(글자를 읽고 쓰는 것에 어려움이 있는 아동용)

- 결과예측의 예

• 원인 · 이유의 예

• 해결방안의 예

2/4 3~4/8 차시	친구와는 사이좋게 지내요!
학습목표	☑ 친구와 사이좋게 지낼 수 있다.

지도상 유의점

- 본시 주제는 매우 예민한 부분이므로 아동이 수업을 통해 오히려 친구를 '따돌림'시키는 계기가 되는 상황이 벌어지지 않도록 주의해서 지도한다.
- 따돌림을 당하는 아동이 잘못 행동한 경우보다는 주변 친구들이 아동을 이해하도록 하는 방향으로 지도하도록 한다.

학습 내용 및 활동

전체수업

수업을 위한 동기유발

친구와 사이좋게 지내기 위해서는 어떻게 해야 할지 이야기하기

- (정답게 지내는 여러 가지 사진을 보여 주며) 이 사진 속의 어린이들은 어떤 사이일까요?
  - ☺ 친구예요
  - ☺ 한 반 친구예요.
  - ☺ 동네 친구예요.
- 왜 친구 사이라고 생각하나요?
  - ☺ 친해 보여요.
  - ☺ 사이가 좋아 보여요.
  - ☺ 모두 재미있어하는 얼굴이에요.

본시 수업 안내하기

오늘 수업에서는 친구와의 관계에서 일어날 수 있는 상황과 친구와 사이좋게 지내기 위해 어떻게 대처해야 하는지에 대해 배운다는

것을 설명한다.

◪ 문제 제시

PBL 문제 만나기

■■ 단원 PBL 문제 안내하기

- 단원 문제: 여러분은 학교에서 생활하는 데 많은 시간을 보냅니다. 그런데 학교에는 여러 사람이 생활하고 있기 때문에 질서와 규칙을 지키지 않을 경우 많은 문제점이 발생됩니다. 학교에서 규칙과 질서를 지키지 않으면 어떤 일이 일어날까요? 문제가 생기지 않게 하기 위해서는 어떻게 해야 할까요?

⇨ 단원 PBL 문제는 1회기(1~2차시)에 소개한 경우에는 그다음 차시부터 생략해도 된다.

■■ 그림 자료나 PPT 자료로 PBL 문제 제시하기

- 문제내용: 교실에서 짱이가 책상에 혼자 앉아 있습니다. 그런데 뒤쪽에 여러 명의 친구가 손가락질을 하고 있네요. 무슨 일이 생긴 걸까요? 어떻게 해야 할까요?

◪ 문제 파악

■■ 문제해결력의 하위 영역인 결과예측, 원인 · 이유, 해결방안으로 나누어 단계별로 아동에게 질문하기

⇨ 초기에는 아동이 단계별 질문에 답을 못하는 경우가 있으므로 교사가 힌트를 주도록 한다.

- 결과 예측하기: 다음에는 어떤 일이 생길까요?
  ☺ 짱이가 슬퍼서 울어요.
  ☺ 뒤에서 놀리는 친구들이 더 심하게 짱이를 놀려요.
  ☺ 선생님이 오셔서 짱이를 놀리는 친구를 꾸중해요.
  ☺ 짱이가 집에 가서 부모님께 친구들이 놀린다고 말해요.

☺ 짱이의 부모님이 학교에 찾아와서 짱이를 놀린 친구들을 혼내요.

☺ 짱이를 놀린 친구들의 부모님이 짱이에게 미안하다고 말해요.

☺ 짱이와 그 친구들 모두 선생님께 혼나요.

☺ 짱이와 그 친구들은 나중에 친하게 지내요.

☺ 짱이는 아무도 놀아 주지 않아 하루 종일 혼자 있어요.

• 원인 · 이유 파악하기: 왜 이런 일이 생기게 되었을까요?

⇨ 이 부분은 민감한 부분이기 때문에 짱이가 심각하게 뭔가 잘못했다는 말이 나올 때는 자연스럽게 다른 쪽으로 말을 돌린다.

☺ 짱이 친구들이 짱이가 귀여워서 놀린 것인데 짱이가 오해했기 때문에요.

☺ 짱이가 친구들을 먼저 놀렸기 때문이에요.

☺ 친구들이 괜히 짱이를 괴롭혔기 때문이에요.

☺ 친구들과 짱이가 전날 다툼이 있었기 때문이에요.

☺ 친구들은 짱이가 자기들을 먼저 모른 척했다고 오해했기 때문이에요.

☺ 짱이가 친구들보다 공부를 잘해서 친구들이 질투했기 때문이에요.

☺ 친구들이 짱이를 생일잔치에 초대했는데 짱이가 아파서 안 갔기 때문이에요.

- 해결방안 찾기: 이런 일이 생기지 않게 하려면 어떻게 해야 할까요?
  - ☺ (여러 명의) 친구들이 한 명의 친구들을 놀리지 않아야 해요.
  - ☺ 짱이는 친구들이 오해하지 않도록 생일잔치에 못 갈 경우에는 친구들에게 전화를 해서 못 간다고 얘기해 주어야 해요.
  - ☺ 짱이가 혼자 앉아 있을 때는 아프거나 힘들어서 그러니까 친구들이 이해하면 될 것 같아요.
  - ☺ 평상시에 친구들이 짱이에게 함께 놀자고 해야 해요.
  - ☺ 교실에서 친구 혼자 외롭게 있을 땐 가까이 가서 친구가 되어 주면 좋을 것 같아요.

- PBL 그림 문제에 맞게 단계별로 결과예측, 원인 · 이유, 해결 방안에 대해 다시 한 번 간단히 설명하고 질문한다.

모둠 구성하기

아동 수에 따라 1~2개의 모둠 구성하기

- 학습 능력이 상중하 수준으로 골고루 섞이도록 모둠별로 아동을 골고루 배치하도록 한다.
- 한 모둠은 2~3명으로 구성한다.

⇨ 모둠은 상황에 따라 매번 바꾸지 않고 전 시간에 배치된 인원 그대로 편성해도 되고, 아동이 원하는 팀으로 구성해도 된다. 그러나 한 아동 때문에 모둠에 다툼이 잦을 때는 아동이 눈치 채지 못하도록 자연스럽게 구성원을 교체하도록 한다.

모둠별로 '도와주기 게시판' 제공하기

- 게시판은 1/2 전지를 제공하거나 아동 수가 적을 때는 B4(개별일 때는 A4) 용지를 제공해도 된다.
- 게시판의 제목인 '짱이를 도와주세요'는 아동이 원하는 이름이 있을 경우에는 변경해서 사용해도 된다.

⇨ '도와주기 게시판'은 모둠별 과제 수행을 위한 협력 학습자료로 이용됨과 동시에 개별 발표 시에도 이용되며 단원에 따라 재구성하여 사용해도 된다.

⇨ 유의점: 모둠별 협동 수업 전에 전체 아동의 수준에 따라 각 질문에 대한 간단한 단서를 제공하여 모둠별 과제 수행이 용이하게 이루어지도록 한다.

협동수업

모둠별 문제 탐색

협동적 문제 탐색 · 해결하기

■■ 모둠별 책상 정리 후 PBL 문제에 대한 문제해결의 하위 영역별로 문제를 협동으로 탐색 · 해결하기

- 아동에게 전체 수업 시간에 함께 문제해결 했던 PBL 문제를 상기시키며 '짱이'를 도와주기 위한 결과예측, 원인 · 이유, 해결방안에 대해 '도와주기 게시판'을 완성하도록 독려한다.
- 글자를 읽고 쓰는 것에 어려움이 있는 아동은 글자 대신 '작은 그림'으로 된 답지를 제공하여 해당 칸에 오려 붙일 수 있도록 한다.

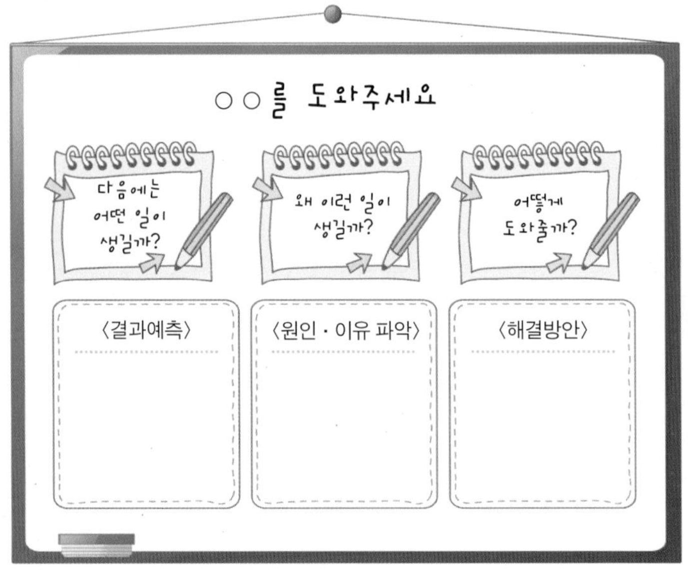
○○를 도와주세요
다음에는 어떤 일이 생길까?
왜 이런 일이 생길까?
어떻게 도와줄까?
〈결과예측〉
〈원인 · 이유 파악〉
〈해결방안〉

전체수업

발표하기

■■ 모둠별로 완성된 게시판은 앞에 붙이고 순서대로 발표하기

- 발표는 팀에서 선발하거나 원하는 아동이 할 수 있도록 한다.
- 초기에는 아동이 발표하는 데 어려움을 겪으므로 교사가 발표 시범을 보여 주도록 한다.

- 앞부분에서 많은 시간이 소요되어 발표시간이 부족할 경우에는 1~2명 아동만 발표시킨다.

⇨ 모둠별 결과 발표 시 아동이 상대방의 결과가 자기 팀과 다르다고 하여 비난하거나 놀리지 않도록 하고, 아동이 최선을 다해 과제 수행한 것을 서로 격려하도록 지도한다.

보충 학습하기

■■ 보충 설명: 모둠별 발표 후 내용이 부족할 경우 교사의 보충 설명이나 보충 자료를 제시하여 아동의 이해 돕기

- 요즘 학교 내 학생끼리 '따돌림'현상이 빈번히 일어나고, 이로 인해 피해학생이 받아야 할 고통이 너무 크며, 사회문제로 대두되고 있다. 그러나 이러한 심각한 현상을 장애아동에게 직접적으로 지도할 필요는 없지만 장애아동이 피해학생이 될 수도 있으므로 이에 대처할 수 있는 방법을 지도하도록 한다.

개별수업

개별학습 및 평가

개별학습 · 평가하기

■■ 문제해결의 개별학습하기

- 교사는 독립적으로 과제 수행을 할 수 없는 아동부터 순서대로 수업한 내용을 복습할 수 있도록 지도한다. 제시된 문제와 유사한 문제를 제시하여 결과예측, 원인 · 이유, 해결방안에 대해 과제 수행할 수 있도록 지도한다.

■■ 자기평가하기([그림 2-3] 참조)

- 자기평가를 독립적으로 할 수 없는 아동은 교사와 함께 평가하도록 한다.
- 자기평가는 매 회기별로 실시하지 않고, 단원별로 한두 차례 실시하도록 한다.

수업 정리

수업 마무리하기

■■ 개별학습과 자기평가 시간이 완료되면 수업 마무리하기

- 문제 상황에 대해 종합적으로 질문하고 설명한다.
- '도와주기 게시판'을 교실 환경판에 전시한다(다음 수업에 활용).
- 매 수업 후 교사는 개별아동의 학업 수행력에 대한 전반적인 평가를 한다.
- 강화는 도입 부분에서 안내하였을 경우 그에 알맞게 제공하도록 한다.

학습지 1

단원	학교생활과 안전	수업 주제	친구와 사이좋게 지내요!	차시	3~4
				수준	상/하
월	일	요일	이름		

⇨ 하 수준의 아동은 교사/보조원과 함께 답란에 글자 대신 그림을 붙이게 한다.

교실에서 짱이가 책상에 혼자 앉아 있습니다. 그런데 뒤쪽에 여러 명의 친구가 손가락질을 하고 있습니다.

❶ 다음에는 어떤 일이 일어날까요?

❷ 짱이는 왜 혼자서 슬퍼하는 걸까요?

❸ 짱이가 혼자서 슬퍼하지 않도록 하기 위해서는 어떻게 해야 할까요?

학습지 2

<table>
<tr><td rowspan="2">단원</td><td rowspan="2">학교생활과 안전</td><td rowspan="2">수업 주제</td><td rowspan="2">친구와 사이좋게 지내요!</td><td>차시</td><td>3~4</td></tr>
<tr><td>수준</td><td>중</td></tr>
<tr><td colspan="3">월 일 요일</td><td>이름</td><td colspan="2"></td></tr>
</table>

교실에서 짱이가 책상에 혼자서 앉아 있습니다. 그런데 뒤쪽에 여러 명의 친구가 손가락질을 하고 있습니다.

※ 다음 문제를 읽고 알맞은 답의 번호를 모두 고르세요.

❶ 내가 만약 짱이라면 다음에는 어떤 일을 할까요? (　　)

① 먼저 친구들에게 가서 놀자고 한다.
② 나를 놀리는 친구들에게 화를 낸다.
③ 친구들을 모른 척한다.

❷ 짱이는 왜 혼자서 슬퍼하는 걸까요? (　　)

① 아팠기 때문에
② 친구들이 놀렸기 때문에
③ 친구들이 놀자고 했기 때문에

❸ 친구들과 사이좋게 지내려면 어떻게 해야 할까요? (　　　　)

① 친구들이 놀리면 싸운다.
② 친구들과 다툼이 있을 땐 먼저 미안하다고 사과한다.
③ 아플 때 친구들이 놀자고 하면 아프다고 말한다.
④ 친구가 힘들어할 때 도와준다.

3단원 2회기(3~4차시)에 필요한 그림 자료

❶ PBL 그림 문제: 확대 출력하여 사용(A4 혹은 B4 확대/코팅 사용)

- 엽서 크기로 PBL 그림을 출력하여 모둠별 도와주기 게시판 좌측 혹은 우측 상단에 붙여 주어 아동이 PBL 문제를 이해하는 데 도움을 주도록 한다.
- 다음 쪽의 작은 그림은 글자를 모르는 아동용이다. 글자를 아는 아동이라도 글쓰기에 어려움을 겪는 아동을 위해 그림 자료의 아래에 글자를 써 주어도 된다.

  ㉠ 친구를 놀리지 않는다.

❷ 문제해결의 하위 영역별 모둠별 '도와주기 게시판' 수행 시 혹은 개별학습지 수행 시 사용(글자를 읽고 쓰는 것에 어려움이 있는 아동용)

- 결과예측의 예

- 원인 · 이유의 예

- 해결방안의 예

3/4 5~6/8 차시	질서를 지키지 않으면 큰일 나요!
학습목표	☑ 학교에서 발생할 수 있는 다양한 안전사고에 대해 말할 수 있다. ☑ 학교에서 질서와 규칙을 지키는 방법을 말할 수 있다.

지도상 유의점

• 아동은 학교의 계단, 복도, 난간 등에서 장난을 치거나 뛰어다니는 등 위험한 행동을 자주 한다. 이러한 행동은 사고로 이어져 아동의 건강과 생명에 영향을 미치기 때문에 본시 수업에 추가하여 관련 안전교육을 구체적으로 실시하여야 한다. 또한 4단원 1회기의 '학교 꽃밭에 쓰레기를 버리면 어떻게 될까?'와 연계하여 지도하도록 한다.

학습 내용 및 활동

수업을 위한 동기유발

■■ 길에서 자동차와 사람들이 질서와 규칙을 따르지 않았을 때 나타나는 현상에 대해 이야기하기

• 교통 흐름이 원만한 그림(1번)과 사고가 난 관련 자료(2번, 1단원 1회기 횡단보도 관련 그림 참고)를 제시하며, 이 두 그림에서 질서와 규칙을 잘 지키는 그림은 어느 것인가요?

☺ 1번 그림요

• 그럼, 2번 그림은 질서와 규칙이 잘 지켜지지 않는 그림인가요?

☺ 네!

☺ 질서가 지켜지지 않아요.

• 왜 2번 그림이 질서와 규칙이 지켜지지 않는다고 생각하나요?

☺ 교통사고가 났기 때문이에요.

☺ 사람이 다쳤기 때문이에요.

■■ 본시 수업 안내하기

• 오늘 수업에서는 길에서 일어나는 교통사고와 같이 질서와 규칙을 지키지 않았을 때 사람도 다치고 자동차도 부서져서 많은 손해를 보게 되듯이, 학교생활에서도 이러한 정해진 질서와 규칙을 따르지 않으면 사고가 발생해서 아동이 다칠 수 있음을 설명하고, 학교에서의 질서와 규칙을 잘 지켜야 하는 이유에 대해 배운다는 것을 설명한다.

문제 제시

PBL 문제 만나기

■■ 단원 PBL 문제 안내하기

• 단원 문제: 여러분은 학교에서 생활하는 데 많은 시간을 보냅니다. 그런데 학교에는 여러 사람이 생활하고 있기 때문에 질서와 규칙을 지키지 않을 경우 많은 문제점이 발생됩니다. 학교에서 규칙과 질서를 지키지 않으면 어떤 일이 일어날까요? 문제가 생기지 않게 하기 위해서는 어떻게 해야 할까요?

⇨ 단원 PBL 문제는 1회기(1~2차시)에 소개한 경우에는 그다음 차시부터 생략해도 된다.

■■ 그림 자료나 PPT 자료로 PBL 문제 제시하기

• 문제내용: 짱이가 복도에서 뛰어가며 친구들과 장난을 치고 있네요. 그런데 어쩌죠? 반대편 쪽에서 선생님이 화분을 들고 오고 계시네요. 어떤 일이 생길까요?

문제 파악

■■ 문제해결력의 하위 영역인 결과예측, 원인 · 이유, 해결방안으로 나누어 단계별로 아동에게 질문하기

⇨ 초기에는 아동이 단계별 질문에 답을 못하는 경우가 있으므로 교사가 힌트를 주도록 한다.

- 결과 예측하기: 다음에는 어떤 일이 생길까요?
  - ☺ 짱이와 선생님이 부딪혀요.
  - ☺ 선생님이 화분을 떨어뜨려요.
  - ☺ 짱이 뒤를 따라 뛰던 친구들도 함께 넘어져요.
  - ☺ 짱이와 친구들이 다리를 다쳐요.
  - ☺ 선생님이 넘어져서 다쳐요.
  - ☺ 화분이 깨져요.
  - ☺ 화분 조각이 짱이 다리에 박혀요.
  - ☺ 교실에서 많은 친구들이 복도에 몰려와서 짱이와 선생님을 도와주어요.
  - ☺ 짱이와 선생님이 다쳐서 보건실로 가서 치료를 받아요.
  - ☺ 선생님이 많이 다쳐서 병원에 입원해요.
  - ☺ 짱이와 친구들이 선생님께 꾸중을 들어요.
  - ☺ 화분을 친구들이 치워요.

- 원인 · 이유 파악하기: 왜 이런 일이 생기게 되었을까요?
  - ☺ 짱이와 친구들이 복도에서 장난을 쳤기 때문이에요.
  - ☺ 짱이가 복도서 뛰었기 때문이에요.
  - ☺ 짱이와 친구들이 질서를 지키지 않았기 때문이에요.
  - ☺ 선생님이 짱이와 친구들이 뛰어오는 줄 몰랐기 때문이에요.
  - ☺ 선생님이 화분을 들었기 때문이에요.

- **해결방안 찾기**: 이런 일이 생기지 않게 하려면 어떻게 해야 할까요?
  - ☺ 짱이와 친구들이 한 줄로 복도를 다녀야 해요.
  - ☺ 복도 모퉁이나 계단에서는 질서를 잘 지켜야 해요.
  - ☺ 짱이와 친구들은 질서 지키는 연습을 해야 해요.
  - ☺ 복도나 계단에서 뛰지 않도록 조심하는 안내 그림이 있어야 해요.
  - ☺ 친구들과 복도나 계단에서 장난을 쳐서는 안 돼요.
  - ☺ 짱이와 친구들에게 장난친 벌로 깨진 화분도 치우고, 복도도 깨끗이 청소하게 해야 해요.
  - ☺ 선생님은 질서를 잘 지킨 친구를 뽑아서 상을 주면 좋아요.
  - ☺ 복도 모퉁이에 상대편이 잘 보이도록 거울(자동차끼리 충돌을 막기 위해 반대편 도로를 잘 보이도록 하는 볼록 거울)을 달면 좋아요.

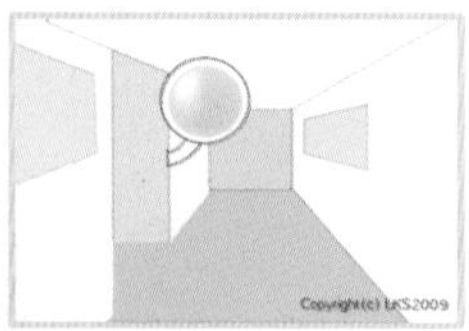

- PBL 그림 문제에 맞게 단계별로 결과예측, 원인 · 이유, 해결 방안에 대해 다시 한 번 간단히 설명하고 질문한다.

모둠 구성하기

■■ 아동 수에 따라 1~2개의 모둠 구성하기

- 학습 능력이 상중하 수준으로 골고루 섞이도록 모둠별로 아동을 골고루 배치하도록 한다.
- 한 모둠은 2~3명으로 구성한다.

⇨ 모둠은 상황에 따라 매번 바꾸지 않고 전 시간에 배치된 인원 그대로 편성해도 되고,

아동이 원하는 팀으로 구성해도 된다. 그러나 한 아동 때문에 모둠에 다툼이 잦을 때는 아동이 눈치 채지 못하도록 자연스럽게 구성원을 교체하도록 한다.

모둠별로 '도와주기 게시판' 제공하기

- 게시판은 1/2 전지를 제공하거나 아동 수가 적을 때는 B4(개별일 때는 A4) 용지를 제공해도 된다.
- 게시판의 제목인 '짱이를 도와주세요'는 아동이 원하는 이름이 있을 경우에는 변경해서 사용해도 된다.

⇨ '도와주기 게시판'은 모둠별 과제 수행을 위한 협력 학습자료로 이용됨과 동시에 개별 발표 시에도 이용되며 단원에 따라 재구성하여 사용해도 된다.

⇨ 유의점: 모둠별 협동 수업 전에 전체 아동의 수준에 따라 각 질문에 대한 간단한 단서를 제공하여 모둠별 과제 수행이 용이하게 이루어지도록 한다.

협동수업

모둠별 문제 탐색

협동적 문제 탐색 · 해결하기

모둠별 책상 정리 후 PBL 문제에 대한 문제해결의 하위 영역별로 문제를 협동으로 탐색 · 해결하기

- 아동에게 전체 수업 시간에 함께 문제해결 했던 PBL 문제를 상기시키며 '짱이'를 도와주기 위한 결과예측, 원인 · 이유, 해결방안에 대해 '도와주기 게시판'을 완성하도록 독려한다.
- 글자를 읽고 쓰는 것에 어려움이 있는 아동은 글자 대신 '작은 그림'으로 된 답지를 제공하여 해당 칸에 오려 붙일 수 있도록 한다.

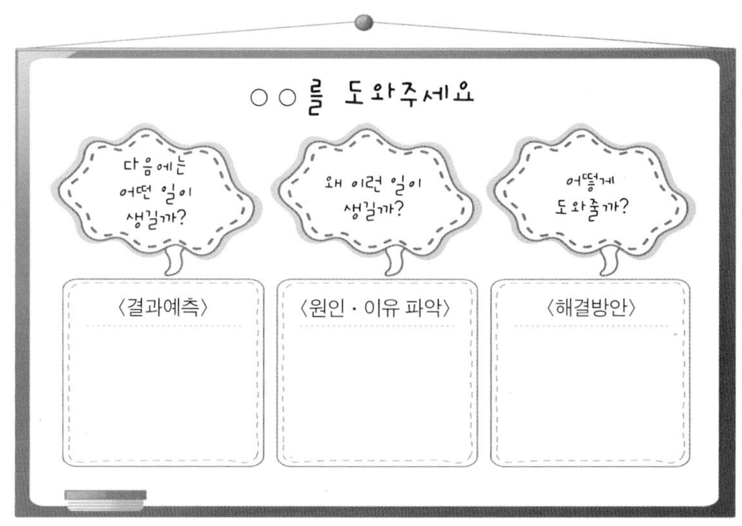
○○를 도와주세요
다음에는 어떤 일이 생길까?
왜 이런 일이 생길까?
어떻게 도와줄까?
〈결과예측〉
〈원인 · 이유 파악〉
〈해결방안〉

전체수업

발표하기

■■ 모둠별로 완성된 게시판은 앞에 붙이고 순서대로 발표하기

- 발표는 팀에서 선발하거나 원하는 아동이 할 수 있도록 한다.
- 초기에는 아동이 발표하는 데 어려움을 겪으므로 교사가 발표 시범을 보여 주도록 한다.
- 앞부분에서 많은 시간이 소요되어 발표시간이 부족할 경우에는 1~2명 아동만 발표시킨다.

⇨ 모둠별 결과 발표 시 아동이 상대방의 결과가 자기 팀과 다르다고 하여 비난하거나 놀리지 않도록 하고, 아동이 최선을 다해 과제 수행한 것을 서로 격려하도록 지도한다.

보충 학습하기

■■ 보충 설명: 모둠별 발표 후 내용이 부족할 경우 교사의 보충 설명이나 보충 자료를 제시하여 아동의 이해 돕기

- 경기장이나 학교 계단 등에서 많은 인원이 이동할 때 질서를 지키지 않으면 대형 사고가 발생할 수 있음을 사진이나 그림 자료/뉴스 등을 제시하며 지도한다.

개별수업

개별학습 및 평가

개별학습 · 평가하기

■■ 문제해결의 개별학습하기

- 교사는 독립적으로 과제 수행을 할 수 없는 아동부터 순서대로 수업한 내용을 복습할 수 있도록 지도한다. 제시된 문제와 유사한 문제를 제시하여 결과예측, 원인 · 이유, 해결방안에 대해 과제 수행할 수 있도록 지도한다.

■■ 자기평가하기([그림 2-3] 참조)

- 자기평가를 독립적으로 할 수 없는 아동은 교사와 함께 평가하도록 한다.
- 자기평가는 매 회기별로 실시하지 않고, 단원별로 한두 차례 실시하도록 한다.

전체수업

수업 정리

수업 마무리하기

개별학습과 자기평가 시간이 완료되면 수업 마무리하기

- 문제 상황에 대해 종합적으로 질문하고 설명한다.
- '도와주기 게시판'을 교실 환경판에 전시한다(다음 수업에 활용).
- 매 수업 후 교사는 개별 아동의 학업 수행력에 대한 전반적인 평가를 한다.
- 강화는 도입 부분에서 안내하였을 경우 그에 알맞게 제공하도록 한다.

학습지 1

<table>
<tr><td rowspan="2">단원</td><td rowspan="2">학교생활과 안전</td><td rowspan="2">수업 주제</td><td rowspan="2">질서를 지키지 않으면 큰일 나요!</td><td>차시</td><td>5~6</td></tr>
<tr><td>수준</td><td>상/하</td></tr>
<tr><td colspan="4">월 일 요일</td><td>이름</td><td></td></tr>
</table>

⇨ 하 수준의 아동은 교사/보조원과 함께 답란에 글자 대신 그림을 붙이게 한다.

짱이가 복도에서 뛰어가며 친구들과 장난을 치고 있습니다. 그런데 어쩌죠? 반대편 쪽에서 선생님이 화분을 들고 오고 계십니다.

❶ 다음에는 어떤 일이 일어날까요?

❷ 왜 복도에서 짱이와 선생님이 다치게 될까요?

❸ 학교 복도나 계단에서 사고가 나지 않기 위해서는 어떻게 하면 좋을까요?

학습지 2

단원	학교생활과 안전	수업 주제	질서를 지키지 않으면 큰일나요!	차시	5~6
				수준	중
월	일	요일	이름		

짱이가 복도에서 뛰어가며 친구들과 장난을 치고 있습니다. 그런데 어쩌죠? 반대편 쪽에서 선생님이 화분을 들고 오고 계십니다.

※ 다음 문제를 읽고 알맞은 답의 번호를 모두 고르세요.

❶ 다음에는 어떤 일이 일어날까요? (　　)

① 선생님께 짱이가 칭찬을 듣는다.

② 짱이와 친구들 그리고 선생님 모두 넘어진다.

③ 화분이 깨져서 모두 다친다.

❷ 왜 복도에서 친구들이 다치고 화분이 깨지게 될까요? (　　)

① 짱이와 친구들이 복도에서 뛰면서 장난을 쳤기 때문에

② 선생님이 짱이에게 심한 장난을 치라고 했기 때문에

③ 학교 복도에서는 원래 장난을 쳐도 되기 때문에

❸ 학교에서 부딪히는 사고를 예방하려면 어떻게 해야 할까요? (　　)

① 친구들과 계단에서 놀면 된다.

② 계단이나 복도에서는 차례를 지키고 뛰지 않는다.

③ 친구들은 질서를 지키는 교육을 받아야 한다.

④ 계단이나 복도에서 장난을 치지 않아야 한다.

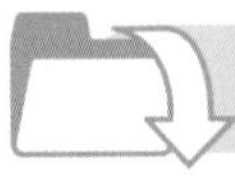

3단원 3회기(5~6차시)에 필요한 그림 자료

❶ PBL 그림 문제: 확대 출력하여 사용(A4 혹은 B4 확대/코팅 사용)

- 엽서 크기로 PBL 그림을 출력하여 모둠별 도와주기 게시판 좌측 혹은 우측 상단에 붙여 주어 아동이 PBL 문제를 이해하는 데 도움을 주도록 한다.
- 다음 쪽의 작은 그림은 글자를 모르는 아동용이다. 글자를 아는 아동이라도 글쓰기에 어려움을 겪는 아동을 위해 그림 자료의 아래에 글자를 써 주어도 된다.
  ㉠ 복도에서는 뛰지 않아야 해요.

❷ 문제해결의 하위영역별 모둠별 '도와주기 게시판' 수행 시 혹은 개별학습지 수행 시 사용(글자를 읽고 쓰는 것에 어려움이 있는 아동용)

- 결과예측의 예

• 원인 · 이유의 예

• 해결방안의 예

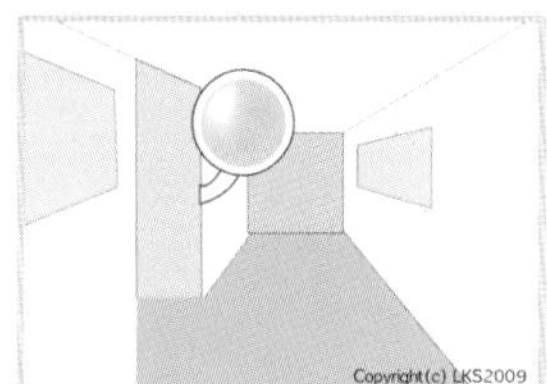

4/4 7~8/8 차시	현장학습에서는 어떤 일이 생길까요?
학습목표	☑ 현장학습에서 지켜야 할 규칙을 말할 수 있다. ☑ 현장학습 때 일어날 수 있는 문제 상황에 어떻게 해야 하는지 말할 수 있다.

지도상 유의점

• 장애아동은 현장학습 장소에서 대열에서 이탈하는 사고가 가끔씩 발생하고, 이로 인하여 아동이 장·단기적으로 미아가 되기도 한다. 따라서 현장학습 시 아동이 규칙을 지키며 교사의 지시를 잘 따르도록 하고, 집단을 이탈하였을 때는 아동 본인과 다른 사람에게 피해를 줄 수 있음을 인지하도록 지도하여야 한다. 또한 만약 혼자 길을 잃었을 때는 어떻게 해야 하는지 지도하여야 한다. 본시 수업은 2단원의 4회기 '길 잃은 동생은 어떻게 할까요?'와 연계하여 지도하도록 한다.

학습 내용 및 활동

전체수업

수업을 위한 동기유발

현장학습 간 경험을 이야기하기

• 현장학습 간 곳 중에서 가장 기억에 남는 현장학습은 어디였나요?

☺ 동물원이요.

☺ 놀이공원이요.

☺ ○ ○ 랜드요.

• 현장학습 갈 때 여러분이 지켜야 할 여러 가지 규칙이 있어요. 어떤 것이 있나요?

☺ 선생님 말씀을 잘 따라야 해요.

☺ 휴지는 함부로 버리면 안 돼요.

☺ 친구들과 사이좋게 다녀야 해요.

■■ 본시 수업 안내하기

- 오늘 수업에서는 현장학습 시 아동이 질서와 규칙을 지키지 않았을 때 어떤 일이 일어나게 될지에 대해 배운다는 것을 설명한다.

◪ 문제 제시

PBL 문제 만나기

■■ 단원 PBL 문제 안내하기

- 단원 문제: 여러분은 학교에서 생활하는 데 많은 시간을 보냅니다. 그런데 학교에는 여러 사람이 생활하고 있기 때문에 질서와 규칙을 지키지 않을 경우 많은 문제점이 발생됩니다. 학교에서 규칙과 질서를 지키지 않으면 어떤 일이 일어날까요? 문제가 생기지 않게 하기 위해서는 어떻게 해야 할까요?

⇨ 단원 PBL 문제는 1회기(1~2차시)에 소개한 경우에는 그다음 차시부터 생략해도 된다.

■■ 그림 자료나 PPT 자료로 PBL 문제 제시하기

- 문제내용: 짱이네 반 친구들은 선생님과 함께 놀이공원으로 현장학습을 왔네요. 그런데 짱이가 자꾸만 반 친구와 멀어지고 있어요. 어떤 일이 생길까요?

◪ 문제 파악

■■ 문제해결력의 하위 영역인 결과예측, 원인 · 이유, 해결방안으로 나누어 단계별로 아동에게 질문하기

⇨ 초기에는 아동이 단계별 질문에 답을 못하는 경우가 있으므로 교사가 힌트를 주도록 한다.

- 결과 예측하기: 다음에는 어떤 일이 생길까요?

☺ 짱이가 친구들과 멀어져서 길을 잃어요.

☺ 짱이가 길을 잃고 울고 있어요.

☺ 친구들과 선생님은 한참 동안 짱이가 없어진 줄 몰라요.

☺ 친구들과 선생님은 버스에서 짱이가 없어진 줄 알고 깜짝 놀라요.

☺ 선생님들이 짱이를 찾아다녀요.

☺ 놀이 공원에서 짱이를 찾는 방송이 나와요.

☺ 선생님이 짱이가 없어져서 경찰서에 신고해요.(실종신고)

☺ 짱이의 엄마, 아빠가 놀라시고 걱정을 많이 해요.

• 원인 · 이유 파악하기: 왜 이런 일이 생기게 되었을까요?

☺ 짱이가 선생님의 말씀을 듣지 않고 딴 곳을 봤기 때문이에요.

☺ 선생님이 짱이가 없어질 줄 모르고 뒤를 보지 않았기 때문이에요.

☺ 짝꿍끼리 손을 잡지 않았기 때문이에요.

☺ 짱이는 학교에서 현장학습 갈 때 지켜야 할 규칙을 제대로 듣지 않았기 때문이에요.

☺ 짱이가 줄을 서지 않고 혼자 다른 곳에 갔기 때문이에요.

☺ 친구와 장난을 치다가 선생님과 반 친구들을 잃어버렸기 때문(놓쳤기 때문)이에요.

- 해결방안 찾기: 이런 일이 생기지 않게 하려면 어떻게 해야 할까요?
  - ☺ 짱이는 선생님과 친구들을 잘 따라다녀야 해요.
  - ☺ 짱이는 명찰을 달아야 해요.
  - ☺ 짱이가 길을 잃었을 때는 사람들에게 물어서 놀이공원 방송실로 가야 해요.
  - ☺ 놀이공원 안내원에게 도와달라고 하면 돼요.
  - ☺ 짱이가 길을 잃었을 때 학교로 바로 전화하면 돼요.
  - ☺ 선생님의 휴대폰 번호를 가지고 있다가 길을 잃었을 때 전화해요.
  - ☺ 짱이가 지나가는 사람들에게 휴대폰을 빌려 달라고 해서 선생님께 전화하면 돼요.
  - ☺ 짱이는 집으로 전화하면 돼요.
  - ☺ 현장학습 가기 전에 짱이에게 길을 잃었을 때 어떻게 해야 하는지 알려 주어야 해요.
  - ☺ 짱이가 타고 온 버스를 찾아가면 돼요.
  - ☺ 혼자 길을 잃었을 때는 돌아다니지 말고, 그 자리에 서 있어야 해요.

- PBL 그림 문제에 맞게 단계별로 결과예측, 원인 · 이유, 해결 방안에 대해 다시 한 번 간단히 설명하고 질문한다.

모둠 구성하기

■■ **아동 수에 따라 1~2개의 모둠 구성하기**

- 학습 능력이 상중하 수준으로 골고루 섞이도록 모둠별로 아동을 골고루 배치하도록 한다.
- 한 모둠은 2~3명으로 구성한다.

⇨ 모둠은 상황에 따라 매번 바꾸지 않고 전 시간에 배치된 인원 그대로 편성해도 되고, 아동이 원하는 팀으로 구성해도 된다. 그러나 한 아동 때문에 모둠에 다툼이 잦을 때는 아동이 눈치 채지 못하도록 자연스럽게 구성원을 교체하도록 한다.

■■ 모둠별로 '도와주기 게시판' 제공하기

- 게시판은 1/2 전지를 제공하거나 아동 수가 적을 때는 B4(개별일 때는 A4) 용지를 제공해도 된다.
- 게시판의 제목인 '짱이를 도와주세요'는 아동이 원하는 이름이 있을 경우에는 변경해서 사용해도 된다.

⇨ '도와주기 게시판'은 모둠별 과제 수행을 위한 협력 학습자료로 이용됨과 동시에 개별 발표 시에도 이용되며 단원에 따라 재구성하여 사용해도 된다.

⇨ 유의점: 모둠별 협동 수업 전에 전체 아동의 수준에 따라 각 질문에 대한 간단한 단서를 제공하여 모둠별 과제 수행이 용이하게 이루어지도록 한다.

협동수업

◪ 모둠별 문제 탐색

협동적 문제 탐색 · 해결하기

■■ 모둠별 책상 정리 후 PBL 문제에 대한 문제해결의 하위 영역별로 문제를 협동으로 탐색 · 해결하기

- 아동에게 전체 수업 시간에 함께 문제해결 했던 PBL 문제를 상기시키며 '짱이'를 도와주기 위한 결과예측, 원인 · 이유, 해결방안에 대해 '도와주기 게시판'을 완성하도록 독려한다.
- 글자를 읽고 쓰는 것에 어려움이 있는 아동은 글자 대신 '작은 그림'으로 된 답지를 제공하여 해당 칸에 오려 붙일 수 있도록 한다.

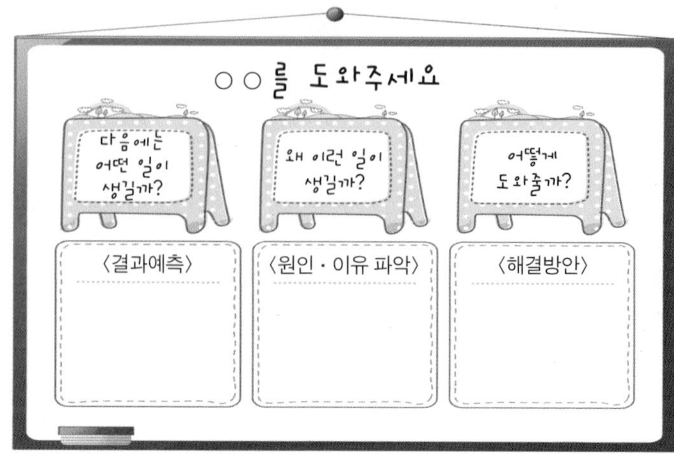
○○를 도와주세요
다음에는 어떤 일이 생길까?
왜 이런 일이 생길까?
어떻게 도와줄까?
〈결과예측〉
〈원인 · 이유 파악〉
〈해결방안〉

전체수업

발표하기

■■ 모둠별로 완성된 게시판은 앞에 붙이고 순서대로 발표하기

- 발표는 팀에서 선발하거나 원하는 아동이 할 수 있도록 한다.
- 초기에는 아동이 발표하는 데 어려움을 겪으므로 교사가 발표 시범을 보여 주도록 한다.
- 앞부분에서 많은 시간이 소요되어 발표시간이 부족할 경우에는 1~2명 아동만 발표시킨다.

⇨ 모둠별 결과 발표 시 아동이 상대방의 결과가 자기 팀과 다르다고 하여 비난하거나 놀리지 않도록 하고, 아동이 최선을 다해 과제 수행한 것을 서로 격려하도록 지도한다.

보충 학습하기

■■ 보충 설명: 모둠별 발표 후 내용이 부족할 경우 교사의 보충 설명이나 보충 자료를 제시하여 아동의 이해 돕기

- 현장학습 장소에는 대부분 많은 인원이 있고 복잡하므로 추가 주의 사항을 알려 주도록 한다.

개별수업

개별학습 및 평가

개별학습 · 평가하기

■■ 문제해결의 개별학습하기

- 교사는 독립적으로 과제 수행을 할 수 없는 아동부터 순서대로 수업한 내용을 복습할 수 있도록 지도한다. 제시된 문제와 유사한 문제를 제시하여 결과예측, 원인 · 이유, 해결방안에 대해 과제 수행할 수 있도록 지도한다.

■■ 자기평가하기([그림 2-3] 참조)

- 자기평가를 독립적으로 할 수 없는 아동은 교사와 함께 평가하도록 한다.
- 자기평가는 매 회기별로 실시하지 않고, 단원별로 한두 차례 실시하도록 한다.

전체수업

수업 정리

수업 마무리하기

개별학습과 자기평가 시간이 완료되면 수업 마무리하기

- 문제 상황에 대해 종합적으로 질문하고 설명한다.
- '도와주기 게시판'을 교실 환경판에 전시한다(다음 수업에 활용).
- 매 수업 후 교사는 개별아동의 학업 수행력에 대한 전반적인 평가를 한다.
- 강화는 도입 부분에서 안내하였을 경우 그에 알맞게 제공하도록 한다.

학습지 1

단원	학교생활과 안전	수업 주제	현장학습에서는 어떤 일이 생길까요?	차시	7~8
				수준	상/하
월 일 요일		이름			

⇨ 하 수준의 아동은 교사/보조원과 함께 답란에 글자 대신 그림을 붙이게 한다.

짱이네 반 친구들은 선생님과 함께 놀이공원으로 현장학습을 왔습니다. 그런데 짱이가 자꾸만 반 친구와 멀어지고 있습니다.

❶ 다음에는 어떤 일이 일어날까요?

❷ 짱이가 길을 잃게 된다면 그 이유는 무엇일까요?

❸ 현장학습 때 길을 잃지 않기 위해서는 짱이는 어떻게 해야 할까요?

학습지 2

<table>
<tr><td rowspan="2">단원</td><td rowspan="2">학교생활과 안전</td><td rowspan="2">수업 주제</td><td rowspan="2">현장학습에서는 어떤 일이 생길까요?</td><td>차시</td><td>7~8</td></tr>
<tr><td>수준</td><td>중</td></tr>
<tr><td colspan="3">월 일 요일</td><td>이름</td><td colspan="2"></td></tr>
</table>

짱이네 반 친구들은 선생님과 함께 놀이공원으로 현장학습을 왔습니다. 그런데 짱이가 자꾸만 반 친구와 멀어지고 있습니다.

※ 다음 문제를 읽고 알맞은 답의 번호를 모두 고르세요.

❶ 다음에는 어떤 일이 생길까요? (　　)

① 짱이가 길을 잃게 되어서 울어요.

② 선생님들이 짱이를 찾아다녀요.

③ 선생님과 친구들은 그다음 날까지도 짱이가 없어진 줄 몰라요.

❷ 짱이가 길을 잃게 된다면 그 이유는 무엇일까요? (　　)

① 친구들이 짱이를 다른 곳으로 가라고 했기 때문에

② 짱이가 한눈을 팔았기 때문에

③ 친구들이 짱이가 다른 곳으로 가는 것을 몰랐기 때문에

❸ 우리는 현장학습을 간 곳에서 어떻게 해야 하나요? (　　)

① 선생님을 잘 따라다녀야 해요.

② 재미있는 곳에서는 혼자 놀아도 돼요.

③ 현장학습 때는 명찰을 달아야 해요.

④ 길을 잃었을 때는 바로 어른들께 도움을 청해야 해요.

3단원 4회기(7~8차시)에 필요한 그림 자료

❶ PBL 그림 문제: 확대 출력하여 사용(A4 혹은 B4 확대/코팅 사용)

- 엽서 크기로 PBL 그림을 출력하여 모둠별 도와주기 게시판 좌측 혹은 우측 상단에 붙여 주어 아동이 PBL 문제를 이해하는 데 도움을 주도록 한다.
- 다음 쪽의 작은 그림은 글자를 모르는 아동용이다. 글자를 아는 아동이라도 글쓰기에 어려움을 겪는 아동을 위해 그림 자료의 아래에 글자를 써 주어도 된다.
  ㉰ 집으로 전화를 해야 해요.

❷ 문제해결의 하위 영역별 모둠별 '도와주기 게시판' 수행 시 혹은 개별학습지 수행 시 사용(글자를 읽고 쓰는 것에 어려움이 있는 아동용)

- 결과예측의 예

• 원인 · 이유의 예

• 해결방안의 예

4단원: 환경교육

1 단원소개

현재 환경 문제가 심각하게 부각되고 있는 상황에서 아동이 땅의 오염, 물의 오염, 공기의 오염에 대해 그 심각성을 깨닫게 하고, 일상생활에서 자연스럽게 깨끗한 환경을 만들기 위한 문제해결력을 키울 수 있도록 이 단원을 선정하였다.

2 차시별 수업주제 및 지도목적

단원	회기(차시)	수업 주제	지도목적	학습자료	관련 교과
학교생활과 안전	13 (1~2)	꽃과 나무들이 힘들어해요!	아무 곳에나 쓰레기를 버리는 행동을 다룸으로써 꽃과 나무를 아끼자는 환경교육을 함과 동시에 높은 건물에서 어떤 물건을 던졌을 경우 발생할 수 있는 위험상황을 가르치기 위해 이 주제를 선정하였다.	쓰레기로 몸살을 앓는 꽃과 나무 사진 자료, 위층에서 던진 물건으로 인해 아래 지나가던 사람이 피해를 다룬 뉴스 자료	과학
	14 (3~4)	계곡에는 어떤 일이 생길까요?	우리나라에는 사계절이 아름다운 산, 강, 바다가 있다. 그러나 많은 사람이 쓰레기를 버리고 함부로 오염시키는 행위를 함으로써 자연을 파괴시키고 있다. 따라서 물의 소중함과 중요성을 배움과 동시에 이와 관련한 문제 해결력을 신장시키기 위해 이 주제를 선정하였다.	여러 가지 물 오염 사례를 다룬 뉴스와 사진 자료	과학
	15 (5~6)	깨끗한 공기로 바꿔요!	도시의 공기 오염은 결국 산촌과 농촌 등에 악영향을 미치며, 사람들의 호흡계에 심각한 문제를 야기하고 있다. 이에 따라 공기 오염으로 인한 폐해를 인식하고, 이를 해결하기 위한 방법을 아동이 배울 수 있도록 하기 위해 이 주제를 선정하였다.	공기 오염으로 발생하는 문제를 다룬 뉴스와 사진(동영상) 자료	과학
	16 (7~8)	쓰레기 없는 동네를 만들어요!	우리 주변에 쓰레기를 함부로 버리거나, 재활용 분리수거를 하지 않았을 때 발생하는 문제점을 인식하게 함으로써 자연스럽게 분리수거의 중요성을 깨닫을 수 있도록 하기 위해 이 주제를 선정하였다.	쓰레기, 재활용 분리수거 사진 자료	과학 사회

3 단원 및 회기별 문제

영 역	내 용		
단원	환경교육	관련교과	과학
단원 문제	우리 주변에 있는 땅, 물, 공기가 점점 더러워지고 있습니다. 우리의 땅과 물, 공기가 왜 이렇게 더러워지고 있을까요? 어떻게 하면 깨끗하고 편안하게 살 수 있을까요?		
회기별 문제		① 꽃밭에는 꽃과 나무가 있고 주변에는 여러 가지 쓰레기가 버려져 있습니다. 그리고 짱이가 꽃밭 근처를 걸어가고 있습니다. 다음에는 어떤 일이 벌어질까요?	
		② 짱이네 가족이 계곡에 나들이를 왔습니다. 계곡 위쪽에 있는 한 아이가 샴푸로 머리를 감고, 또 다른 아이는 세제로 설거지를 하고 있습니다. 아래쪽에 있던 짱이가 컵을 들고 계곡 물을 떠서 먹으려고 하고 있습니다. 어떤 일이 생길까요?	
		③ 길거리에는 자동차 매연이 뿜어져 나오고, 공장의 굴뚝에서도 더러운 공기가 나오고 있습니다. 짱이와 새와 나무에 어떤 일이 벌어질까요?	
		④ 짱이네 동네에는 쓰레기를 재활용할 수 있도록 분리수거대가 있습니다. 그런데 이곳에는 음식 쓰레기와 일반 쓰레기 등이 뒤엉켜 엉망이 되어 있습니다. 짱이가 옆에서 얼굴을 찌푸린 채 지나가고 있습니다. 왜 그럴까요? 어떤 일이 일어날까요?	

1/4 1~2/8 차시	꽃과 나무들이 힘들어해요!
학습목표	☑ 아무 곳에나 쓰레기를 버리지 않고 지정된 장소에 버릴 수 있다. ☑ 쓰레기에 물건을 던지는 행동이 위험함을 인식하고 이러한 상황이 발생하지 않도록 주의할 수 있다.

지도상 유의점

- 본 회기에서는 아무 곳에나 쓰레기를 버리는 행동으로 인한 환경 오염과 더불어 높은 곳에서 아무거나 던졌을 경우 사람이 다칠 수 있으므로 안전교육도 동시에 실시하도록 한다. 특히 장애아동뿐만 아니라 일반아동도 높은 곳에서 물건을 던졌을 경우 발생할 수 있는 위험에 대한 인지도가 낮음으로 이에 대한 위험성을 충분히 인식할 수 있도록 지도한다.
- 단원별 문제는 교사가 직접 설명하거나 비디오 자료와 같은 영상 자료를 활용하도록 하고, 회기별 PBL 그림은 별첨 CD 자료의 그림을 B4 크기로 출력해 사용하거나 PPT를 활용한다.
- PBL 수업 초기(1, 2회기 동안)에는 아동이 수업 상황에 좀 더 익숙해지고, 문제해결의 방향을 잡아 가도록 교사가 더 많은 개입과 지원을 하도록 한다.
- PBL 수업은 초기에는 수업 시간이 약 80여 분이 소요되나, 아동이 숙달되면 50~60분 정도로 시간이 단축될 수도 있다.
- 40분 수업 후 반드시 쉬는 시간을 가지도록 한다.
- PBL 수업은 개별아동(개별수업)에 적용하여 40분 수업으로 활용할 수도 있다.

학습 내용 및 활동

전체수업

┃수업을 위한 동기유발┃

■■ 학교나 공원의 화단에 버려진 쓰레기를 찍은 사진을 보여 주며 이야기하기

- 화단에는 무엇이 많나요?
  ☺ 쓰레기요.
  ☺ 빈병이요.
- 왜 화단에 이런 쓰레기가 많이 있을까요?
  ☺ 사람들이 쓰레기를 버려서 그래요.

■■ **본시 수업 안내하기**

- 오늘 수업에서는 학교 내에서 쓰레기와 관련하여 일어날 수 있는 문제 상황에 어떻게 대처해야 하는지에 대해 배운다는 것을 설명한다.

◪ 문제 제시

| PBL 문제 만나기 |

■■ **단원 PBL 문제 안내하기**

- 단원 문제: 우리 주변에 있는 땅, 물, 공기가 점점 더러워지고 있습니다. 우리의 땅과 물, 공기가 왜 이렇게 더러워지고 있을까요? 어떻게 하면 깨끗하고 편안하게 살 수 있을까요?

■■ **그림 자료나 PPT 자료로 PBL 문제 제시하기**

- 문제내용: 꽃밭에는 꽃과 나무가 있고, 주변에는 여러 가지 쓰레기가 버려져 있습니다. 그리고 짱이가 꽃밭 근처를 걸어가고 있습니다. 다음에는 어떤 일이 벌어질까요?

◪ 문제 파악

■■ **문제해결력의 하위 영역인 결과예측, 원인 · 이유, 해결방안으로 나누어 단계별로 아동에게 질문하기**

- 결과 예측하기: 다음에는 어떤 일이 생길까요?
  –짱이에게 어떤 일이 생길까?

☺ 짱이가 친구가 던진 책에 머리를 맞아요.

☺ 짱이가 머리에 책을 맞아서 깜짝 놀라요.

☺ 짱이가 책을 던진 친구에게 화를 내요.

☺ 짱이가 책에 맞아 다친 걸 보고 선생님이 달려와요.

☺ 여러 친구가 짱이가 다쳤는지 궁금해서 몰려와요.

☺ 친구들이 다친 짱이를 도와줘요.

☺ 짱이는 피가 나서 보건실로 가요.

–꽃밭의 꽃과 나무에게는 어떤 일이 생길까?

☺ 꽃밭에 있는 나무가 죽어요.

☺ 꽃밭에 있는 풀이 죽어요.

☺ 다른 친구들이 쓰레기를 꽃밭에 버려요.

☺ 선생님과 함께 친구들이 꽃밭의 쓰레기를 주워요.

☺ 선생님께 책과 더러운 물을 꽃밭에 버린 친구들이 혼나요.

☺ 나뭇가지가 부러져요.

☺ 쓰레기가 버려져 냄새가 나고 꽃밭이 지저분해져요.

- 원인 · 이유 파악하기: 왜 이런 일이 생기게 되었을까요?

–짱이가 다친 이유

☺ 친구가 창밖으로 책을 던졌기 때문이에요.

☺ 짱이가 떨어지는 책을 못 봤기 때문이에요.

☺ 짱이가 꽃밭 근처로 걸어갔기 때문이에요.

–친구들이 더러운 물, 쓰레기와 책을 창밖으로 던지는 이유

☺ 화장실에 물을 버리러 가기 싫었기 때문이에요.

☺ 쓰레기를 쓰레기통에 버리러 가기 싫었기 때문이에요.

☺ 장난 삼아서 던졌기 때문이에요.

☺ 교실을 더럽게 하지 않으려고 했기 때문이에요.

☺ 물건을 창밖으로 던지는 것이 위험한지 몰랐기 때문이에요.

–꽃밭의 나무와 풀이 잘 자라지 못하는 이유

☺ 친구들이 교실에서 쓰레기를 함부로 버렸기 때문이에요.

☺ 더러운 물을 꽃밭에 버렸기 때문이에요.

☺ 꽃밭에 더러운 쓰레기를 빨리 치우지 않았기 때문이에요.

☺ 창밖으로 던진 물건 때문에 나뭇가지가 부러졌기 때문이에요.

- 해결방안 찾기: 이런 일이 생기지 않게 하려면 어떻게 해야 할까요?

☺ 짱이가 책에 맞아서 다친다면 학교 보건실로 데려다 주어야 해요.

☺ 짱이가 길을 갈 때는 주위를 잘 살피도록 해야 해요.

☺ 짱이가 날아오는 책을 피할 수 있도록 소리쳐 알려 주어야 해요.

☺ 친구들이 교실 창밖으로 물건을 못 던지게 해야 해요.

☺ 친구들에게 더러운 물은 화장실 하수구에 버리도록 가르쳐 줘야 해요.

☺ 친구들에게 쓰레기는 휴지통에 버리도록 가르쳐 줘야 해요.

☺ 꽃밭의 쓰레기를 깨끗이 주워야 해요.

☺ 꽃밭이 더러워지면 꽃과 나무가 살 수 없다는 것을 친구들이 알게 해야 해요.

☺ 꽃밭에는 비가 오지 않을 때 깨끗한 물을 주어야 해요.

☺ 높은 곳에서 물건을 던지면 지나가는 사람들이 맞아 아주 위험하다는 것을 가르쳐 주어야 해요.

- 아동이 여러 가지 결과예측과 원인을 파악할 수 있도록 교사는 다양한 방법으로 자료를 조사하고(예, 인터넷 검색, 교사가 준비해 둔 사진 자료, 비디오 자료, CD－ROM, 교통 관련 사이트 등), 아울러 사전에 가정과 연계하여 아동에게도 자료 수집을 할 수 있도록 안내한다.

모둠 구성 하기

■■ 아동 수에 따라 1~2개의 모둠 구성하기

- 학습 능력이 상중하 수준으로 골고루 섞이도록 모둠별로 아동을 골고루 배치하도록 한다.
- 한 모둠은 2~3명으로 구성한다.

■■ 모둠별로 '도와주기 게시판' 제공하기

- 게시판은 1/2 전지를 제공하거나 아동 수가 적을 때는 B4(개별일 때는 A4)용지를 제공해도 된다.
- 게시판의 제목인 '짱이를 도와주세요'는 아동이 원하는 이름이 있을 경우에는 변경해서 사용해도 된다.

⇨ '도와주기 게시판'은 모둠별 과제 수행을 위한 협력 학습 자료로 이용됨과 동시에 개별 발표 시에도 이용되며 단원에 따라 재구성하여 사용해도 된다.

⇨ 유의점: 모둠별 협동 수업 전에 전체 아동의 수준에 따라 각 질문에 대한 간단한 단서를 제공하여 모둠별 과제 수행이 용이하게 이루어지도록 설명한다.

협동수업

모둠별 문제 탐색

협동적 문제 탐색 · 해결하기

모둠별 책상 정리 후 PBL 문제에 대한 문제해결의 하위 영역별로 문제를 협동으로 탐색 · 해결하기

- 아동에게 전체 수업 시간에 함께 문제해결 했던 PBL 문제를 상기하며 '짱이'를 도와주기 위한 결과예측, 원인 · 이유, 해결방안에 대해 '도와주기 게시판'을 완성하도록 독려한다.

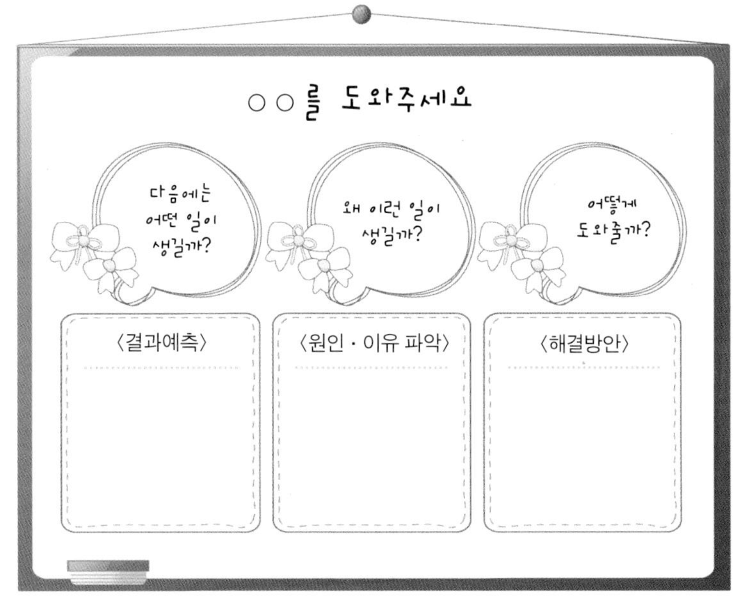
○○를 도와주세요
다음에는 어떤 일이 생길까?
왜 이런 일이 생길까?
어떻게 도와줄까?
〈결과예측〉
〈원인 · 이유 파악〉
〈해결방안〉

- 글자를 읽고 쓰는 것에 어려움이 있는 아동은 글자 대신 '작은 그림'으로 된 답지를 제공하여 해당 칸에 오려 붙일 수 있도록 한다.
- 수업 중에 아동이 인터넷에서 '환경오염' 관련 검색어로 수집한 사진/그림을 찾아 붙이거나 또는 이를 문장으로 직접 써넣도록 한다.

전체수업

발표하기

모둠별로 완성된 게시판은 앞에 붙이고 순서대로 발표하기

- 발표는 팀에서 선발하거나 원하는 아동이 할 수 있도록 한다.
- 초기에는 아동이 발표하는 데 어려움을 겪으므로 교사가 발표 시범을 보여 주도록 한다.

• 앞부분에서 많은 시간이 소요되어 발표시간이 부족할 경우에는 1~2명 아동만 발표시킨다.

⇨ 모둠별 결과 발표 시 아동이 상대방의 결과가 자기 팀과 다르다고 하여 비난하거나 놀리지 않도록 하고, 아동이 최선을 다해 과제 수행한 것을 서로 격려하도록 지도한다.

보충 학습하기

보충 설명: 모둠별 발표 후 내용이 부족할 경우 교사의 보충 설명이나 보충 자료를 제시하여 아동의 이해 돕기

• 땅이 오염되었을 때 생길 수 있는 여러 가지 상황 설명하기, 땅이 오염되지 않도록 하기 위해서는 어떻게 해야 할지 설명한다.

• 높은 곳에서(교실 위층, 아파트 등) 물건을 던질 경우 아래 지나가는 사람이 맞을 경우 위험하다는 것과, 아무리 가벼운 물건이라도 절대 물건을 던져서는 안 된다는 것을 지도한다.

개별수업

개별학습 및 평가

개별학습 · 평가하기

문제해결의 개별학습하기

• 교사는 독립적으로 과제 수행을 할 수 없는 아동부터 순서대로 수업한 내용을 복습할 수 있도록 지도한다. 제시된 문제와 유사한 문제를 제시하여 결과예측, 원인 · 이유, 해결방안에 대해 과제 수행할 수 있도록 지도한다(학습지 과제 수행하기).

자기평가하기([그림 2-3] 참조)

• 자기평가를 독립적으로 할 수 없는 아동은 교사와 함께 평가하도록 한다.

• 자기평가는 매 회기별로 실시하지 않고, 단원별로 한두 차례 실시하도록 한다.

전체수업

수업 정리

수업 마무리하기

개별학습과 자기평가 시간이 완료되면 수업 마무리하기

- 문제 상황에 대해 종합적으로 질문하고 설명한다.
- '도와주기 게시판'을 교실 환경판에 전시한다(다음 수업에 활용).
- 매 수업 후 교사는 개별아동의 학업 수행력에 대한 전반적인 평가를 한다.
- 강화는 도입 부분에서 안내하였을 경우 그에 알맞게 제공하도록 한다.

학습지 1

단원	환경교육	수업 주제	꽃과 나무들이 힘들어해요!	차시	1~2
				수준	상/하
월 일 요일			이름		

⇨ 하 수준의 아동은 교사/보조원과 함께 답란에 글자 대신 그림을 붙이게 한다.

꽃밭에는 꽃과 나무가 있고 주변에는 여러 가지 쓰레기가 버려져 있습니다. 그리고 짱이가 꽃밭 근처를 걸어가고 있습니다.

❶ 다음에는 어떤 일이 일어날까요?

❷ 친구들은 왜 쓰레기를 창밖으로 버릴까요?

❸ 꽃밭의 나무를 어떻게 도와주어야 할까요?

학습지 2

단원	환경교육	수업 주제	꽃과 나무들이 힘들어해요!	차시	1~2
				수준	중
월	일	요일	이름		

꽃밭에는 꽃과 나무가 있고 주변에는 여러 가지 쓰레기가 버려져 있습니다. 그리고 짱이가 꽃밭 근처를 걸어가고 있습니다.

※ 다음 문제를 읽고 알맞은 답의 번호를 모두 고르세요.

❶ 다음에는 어떤 일이 일어날까요? (　　)

① 꽃밭의 나무와 꽃들이 시들어 죽을 것이다.

② 짱이가 떨어진 책에 맞아서 다칠 것이다.

③ 꽃밭에는 더 예쁜 꽃이 활짝 필 것이다

❷ 친구들은 왜 더러운 물을 창밖으로 버릴까요? (　　)

① 꽃밭에는 더러운 물을 함부로 버려도 괜찮기 때문에

② 더러운 물을 버리러 화장실로 가기 귀찮아서

❸ 꽃밭의 나무를 어떻게 도와주어야 할까요? (　　)

① 나무와 꽃들을 뽑아내면 돼요.

② 창밖으로 더러운 물과 쓰레기를 버리지 않아야 해요.

③ 꽃밭에 쓰레기를 줍고 깨끗한 물을 뿌려 주어야 해요.

4단원 1회기(1~2차시)에 필요한 그림 자료

❶ PBL 그림 문제: 확대 출력하여 사용(A4 혹은 B4 확대/코팅 사용)

- 엽서 크기로 PBL 그림을 출력하여 모둠별 도와주기 게시판 좌측 혹은 우측 상단에 붙여 주어 아동이 PBL 문제를 이해하는 데 도움을 주도록 한다.
- 다음 쪽의 작은 그림은 글자를 모르는 아동용이다. 글자를 아는 아동이라도 글쓰기에 어려움을 겪는 아동을 위해 그림 자료 아래 글자를 써 주어도 된다.
  ㉰ 짱이가 머리에 책을 맞아요.

❷ 문제해결의 하위 영역별 모둠별 '도와주기 게시판' 수행 시 혹은 개별학습지 수행 시 사용(글자를 읽고 쓰는 것에 어려움이 있는 아동용)

- 결과예측의 예

• 원인 · 이유의 예

• 해결방안의 예

2/4 3~4/8 차시	계곡에는 어떤 일이 생길까요?
학습목표	☑ 물의 소중함을 말할 수 있다. ☑ 물을 깨끗이 하기 위해 할 수 있는 여러 가지 방법을 알 수 있다.

지도상 유의점

- 우리나라에는 사계절이 아름다운 산, 강, 바다가 있다. 그러나 많은 사람이 쓰레기를 버리고 함부로 오염시키는 행위를 함으로써 자연을 파괴시키고 있다. 본시에서는 물이 우리 생활에 미치는 영향을 통해 물의 소중함과 중요성을 인식시켜 주어야 한다.

학습 내용 및 활동

전체수업

수업을 위한 동기유발

계곡과 바닷가 사진을 보여 주며 가 본 경험을 이야기하기

- 계곡이나 바닷가에 가 본 적이 있나요?
  - ☺ 계곡에 가 봤어요.
  - ☺ 바닷가에 가 봤어요.
- 계곡이나 바닷가에 가서 어땠나요? 기억에 남는 경험이 있나요?
  - ☺ 즐거웠어요.
  - ☺ 맛있는 음식을 먹어서 좋았어요.
  - ☺ 더운 여름에 가서 시원했어요.

본시 수업 안내하기

- 오늘 수업에서는 계곡 오염 상황과 오염을 막기 위해 어떻게 대처해야 할지에 대해 배운다는 것을 설명한다.

문제 제시

PBL 문제 만나기

단원 PBL 문제 안내하기

- 단원 문제: 우리 주변에 있는 땅, 물, 공기가 점점 더러워지고 있습니다. 우리의 땅과 물, 공기가 왜 이렇게 더러워지고 있을까요? 어떻게 하면 깨끗하고 편안하게 살 수 있을까요?

⇨ 단원 PBL 문제는 1회기(1~2차시)에 소개한 경우에는 그다음 차시부터 생략해도 된다.

그림 자료나 PPT 자료로 PBL 문제 제시하기

- 문제내용: 짱이네 가족이 계곡에 나들이를 왔습니다. 계곡 위쪽에 있는 한 아이가 샴푸로 머리를 감고, 또 다른 아이는 세제로 설거지를 하고 있습니다. 아래쪽에 있던 짱이가 컵을 들고 계곡 물을 떠서 먹으려고 하고 있습니다. 어떤 일이 생길까요?

문제 파악

문제해결력의 하위 영역인 결과예측, 원인 · 이유, 해결방안으로 나누어 단계별로 아동에게 질문하기

- 결과 예측하기: 다음에는 어떤 일이 생길까요?
  - 짱이에게 어떤 일이 생길까?
    - ☺ 짱이가 계곡 물을 마셔요.
    - ☺ 더러운 물을 마신 짱이는 점점 배가 아파와요.
    - ☺ 짱이가 배가 아파서 울어요.
    - ☺ 짱이가 물을 못 마시게 아빠가 달려와요.
    - ☺ 짱이 엄마 아빠가 짱이가 아파하는 것을 보고 놀라서요.
    - ☺ 계곡 물이 점점 더러워져요.

–물고기에게는 어떤 일이 생길까?

☺ 물고기가 더러운 물 때문에 힘들어져요.

☺ 물고기가 더 많이 죽어요.

–계곡 물은 어떻게 될까요?

☺ 사람들이 계곡 물에서 설거지를 하고 머리도 감아서 물이 더 더러워져요.

☺ 계곡 물속에 사는 많은 풀도 죽어요.

☺ 더러워진 물로 사람들이 더 이상 계곡을 찾지 않아요.

☺ 물고기가 죽어서 물이 더 더러워져요.

☺ 물에서 고약한 냄새가 나요.

☺ 나중에는 바다도 더러워져요.

☺ 더러워진 물을 우리가 다시 먹게 돼요.

⇨ 가능한 한 교육을 위해 부정적인 결과를 예측하도록 유도한다.

- 원인 · 이유 파악하기: 왜 이런 일이 생기게 되었을까요?
  - 짱이에게 왜 이런 일이 생길까?(배가 아픈 이유와 물을 마신 이유)
    - ☺ 더러운 계곡 물을 먹었기 때문이에요.
    - ☺ 짱이 엄마와 아빠가 짱이에게 더러운 물을 마시지 않도록 가르치지 않았기 때문이에요.
    - ☺ 짱이가 더러운 물인 줄 몰랐기 때문이에요.
    - ☺ 짱이가 죽은 물고기와 계곡 위에서 설거지하고 있는 것을 몰랐기 때문이에요.
  - 물고기에게는 왜 이런 일이 생길까?
    - ☺ 더러운 물 때문이에요.
    - ☺ 사람들이 물을 더럽혔기 때문이에요.
  - 계곡 물은 왜 더러워질까?
    - ☺ 사람들이 물에서 머리를 감고 설거지도 했기 때문이에요.
    - ☺ 음식물 쓰레기를 계곡 근처에 버렸기 때문이에요.
    - ☺ 사람들이 너무 많이 놀러 왔기 때문이에요.

- 해결방안 찾기: 이런 일이 생기지 않게 하려면 어떻게 해야 할까요?
  - 짱이를 도와줄 수 있는 해결방안
    - ☺ 계곡 물은 꼭 끓여서 먹도록 해야 해요.
    - ☺ 집에서 가져간 물을 마시게 해야 해요.
    - ☺ 만약 물을 모르고 마셨다면 바로 부모님께 알려야 해요.
    - ☺ 계곡 위에서 설거지를 하고 쓰레기를 버린 장면을 보여 주고 물을 못 마시게 해야 해요.
    - ☺ 사람들이 계곡에서 설거지와 머리감기를 하지 못하도록 표

지판을 만들어 세워야 해요.

☺ 사람들이 자신들이 남긴 음식과 쓰레기는 다시 가져가도록 해야 해요.

☺ 계곡 주위에 쓰레기가 있다면 주워서 가져가야 해요.

엄마 나 계곡물 마셨어요
Copyright(c) LKS2007

–물고기와 계곡 물을 보호하기 위한 해결방안은?

☺ 죽어 가는 물고기는 깨끗한 물에서 살 수 있도록 옮겨 주어야 해요.

☺ 물속에 있는 죽은 물고기는 모두 건져내야 해요.

☺ 설거지와 머리를 감지 않도록 사람들에게 알려 주어야 해요.

☺ 계곡 근처가 항상 깨끗하도록 청소해 주어야 해요.

Copyright(c) LKS2007

- 아동이 계곡에서 놀 때 어떤 일이 벌어질 수 있는지 여러 가지 결과예측과 원인 · 이유를 파악할 수 있도록 사전에 가정과 연계하여 지도하도록 한다.

- PBL 그림 문제에 맞게 단계별로 결과예측, 원인 · 이유, 해결 방안에 대해 다시 한 번 간단히 설명하고 질문한다.

모둠 구성 하기

아동 수에 따라 1~2개의 모둠 구성하기

- 학습 능력이 상중하 수준으로 골고루 섞이도록 모둠별로 아동을 골고루 배치하도록 한다.
- 한 모둠은 2~3명으로 구성한다.

⇨ 모둠은 상황에 따라 매번 바꾸지 않고 전 시간에 배치된 인원 그대로 편성해도 된다.

모둠별로 '도와주기 게시판' 제공하기

- 게시판은 1/2 전지를 제공하거나 아동 수가 적을 때는 B4(개별일 때는 A4) 용지를 제공해도 된다.
- 게시판의 제목인 '짱이를 도와주세요'는 아동이 원하는 이름이 있을 경우에는 변경해서 사용해도 된다.

⇨ '도와주기 게시판'은 모둠별 과제 수행을 위한 협력 학습 자료로 이용됨과 동시에 개별 발표 시에도 이용되며 단원에 따라 재구성하여 사용해도 된다.

⇨ 유의점: 모둠별 협동 수업 전에 전체 아동의 수준에 따라 각 질문에 대한 간단한 단서를 제공하여 모둠별 과제 수행이 용이하게 이루어지도록 한다.

협동수업

모둠별 문제 탐색

협동적 문제 탐색 · 해결하기

모둠별 책상 정리 후 PBL 문제에 대한 문제해결의 하위 영역별로 문제를 협동으로 탐색 · 해결하기

- 아동에게 전체 수업 시간에 함께 문제해결 했던 PBL 문제를 상기하며 '짱이'를 도와주기 위한 결과예측, 원인 · 이유, 해결방안에 대해 '도와주기 게시판' 을 완성하도록 독려한다.
- 글자를 읽고 쓰는 것에 어려움이 있는 아동은 글자 대신 '작은 그림'으로 된 답지를 제공하여 해당 칸에 오려 붙일 수 있도록 한다.
- 수업 중에 아동이 인터넷에서 '계곡에서의 모습' '계곡오염' '식수오염' 등의 검색어로 수집한 자료를 활용해도 된다.

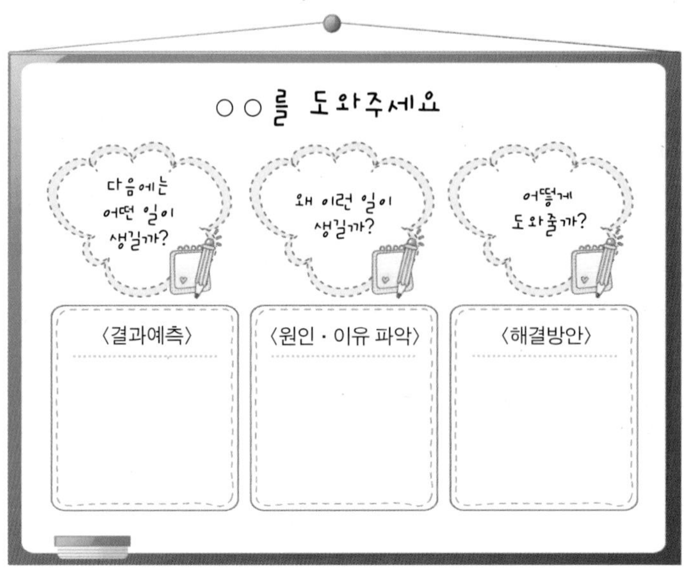
○○를 도와주세요
다음에는 어떤 일이 생길까?
왜 이런 일이 생길까?
어떻게 도와줄까?
〈결과예측〉
〈원인 · 이유 파악〉
〈해결방안〉

전체수업

발표하기

■■ 모둠별로 완성된 게시판은 앞에 붙이고 순서대로 발표하기

- 발표는 팀에서 선발하거나 원하는 아동이 할 수 있도록 한다.
- 초기에는 아동이 발표하는 데 어려움을 겪으므로 발표 시범을 보여 주도록 한다.
- 앞부분에서 많은 시간이 소요되어 발표시간이 부족할 경우에는 1~2명 아동만 발표시킨다.

⇨ 모둠별 결과 발표 시 아동이 상대방의 결과가 자기 팀과 다르다고 하여 비난하거나 놀리지 않도록 하고, 아동이 최선을 다해 과제 수행한 것을 서로 격려하도록 지도한다.

보충 학습하기

■■ 보충 설명: 모둠별 발표 후 내용이 부족할 경우 교사의 보충 설명이나 보충 자료를 제시하여 아동의 이해 돕기

- 물이 오염되면 결국 모든 사람과 나무, 꽃도 살 수 없음을 설명하고, 물의 오염이 얼마나 심각하고, 우리에게 나쁜 영향을 미치는지 보충 설명한다.
- 가정이나 학교에서 물을 오염시키지 않기 위해 할 수 있는 여러 가지 방법을 지도한다.

개별수업

개별학습 및 평가

개별학습 · 평가하기

문제해결의 개별학습하기

- 교사는 독립적으로 과제 수행을 할 수 없는 아동부터 순서대로 수업한 내용을 복습할 수 있도록 지도한다. 제시된 문제와 유사한 문제를 제시하여 결과예측, 원인 · 이유, 해결방안에 대해 과제 수행할 수 있도록 지도한다.

자기평가하기([그림 2-3] 참조)

- 자기평가를 독립적으로 할 수 없는 아동은 교사와 함께 평가하도록 한다.
- 자기평가는 매 회기별로 실시하지 않고, 단원별로 한두 차례 실시하도록 한다.

전체수업

수업 정리

수업 마무리하기

개별학습과 자기평가 시간이 완료되면 수업 마무리하기

- 문제 상황에 대해 종합적으로 질문하고 설명한다.
- '도와주기 게시판'을 교실 환경판에 전시한다(다음 수업에 활용).
- 매 수업 후 교사는 개별아동의 학업 수행력에 대한 전반적인 평가를 한다.
- 강화는 도입 부분에서 안내하였을 경우 그에 알맞게 제공하도록 한다.

학습지 1

단원	환경교육	수업 주제	계곡에는 어떤 일이 생길까요?	차시	3~4
				수준	상/하
월 일 요일			이름		

⇨ 하 수준의 아동은 교사/보조원과 함께 답란에 글자 대신 그림을 붙이게 한다.

짱이네 가족이 계곡에 나들이를 왔습니다. 계곡 위쪽에 있는 한 아이가 샴푸로 머리를 감고, 또 다른 아이는 세제로 설거지를 하고 있습니다. 아래쪽에 있던 짱이가 컵을 들고 계곡 물을 떠서 먹으려고 하고 있습니다.

Copyright(c) LKS2007

❶ 다음에는 어떤 일이 일어날까요?

❷ 계곡에서는 왜 설거지나 머리를 감으면 안 될까요?

❸ 물고기를 어떻게 도와주어야 할까요?

학습지 2

단원	환경교육	수업 주제	계곡에는 어떤 일이 생길까요?	차시	3~4
				수준	중
월 일 요일		이름			

짱이네 가족이 계곡에 나들이를 왔습니다. 계곡 위쪽에 있는 한 아이가 샴푸로 머리를 감고, 또 다른 아이는 세제로 설거지를 하고 있습니다. 아래쪽에 있던 짱이가 컵을 들고 계곡 물을 떠서 먹으려고 하고 있습니다.

※ 다음 문제를 읽고 알맞은 답의 번호를 모두 고르세요.

❶ 다음에는 어떤 일이 일어날까요? (   )
① 물고기가 점점 더 많이 죽을 것이다.
② 계곡물이 점점 더 깨끗해질 것이다.
③ 짱이가 더러운 물을 마실 것이다.

❷ 계곡에서는 왜 설거지를 하거나 머리를 감으면 안 될까요? (   )
① 물이 더러워져서 물고기가 죽기 때문에
② 물이 세제를 타서 깨끗해지기 때문에

❸ 계곡의 물고기를 어떻게 도와주어야 할까요? (   )
① 더러운 물 때문에 죽어 가는 물고기는 깨끗한 곳으로 옮겨 주어야 해요.
② 사람들은 쓰레기를 다시 집으로 가져가야 해요.
③ 남은 음식물은 계곡물에 버리면 돼요.

❹ 만약 계곡에서 아이들이 샴푸로 머리를 감고 있다면 어떻게 해야 할까요? (   )
① 함께 머리를 감으며 물놀이를 재미있게 한다.
② 아이들에게 계곡에서 머리를 감지 말라고 말한다.

4단원 2회기(3~4차시)에 필요한 그림 자료

❶ PBL 그림 문제: 확대 출력하여 사용(A4 혹은 B4 확대/코팅 사용)

- 엽서 크기로 PBL 그림을 출력하여 모둠별 도와주기 게시판 좌측 혹은 우측 상단에 붙여 주어 아동이 PBL 문제를 이해하는 데 도움을 주도록 한다.
- 다음 쪽의 작은 그림은 글자를 모르는 아동용이다. 글자를 아는 아동이라도 글쓰기에 어려움을 겪는 아동을 위해 그림 자료의 아래에 글자를 써 주어도 된다.
  ㉠ 짱이가 계곡 물을 마실 것이다.

❷ 문제해결의 하위 영역별 모둠별 '도와주기 게시판' 수행 시 혹은 개별학습지 수행 시 사용(글자를 읽고 쓰는 것에 어려움이 있는 아동용)

- 결과예측의 예

• 원인 · 이유의 예

• 해결방안의 예

Copyright(c) LKS2007
Copyright(c) LKS2007
Copyright(c) LKS2007
Copyright(c) LKS2007
Copyright(c) LKS2007
Copyright(c) LKS2007

3/4 5~6/8 차시	깨끗한 공기로 바꿔요!
학습목표	☑ 공기오염의 원인을 말할 수 있다. ☑ 공기오염(대기 오염)을 막기 위해 우리가 할 수 있는 여러 가지 방법을 알 수 있다.

지도상 유의점

• 도시의 공기 오염은 결국 산촌과 농촌 등에 악영향을 미치며, 사람들의 호흡계에 심각한 문제를 야기하고 있다. 이에 따라 공기 오염으로 인한 폐해를 인식하고, 공기오염을 막기 위해 우리가 실천할 수 있는 방법이 있음을 아동들에게 인식시켜 주어야 한다. 그리고 5단원의 1회기 '황사가 왔어요!'와 연계 지도한다.

학습 내용 및 활동

전체수업

수업을 위한 동기유발

연기가 많은 곳이나 냄새가 고약한 곳에 있어 본 경험을 이야기하기

• 연기 많이 나는 곳이나 냄새가 고약한 곳에 있어 본 적이 있나요?

☺ 네, 연기 마셔 봤어요.

☺ 더러운 냄새 나는 곳에 있어 봤어요.

• 연기 많은 곳이나 냄새 나는 곳에 있으니 어때요?

☺ 숨쉬기가 힘들었어요.

☺ 토를 할 것 같았어요.

☺ 머리가 아팠어요.

본시 수업 안내하기

• 오늘 수업에서는 공기 오염 상황과 오염을 막기 위해 어떻게 대처해야 하는지에 대해 배운다는 것을 설명한다.

문제 제시

PBL 문제 만나기

단원 PBL 문제 안내하기

- 단원 문제: 우리 주변에 있는 땅, 물, 공기가 점점 더러워지고 있습니다. 우리의 땅과 물, 공기가 왜 이렇게 더러워지고 있을까요? 어떻게 하면 깨끗하고 편안하게 살 수 있을까요?

⇨ 단원 PBL 문제는 1회기(1~2차시)에 소개한 경우에는 그다음 차시부터 생략해도 된다.

그림 자료나 PPT 자료로 PBL 문제 제시하기

- 문제내용: 길거리에는 자동차 매연이 뿜어져 나오고, 공장의 굴뚝에서도 더러운 공기가 나오고 있습니다. 짱이와 새와 나무에 어떤 일이 벌어질까요?

문제 파악

문제해결력의 하위 영역인 결과예측, 원인 · 이유, 해결방안으로 나누어 단계별로 아동에게 질문하기

- 결과 예측하기: 다음에는 어떤 일이 생길까요?

☺ 짱이가 기침을 많이 해요.
☺ 나쁜 공기를 마셔서 머리가 아파요.
☺ 얼굴에 더러운 먼지가 묻어요.
☺ 짱이의 옷에 검게 더러운 것이 묻어요.
☺ 짱이도 마스크를 쓰고 거리를 다녀요.
☺ 새들이 병들어요.
☺ 점점 새들이 이곳을 찾아오지 않아요.
☺ 나무들이 점점 시들어 가요.
☺ 점점 더러운 공기 때문에 사람들이 숨쉬기가 힘들어져요.
☺ 먼지가 많이 쌓여서 나뭇잎이 까맣게 변해요.

- 원인・이유 파악하기: 왜 이런 일이 생기게 되었을까요?
  - 짱이와 새, 나무에게 왜 이런 일이 생길까?
    - ☺ 공장에서 더러운 연기를 내뿜었기 때문이에요.
    - ☺ 트럭과 자동차에서 매연을 뿜어냈기 때문이에요.
    - ☺ 짱이가 마스크를 쓰지 않았기 때문이에요.
    - ☺ 더러운 공기 때문이에요.
  - 왜 공장과 자동차에서 더러운 공기가 나올까?
    - ☺ 공장에서 물건을 많이 만들기 때문이에요.
    - ☺ 공장 굴뚝에서 더러운 공기를 못 나오게 하는 기계를 설치하지 않았기 때문이에요.
    - ☺ 자동차와 트럭이 오래되어 고장 났기 때문이에요.
    - ☺ 자동차에서 더러운 공기가 못 나오게 하지 않았기 때문이에요.
    - ☺ 자동차가 너무 많기 때문이에요.

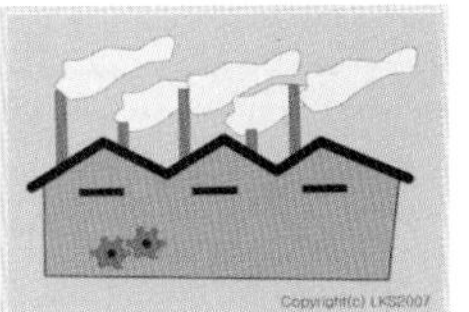

- 해결방안 찾기: 이런 일이 생기지 않게 하려면 어떻게 해야 할까요?
  ☺ 공장에서 더러운 공기가 나오지 않도록 해야 해요.
  ☺ 자동차와 트럭이 더러운 공기를 뿜어내지 않도록 고쳐야 해요.
  ☺ 짱이에게 더러운 공기를 마시지 않도록 마스크를 쓰도록 해야 해요.
  ☺ 밖에 있다가 집에 들어갔을 때는 손발을 깨끗이 씻어야 해요.
  ☺ 나무는 공기가 깨끗한 곳으로 옮겨야 해요.
  ☺ 나무를 더 많이 심어야 해요.
  ☺ 자동차를 줄여야 해요.
  ☺ 자동차 대신 버스나 지하철(기차) 등 대중교통을 많이 이용해야 해요.

- 거리의 매연 때문에 어떤 일이 벌어질 수 있는지 여러 가지 결과예측과 원인 · 이유를 파악할 수 있도록 사전에 가정과 연계하여 지도하도록 한다.
- PBL 그림 문제에 맞게 단계별로 결과예측, 원인 · 이유, 해결 방안에 대해 다시 한 번 간단히 설명하고 질문한다.

모둠 구성하기

■■ **아동 수에 따라 1~2개의 모둠 구성하기**

- 학습 능력이 상중하 수준으로 골고루 섞이도록 모둠별로 아동을 골고루 배치하도록 한다.
- 한 모둠은 2~3명으로 구성한다.

⇨ 모둠은 상황에 따라 매번 바꾸지 않고 전 시간에 배치된 인원 그대로 편성해도 된다.

모둠별로 '도와주기 게시판' 제공하기

- 게시판은 1/2 전지를 제공하거나 아동 수가 적을 때는 B4(개별일 때는 A4) 용지를 제공해도 된다.
- 게시판의 제목인 '짱이를 도와주세요'는 아동이 원하는 이름이 있을 경우에는 변경해서 사용해도 된다.

⇨ '도와주기 게시판'은 모둠별 과제 수행을 위한 협력 학습 자료로 이용됨과 동시에 개별 발표 시에도 이용되며 단원에 따라 재구성하여 사용해도 된다.

⇨ 유의점: 모둠별 협동 수업 전에 전체 아동의 수준에 따라 각 질문에 대한 간단한 단서를 제공하여 모둠별 과제 수행이 용이하게 이루어지도록 한다.

협동수업

모둠별 문제 탐색

협동적 문제 탐색 · 해결하기

모둠별 책상 정리 후 PBL 문제에 대한 문제해결의 하위 영역별로 문제를 협동으로 탐색 · 해결하기

- 아동에게 전체 수업 시간에 함께 문제해결 했던 PBL 문제를 상기하며 '짱이'를 도와주기 위한 결과예측, 원인 · 이유, 해결방안에 대해 '도와주기 게시판' 을 완성하도록 독려한다.
- 글자를 읽고 쓰는 것에 어려움이 있는 아동은 글자 대신 '작은 그림'으로 된 답지를 제공하여 해당 칸에 오려 붙일 수 있도록 한다.
- 수업 중에 아동이 인터넷에서 '자동차 매연' '공장 굴뚝의 매연' '공기오염' '대기오염' 등의 검색어로 수집한 자료를 활용해도 된다.

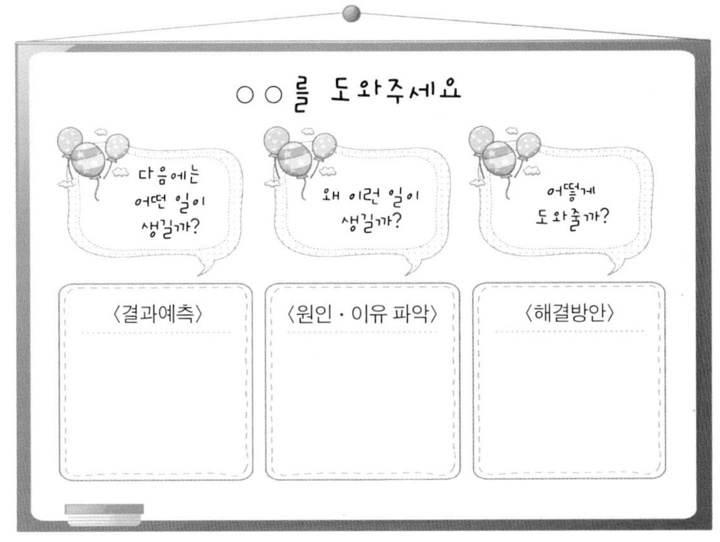
○○를 도와주세요
다음에는 어떤 일이 생길까?
왜 이런 일이 생길까?
어떻게 도와줄까?
〈결과예측〉
〈원인 · 이유 파악〉
〈해결방안〉

전체수업

발표하기

■■ 모둠별로 완성된 게시판은 앞에 붙이고 순서대로 발표하기

- 발표는 팀에서 선발하거나 원하는 아동이 할 수 있도록 한다.
- 초기에는 아동이 발표하는 데 어려움을 겪으므로 발표 시범을 보여 주도록 한다.
- 앞부분에서 많은 시간이 소요되어 발표시간이 부족할 경우에는 1~2명 아동만 발표시킨다.

⇨ 모둠별 결과 발표 시 아동이 상대방의 결과가 자기 팀과 다르다고 하여 비난하거나 놀리지 않도록 하고, 아동이 최선을 다해 과제 수행한 것을 서로 격려하도록 지도한다.

보충 학습하기

■■ **보충 설명: 모둠별 발표 후 내용이 부족할 경우 교사의 보충 설명이나 보충 자료를 제시하여 아동의 이해 돕기**

- 공기가 오염되었을 때 생길 수 있는 여러 가지 상황을 설명하고 공기가 오염되지 않도록 하기 위해서는 어떻게 해야 할지 설명한다. 그리고 5단원의 1회기 '황사' 관련 수업과 연계하여 수업을 지도한다.

개별수업

개별학습 및 평가

개별학습 · 평가하기

■■ 문제해결의 개별학습하기

- 교사는 독립적으로 과제 수행을 할 수 없는 아동부터 순서대로 수업한 내용을 복습할 수 있도록 지도한다. 제시된 문제와 유사한 문제를 제시하여 결과예측, 원인 · 이유, 해결방안에 대해 과제 수행할 수 있도록 지도한다.

■■ 자기평가하기([그림 2-3] 참조)

- 자기평가를 독립적으로 할 수 없는 아동은 교사와 함께 평가하도록 한다.
- 자기평가는 매 회기별로 실시하지 않고, 단원별로 한두 차례 실시하도록 한다.

전체수업

수업 정리

수업 마무리하기

개별학습과 자기평가 시간이 완료되면 수업 마무리하기

- 문제 상황에 대해 종합적으로 질문하고 설명한다.
- '도와주기 게시판'을 교실 환경판에 전시한다(다음 수업에 활용).
- 매 수업 후 교사는 개별아동의 학업 수행력에 대한 전반적인 평가를 한다.
- 강화는 도입 부분에서 안내하였을 경우 그에 알맞게 제공하도록 한다.

학습지 1

<table>
<tr><td rowspan="2">단원</td><td rowspan="2">환경교육</td><td rowspan="2">수업
주제</td><td rowspan="2">깨끗한 공기로 바꿔요!</td><td>차시</td><td>5~6</td></tr>
<tr><td>수준</td><td>상/하</td></tr>
<tr><td colspan="4">월 일 요일</td><td>이름</td><td></td></tr>
</table>

⇨ 하 수준의 아동은 교사/보조원과 함께 답란에 글자 대신 그림을 붙이게 한다.

길거리에는 자동차 매연이 뿜어져 나오고, 공장의 굴뚝에서도 더러운 공기가 나오고 있습니다.

❶ 만약 공기가 계속 더러워지면 어떤 일이 일어날까요?

❷ 짱이는 왜 얼굴을 찡그리고 있을까요?

❸ 나무와 새가 깨끗한 공기에서 살도록 하기 위해서는 어떻게 해야 할까요?

학습지 2

단원	환경교육	수업 주제	깨끗한 공기로 바꿔요!	차시	5~6
				수준	중
월	일	요일	이름		

길거리에는 자동차 매연이 뿜어져 나오고, 공장의 굴뚝에서도 더러운 공기가 나오고 있습니다.

※ 다음 문제를 읽고 알맞은 답의 번호를 모두 고르세요.

❶ 다음에는 어떤 일이 일어날까요? ( )
① 공기가 점점 더 더러워질 것이다.
② 짱이가 코와 목이 아파서 병원에 가게 될 것이다.
③ 공기가 더러워도 나무가 잘 자랄 것이다.

❷ 짱이는 왜 얼굴을 찡그리고 있을까요? ( )
① 더러운 공기 때문에
② 트럭을 못 탔기 때문에

❸ 나무와 새가 깨끗한 공기에서 살도록 하기 위해서는 어떻게 해야 할까요? ( )
① 나무를 모두 뽑아서 불에 태운다.
② 공기가 깨끗해지도록 자동차와 공장에서 연기가 나지 않도록 한다.
③ 길거리에 나무를 많이 심어야 한다.

❹ 공기가 더러운 장소에 다녀올 경우 어떻게 해야 하나요? ( )
① 손과 발을 깨끗이 씻어야 한다.
② 피곤하니까 씻지 않고 그냥 잔다.
③ 옷이 더러우니까 빨리 새 옷으로 갈아입어야 한다.

4단원 3회기(5~6차시)에 필요한 그림 자료

❶ PBL 그림 문제: 확대 출력하여 사용(A4 혹은 B4 확대/코팅 사용)

- 엽서 크기로 PBL 그림을 출력하여 모둠별 도와주기 게시판 좌측 혹은 우측 상단에 붙여 주어 아동이 PBL 문제를 이해하는 데 도움을 주도록 한다.
- 다음 쪽의 작은 그림은 글자를 모르는 아동용이다. 글자를 아는 아동이라도 글쓰기에 어려움을 겪는 아동을 위해 그림 자료의 아래에 글자를 써 주어도 된다.
  ㉮ 짱이가 마스크를 쓰고 다닐 것이다.

❷ 문제해결의 하위 영역별 모둠별 '도와주기 게시판' 수행 시 혹은 개별학습지 수행 시 사용(글자를 읽고 쓰는 것에 어려움이 있는 아동용)

- 결과예측의 예

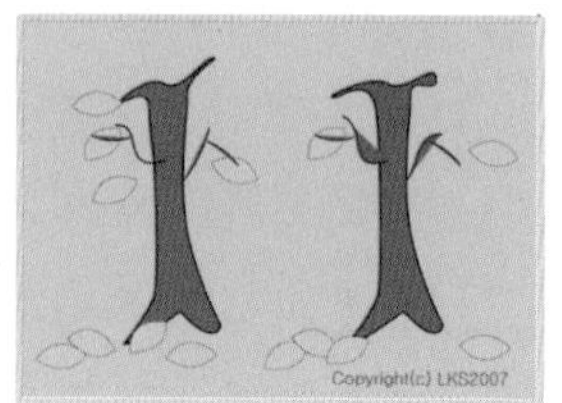

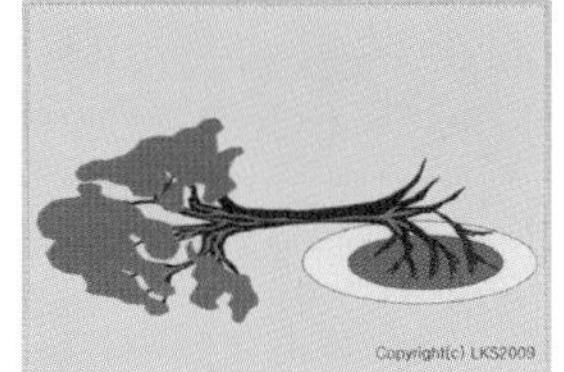

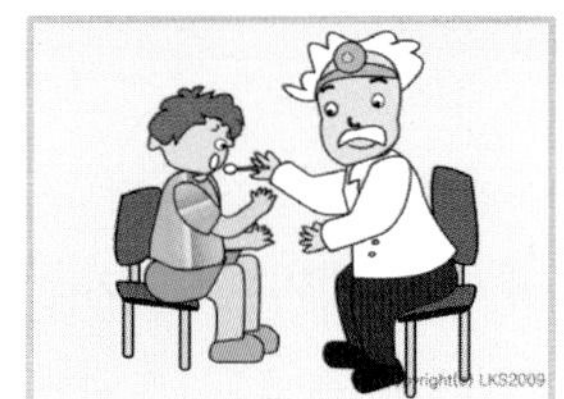

• 원인 · 이유의 예

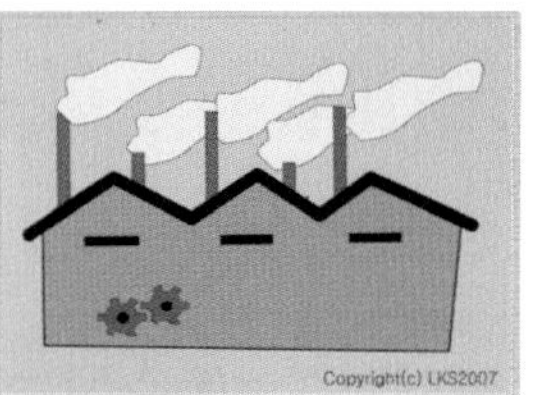

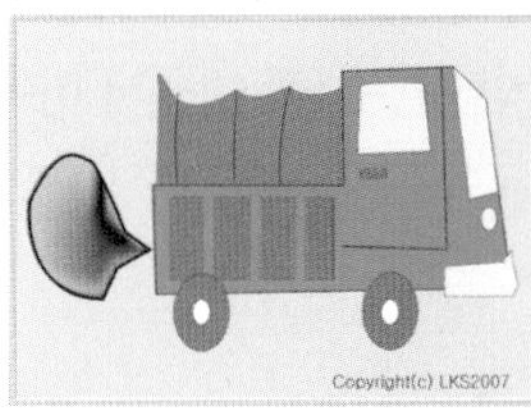

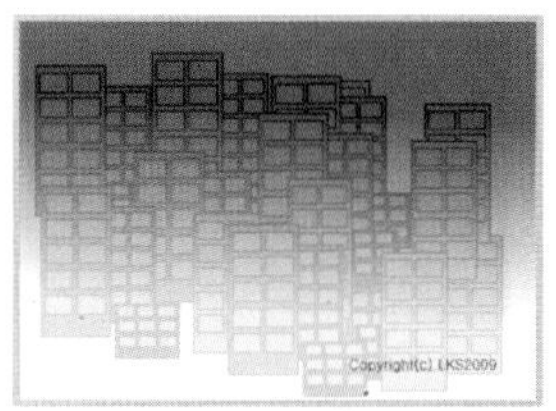

• 해결방안의 예

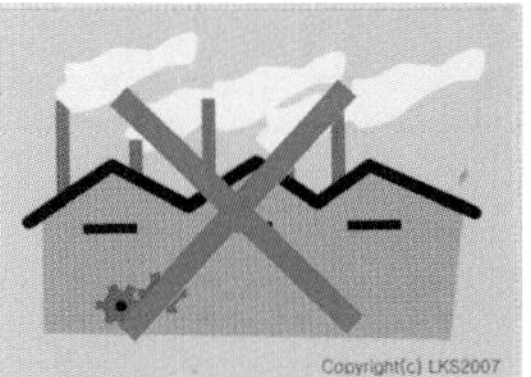

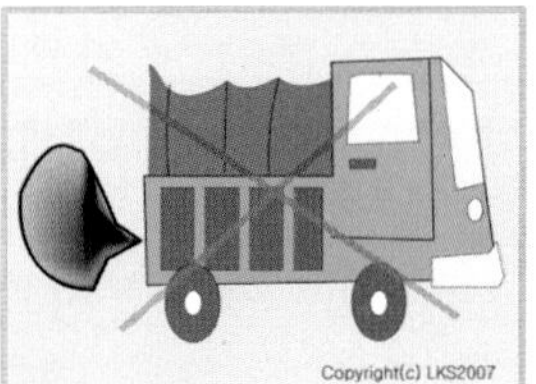

4/4 7~8/8 차시	쓰레기 없는 동네를 만들어요!
학습목표	☑ 재활용품 분리수거의 필요성을 알고 생활 속에서 실천할 수 있다. ☑ 깨끗한 동네를 만들기 위해 우리가 할 수 있는 방법을 말할 수 있다.

지도상 유의점

• 우리 주변에서 쓰레기를 함부로 버리거나 재활용품 분리수거를 하지 않았을 때 발생하는 문제점을 인식함으로써 자연스럽게 분리수거의 중요성을 학습하고 실제 일상생활에서 분리수거할 수 있도록 지도한다.

학습 내용 및 활동

전체수업

수업을 위한 동기유발

쓰레기는 어디에 버려야 하는지에 대해서 이야기하기

• 쓰레기는 어디에 버려야 하나요?

☺ 휴지통에 버려요.

☺ 쓰레기 종량제 봉투에 버려요.

• 재활용품 분리수거는 왜 필요할까요?

☺ 쓰레기를 재활용해서 쓸 수 있는 물건들을 골라야 하기 때문이에요.

본시 수업 안내하기

• 오늘 수업에서는 우리 동네를 깨끗이 할 수 있는 방법에 대해 배운다는 것을 설명한다.

◪ 문제 제시

PBL 문제 만나기

■■ 단원 PBL 문제 안내하기

- 단원 문제: 우리 주변에 있는 땅, 물, 공기가 점점 더러워지고 있습니다. 우리의 땅과 물, 공기가 왜 이렇게 더러워지고 있을까요? 어떻게 하면 깨끗하고 편안하게 살 수 있을까요?

⇨ 단원 PBL 문제는 1회기(1~2차시)에 소개한 경우에는 그다음 차시부터 생략해도 된다.

■■ 그림 자료나 PPT 자료로 PBL 문제 제시하기

- 문제내용: 짱이네 동네에는 쓰레기를 재활용할 수 있도록 분리수거대가 있습니다. 그런데 이곳에는 음식 쓰레기와 일반 쓰레기 등이 뒤엉켜 엉망이 되어 있습니다. 짱이가 옆에서 얼굴을 찌푸린 채 지나가고 있습니다. 왜 그럴까요? 어떤 일이 일어날까요?

◪ 문제 파악

■■ 문제해결력의 하위 영역인 결과예측, 원인 · 이유, 해결방안으로 나누어 단계별로 아동에게 질문하기

- 결과 예측하기: 다음에는 어떤 일이 생길까요?
  - ☺ 쓰레기가 더러워 짱이가 빨리 도망가요.
  - ☺ 점점 쓰레기로 가득 차서 더 더러워져요.
  - ☺ 파리가 더 많이 늘어나요.
  - ☺ 쥐들이 더 많아져요.
  - ☺ 쓰레기가 너무 많아 고약한 냄새가 나요.
  - ☺ 고약한 냄새 때문에 사람들이 힘들어해요.
  - ☺ 쓰레기가 점점 더 많아져요.
  - ☺ 지저분해서 보기 싫어져요.
  - ☺ 재활용할 수 있는 것도 너무 더러워져서 못 쓰게 돼요.

- 원인 · 이유 파악하기: 왜 이런 일이 생기게 되었을까요?
  - ☺ 사람들이 쓰레기를 함부로 버렸기 때문이에요.
  - ☺ 음식쓰레기를 아무 데나 버렸기 때문이에요.
  - ☺ 파리와 쥐 때문이에요.
  - ☺ 사람들이 청소를 깨끗이 하지 않았기 때문이에요.
  - ☺ 청소부 아저씨가 빨리 쓰레기를 가져가지 않았기 때문이에요.
  - ☺ 쓰레기를 종류별로 분리수거를 하지 않았기 때문이에요.
  - ☺ 나쁜 벌레를 없애는 소독약을 안 뿌렸기 때문이에요.

- 해결방안 찾기: 이런 일이 생기지 않게 하려면 어떻게 해야 할까요?
  - ☺ 벌레를 없애기 위해 소독약을 뿌려야 해요.
  - ☺ 쓰레기는 재활용품과 일반쓰레기, 음식물 쓰레기로 분리해야 해요.
  - ☺ 쓰레기를 버리는 요일을 정해야 해요.
  - ☺ 음식물 쓰레기는 화초의 거름으로 사용해도 돼요.
  - ☺ 동네가 보기 좋도록 꽃을 가꾸어야 해요.
  - ☺ 동네 사람들이 자주 동네를 깨끗이 청소해야 해요.

☺ 쓰레기는 쓰레기통 안에 버려야 해요.

- 쓰레기를 분리수거 하지 않으면 어떤 일이 벌어질 수 있는지 여러 가지 결과예측과 원인 · 이유를 파악할 수 있도록 사전에 가정과 연계하여 지도하도록 한다.
- PBL 그림 문제에 맞게 단계별로 결과예측, 원인 · 이유, 해결방안에 대해 다시 한 번 간단히 설명하고 질문한다.

모둠 구성하기

아동 수에 따라 1~2개의 모둠 구성하기

- 학습 능력이 상중하 수준으로 골고루 섞이도록 모둠별로 아동을 골고루 배치하도록 한다.
- 한 모둠은 2~3명으로 구성한다.

⇨ 모둠은 상황에 따라 매번 바꾸지 않고 전 시간에 배치된 인원 그대로 편성해도 된다.

모둠별로 '도와주기 게시판' 제공하기

- 게시판은 1/2 전지를 제공하거나 아동 수가 적을 때는 B4(개별일 때는 A4) 용지를 제공해도 된다.
- 게시판의 제목인 '짱이를 도와주세요'는 아동이 원하는 이름이 있을 경우에는 변경해서 사용해도 된다.

⇨ '도와주기 게시판'은 모둠별 과제 수행을 위한 협력 학습 자료로 이용됨과 동시에 개별 발표 시에도 이용되며 단원에 따라 재구성하여 사용해도 된다.

⇨ 유의점: 모둠별 협동 수업 전에 전체 아동의 수준에 따라 각 질문에 대한 간단한 단서를 제공하여 모둠별 과제 수행이 용이하게 이루어지도록 한다.

협동수업

모둠별 문제 탐색

협동적 문제 탐색 · 해결하기

모둠별 책상 정리 후 PBL 문제에 대한 문제해결의 하위 영역별로 문제를 협동으로 탐색 · 해결하기

- 아동에게 전체 수업 시간에 함께 문제해결 했던 PBL 문제를 상기하며 '짱이'를 도와주기 위한 결과예측, 원인 · 이유, 해결방안에 대해 '도와주기 게시판' 을 완성하도록 독려한다.
- 글자를 읽고 쓰는 것에 어려움이 있는 아동은 글자 대신 '작은 그림' 으로 된 답지를 제공하여 해당 칸에 오려 붙일 수 있도록 한다.
- 수업 중에 아동이 인터넷에서 '분리수거' '재활용품' '음식물쓰레기' 등의 검색어로 수집한 자료를 활용해도 된다.

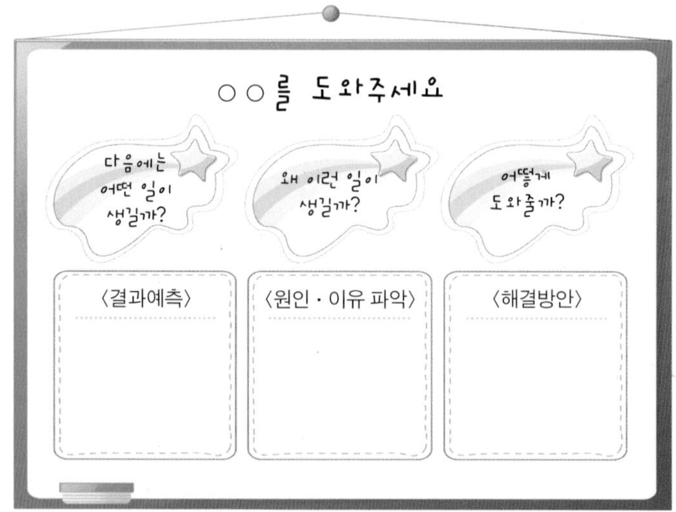

○○를 도와주세요
다음에는 어떤 일이 생길까?
왜 이런 일이 생길까?
어떻게 도와줄까?
〈결과예측〉
〈원인 · 이유 파악〉
〈해결방안〉

전체수업

발표하기

모둠별로 완성된 게시판은 앞에 붙이고 순서대로 발표하기

- 발표는 팀에서 선발하거나 원하는 아동이 할 수 있도록 한다.
- 초기에는 아동이 발표하는 데 어려움을 겪으므로 발표 시범을 보여 주도록 한다.
- 앞부분에서 많은 시간이 소요되어 발표시간이 부족할 경우에는 1~2명 아동만 발표시킨다.

⇨ 모둠별 결과 발표 시 아동이 상대방의 결과가 자기 팀과 다르다고 하여 비난하거나 놀리지 않도록 하고, 아동이 최선을 다해 과제 수행한 것을 서로 격려하도록 지도한다.

보충 학습하기

보충 설명: 모둠별 발표 후 내용이 부족할 경우 교사의 보충 설명이나 보충 자료를 제시하여 아동의 이해 돕기

- 쓰레기를 재활용하였을 때 좋은 점에 대해 설명하고, 올바른 쓰레기 분리수거에 대해 아동 각자 익히도록 지도한다.

개별수업

개별학습 및 평가

개별학습 · 평가하기

문제해결의 개별학습하기

- 교사는 독립적으로 과제 수행을 할 수 없는 아동부터 순서대로 수업한 내용을 복습할 수 있도록 지도한다. 제시된 문제와 유사한 문제를 제시하여 결과예측, 원인 · 이유, 해결방안에 대해 과제 수행할 수 있도록 지도한다.

자기평가하기([그림 2-3] 참조)

- 자기평가를 독립적으로 할 수 없는 아동은 교사와 함께 평가하도록 한다.
- 자기평가는 매 회기별로 실시하지 않고, 단원별로 한두 차례 실시하도록 한다.

전체수업

수업 정리

수업 마무리하기

개별학습과 자기평가 시간이 완료되면 수업 마무리하기

- 문제 상황에 대해 종합적으로 질문하고 설명한다.
- '도와주기 게시판'을 교실 환경판에 전시한다(다음 수업에 활용).
- 매 수업 후 교사는 개별아동의 학업 수행력에 대한 전반적인 평가를 한다.
- 강화는 도입 부분에서 안내하였을 경우 그에 알맞게 제공하도록 한다.

학습지 1

단원	환경교육	수업 주제	쓰레기 없는 동네를 만들어요!	차시	7~8
				수준	상/하
월 일 요일	이름				

⇨ 하 수준의 아동은 교사/보조원과 함께 답란에 글자 대신 그림을 붙이게 한다.

짱이네 동네에는 쓰레기를 재활용할 수 있도록 분리수거대가 있습니다. 그런데 이곳에는 음식 쓰레기와 일반 쓰레기 등이 뒤엉켜 엉망이 되어 있습니다. 짱이가 옆에서 얼굴을 찌푸린 채 지나가고 있습니다.

❶ 만약 쓰레기장이 더 더러워지면 어떤 일이 일어날까요?

❷ 왜 짱이는 얼굴을 찡그리고 있을까요?

❸ 깨끗한 쓰레기장을 만들려면 어떻게 해야 할까요?

❹ 왜 쓰레기장에 벌레와 쥐가 많이 생겼을까요?

학습지 2

<table>
<tr><td>단원</td><td>환경교육</td><td>수업
주제</td><td rowspan="2">쓰레기 없는 동네를 만들어요!</td><td>차시</td><td>7~8</td></tr>
<tr><td></td><td></td><td></td><td>수준</td><td>중</td></tr>
<tr><td colspan="3">월　　일　　요일</td><td>이름</td><td colspan="2"></td></tr>
</table>

짱이네 학교에는 쓰레기를 재활용할 수 있도록 분리수거대가 있습니다. 그런데 이곳에는 음식 쓰레기와 일반 쓰레기 등이 뒤엉켜 엉망이 되어 있습니다. 짱이가 옆에서 얼굴을 찌푸린 채 지나가고 있습니다.

※ 다음 문제를 읽고 알맞은 답의 번호를 모두 고르세요.

❶ 다음에는 어떤 일이 일어날까요? (　　)
① 점점 더 고약한 냄새가 날 것이다.
② 쓰레기 더미에서 아주 좋은 냄새가 날 것이다.
③ 벌레와 쥐가 더 늘어날 것이다.

❷ 왜 짱이는 얼굴을 찡그리고 있을까요? (　　)
① 벌레와 쥐가 없어져서
② 벌레와 고약한 냄새 때문에

❸ 벌레와 고약한 냄새가 나지 않기 위해서는 어떻게 해야 할까요? (　　)
① 분리수거 통에 표시된 쓰레기 종류에 따라 버려야 한다.
② 소독도 잘 하고 쓰레기는 빨리 치워야 한다.
③ 냄새가 나지 않도록 비닐로 대충 덮어 둔다.

❹ 쓰레기가 많아져서 더 고약한 냄새가 난다면 사람에게는 어떤 일이 벌어질까요? (　　)
① 벌레가 집으로 날아들어 병을 옮길 것이다.
② 고약한 냄새 때문에 고통스러울 것이다.
③ 벌레가 많아져서 재미있을 것이다.

4단원 4회기(7~8차시)에 필요한 그림 자료

❶ PBL 그림 문제: 확대 출력하여 사용(A4 혹은 B4 확대/코팅 사용)

- 엽서 크기로 PBL 그림을 출력하여 모둠별 도와주기 게시판 좌측 혹은 우측 상단에 붙여 주어 아동이 PBL 문제를 이해하는 데 도움을 주도록 한다.
- 다음 쪽의 작은 그림은 글자를 모르는 아동용이다. 글자를 아는 아동이라도 글쓰기에 어려움을 겪는 아동을 위해 그림 자료의 아래에 글자를 써 주어도 된다.
  ㉎ 짱이는 더러워서 도망갈 것이다.

❷ 문제해결의 하위 영역별 모둠별 '도와주기 게시판' 수행 시 혹은 개별학습지 수행 시 사용(글자를 읽고 쓰는 것에 어려움이 있는 아동용)

- 결과예측의 예

• 원인 · 이유의 예

• 해결방안의 예

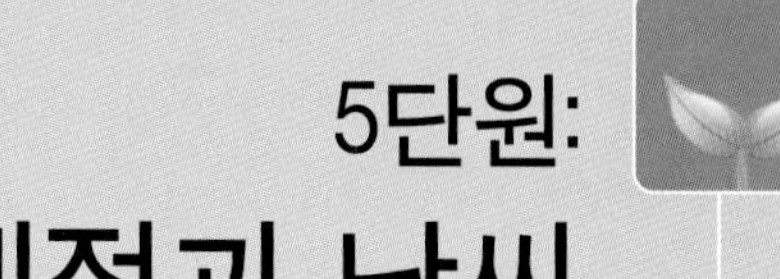

5단원: 계절과 날씨

1 단원소개

이 단원은 계절 및 날씨에 따른 변화에 적절하게 대처할 수 있는 능력을 키우는 데 초점을 맞추었다. 계절이나 날씨에 맞지 않는 옷차림을 하였을 때 일어날 수 있는 다양한 문제 상황을 경험하게 하여 아동이 건강한 생활을 할 수 있도록 하는 것이 이 단원의 목적이다.

2 차시별 수업주제 및 지도목적

단원	회기 (차시)	수업 주제	지도목적	학습자료	관련 교과
계절과 날씨	17 (1~2)	황사가 왔어요!	해마다 우리나라에서는 황사 현상이 늘어나고 있다. 황사 속에 포함된 중금속과 세균의 폐해를 알고, 황사가 발생하였을 때 어떻게 행동해야 하는지 알 수 있도록 하기 위해 이 주제를 선정하였다.	황사로 뒤덮인 사진 혹은 동영상 자료, 황사로 입은 피해를 담은 사진 자료	과학 사회
	18 (3~4)	물놀이는 이렇게!	물놀이는 계절에 관계 없이 할 수 있는 놀이이지만 특히 여름이 되면 실내 혹은 실외 수영장, 그리고 바닷가, 강에서 물놀이를 할 기회가 많아진다. 해마다 물놀이를 하다가 발생하는 사망사고, 부상 등의 안전사고는 줄어들지 않고 있다. 이러한 물놀이의 위험을 알고 예방할 수 있도록 하기 위해 이 주제를 선정하였다.	다양한 장소(바다, 강, 계곡 등)에서 이루어지는 물놀이 관련 사진 자료	사회 과학
	19 (5~6)	가을철 나들이 조심해요!	가을철은 산이나 들, 풀밭 등에서 야외 활동하기에 적절한 계절이다. 그러나 풀벌레, 벌, 뱀, 쥐로 인해 우리는 사소한 부상에서 사망사고에 이르기까지 크고 작은 사고를 당하게 된다. 가을철 야외 활동 시 발생하는 위험 상황을 알고 적절하게 대처할 수 있도록 하기 위해 이 주제를 선정하였다.	벌에 쏘이거나 뱀에 물려 병원을 찾는 사람들의 사진이나 유행성 출혈열 관련 사진 혹은 뉴스 자료	사회 과학
	20 (7~8)	추운 날에는 따뜻하게!	장애아동의 경우 계절에 따른 적절한 옷차림을 하는 것에 종종 어려움을 보인다. 계절과 날씨에 따라 적절한 옷차림을 하지 않을 경우에 발생할 수 있는 여러 문제 상황을 알고 예방할 수 있는 능력을 키울 수 있도록 하기 위해 이 주제를 선정하였다.	겨울철 눈 내린 장면의 사진 자료	사회 과학

3 단원 및 회기별 문제

<table>
<tr><th>영 역</th><th colspan="3">내 용</th></tr>
<tr><td>단원</td><td>계절과 날씨</td><td>관련 교과</td><td>과학 · 사회</td></tr>
<tr><td>단원
문제</td><td colspan="3">우리나라에는 봄, 여름, 가을, 겨울 사계절이 있습니다. 계절에 따라 날씨도 다양합니다. 계절과 날씨에 따라 어떤 것을 조심해야 하는지 알아봅시다.</td></tr>
<tr><td rowspan="4">회기별
문제
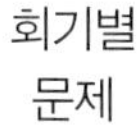</td><td></td><td colspan="2">1 짱이가 황사가 가득한 놀이터에서 놀고 있네요. 다음에는 어떤 일이 벌어질까요? 짱이는 어떻게 해야 할까요?</td></tr>
<tr><td></td><td colspan="2">2 선생님과 친구들은 열심히 준비체조를 하고 있네요. 그런데 짱이는 선생님 몰래 갑자기 물에 뛰어들려 합니다. 어떤 일이 생길까요?</td></tr>
<tr><td></td><td colspan="2">3 가을에는 날씨가 좋아요. 그래서 짱이와 친구들이 풀밭에서 재미있게 놀고 있네요. 그런데 풀밭에는 많은 벌레가 있어요. 어떤 일이 생길까요? 어떻게 해야 할까요?</td></tr>
<tr><td></td><td colspan="2">4 밖에 눈이 내리고 있네요. 그런데 짱이가 짧은 옷을 입은 채 밖에 나가려고 해요. 다음에는 어떤 일이 생길까요? 어떻게 해야 할까요?</td></tr>
</table>

1/4 1 ~ 2/8 차시	황사가 왔어요!
학습목표	☑ 황사가 무엇인지 알고, 황사가 왔을 때 어떻게 해야 하는지 알 수 있다.

지도상 유의점

- 우리나라의 황사 현상은 봄에 특히 심각하고, 다른 계절에도 황사가 나타나는 빈도가 증가하고 있다. 이러한 황사는 많은 사람과 산업에 피해를 끼치고 있다. 특히 장애 아동의 경우 면역 체계의 약화로 이러한 황사의 피해가 더 심각하게 영향을 받는다. 따라서 본시에서는 황사에 대한 피해와 이를 예방하는 방법에 대해 아동에게 가르치도록 해야 한다.
- 단원별 문제는 교사가 직접 설명하거나 비디오 자료와 같은 영상 자료를 활용하도록 하고, 회기별 PBL 그림은 별첨 CD 자료의 그림을 B4 크기로 출력해 사용하거나 PPT를 활용한다.
- PBL 수업 초기(1, 2회기 동안)에는 아동이 수업 상황에 좀 더 익숙해지고, 문제해결의 방향을 잡아 가도록 교사가 더 많은 개입과 지원을 하도록 한다.
- PBL 수업은 초기에는 수업 시간이 약 80여 분이 소요되나, 아동이 숙달되면 50~60분 정도로 시간이 단축될 수도 있다.
- 40분 수업 후 반드시 쉬는 시간을 가지도록 한다.
- PBL 수업은 개별아동(개별수업)에 적용하여 40분 수업으로 활용할 수도 있다.

학습 내용 및 활동

전체수업

수업을 위한 동기유발

■■ 사계절 사진을 보여 주고 어떤 계절인지 차례대로 알아맞히도록 한 후, 특히 봄이면 생각나는 것이 무엇인지 이야기하기

- 봄이면 생각나는 게 무엇인가요?
  ☺ 꽃이 많이 피어요.
  ☺ 새싹이 돋아나요.
  ☺ 온통 노란색, 분홍색 꽃으로 변해요.
  ☺ 날씨가 따뜻해요.
  ☺ 개구리가 겨울잠에서 깨어나요.

■■ **본시 수업 안내하기**

- 오늘 수업에서는 봄철에 많이 나타나는 황사 현상과 황사 문제에 어떻게 대처해야 하는지에 대해 배운다는 것을 설명한다.

◢ 문제 제시

| PBL 문제 만나기 |

■■ **단원 PBL 문제 안내하기**

- 단원 문제: 우리나라에는 봄, 여름, 가을, 겨울 사계절이 있습니다. 계절에 따라 날씨도 다양합니다. 계절과 날씨에 따라 어떤 것을 조심해야 하는지 알아봅시다.

⇨ 단원 PBL 문제는 1회기(1～2차시)에 소개한 경우에는 그다음 차시부터 생략해도 된다.

■■ **그림 자료나 PPT 자료로 PBL 문제 제시하기**

- 문제내용: 짱이가 황사가 가득한 놀이터에서 놀고 있네요. 다음에는 어떤 일이 벌어질까요? 짱이는 어떻게 해야 할까요?

◢ 문제 파악

■■ **문제해결력의 하위 영역인 결과예측, 원인 · 이유, 해결방안으로 나누어 단계별로 아동에게 질문하기**

⇨ 초기에는 아동이 단계별 질문에 답을 못하는 경우가 있으므로 교사가 힌트를 주도록

한다.

- **결과 예측하기:** (앞 단원의 환경교육 중 공기오염에 대해 이미 배웠다면 이에 대한 언급을 한 후) 다음에는 어떤 일이 생길까요? (짱이와 주변 환경 모두에서 일어날 수 있는 것)

☺ 짱이가 눈을 뜰 수가 없어요.
☺ 기침을 많이 해요.
☺ 숨을 쉬기가 힘들어요.
☺ 목이 아파요.
☺ 짱이는 감기에 걸려요.
☺ 밤에 짱이는 몸에서 열이 나요.
☺ 더러운 먼지 때문에 음식을 먹기 힘들어요.
☺ 집집마다 창문을 열 수가 없어요.
☺ 집에 말려 놓은 빨래가 더러워져요.
☺ 체육을 할 수 없어요.
☺ 먼지 때문에 짱이의 몸과 옷이 더러워져요.

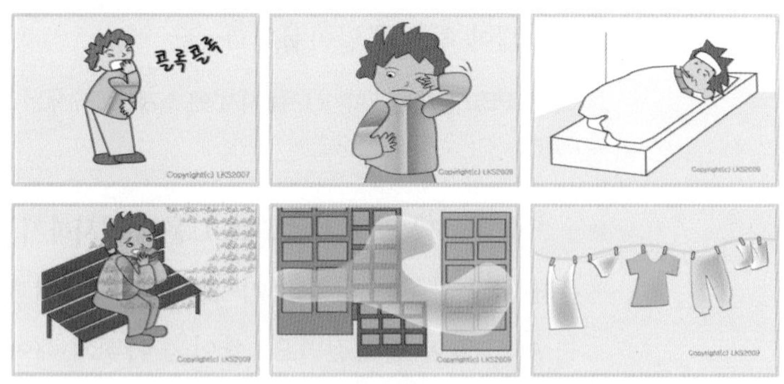

- **원인 · 이유 파악하기:** 왜 이런 일이 생기게 되었을까요?

–짱이가 아프게 된 이유

☺ 황사가 왔는데 밖에서 놀았기 때문이에요.
☺ 집에 있으라는 엄마의 말을 듣지 않았기 때문이에요.
☺ 집에 와서 손발을 씻지 않았기 때문이에요.

–황사가 왜 나쁠까요?

☺ 황사는 누런 먼지고, 그 속에는 더러운 먼지(중금속)와 나쁜 벌레가 있기 때문이에요.

- 해결방안 찾기: 이런 일이 생기지 않게 하려면 어떻게 해야 할까요?
  - ☺ 황사가 왔을 땐 밖에서 놀지 않아야 해요.
  - ☺ 외출할 때는 마스크를 써야 해요
  - ☺ 이 옷을 입어야 해요.
  - ☺ 눈에는 보호 안경을 써야 해요.
  - ☺ 집에서는 창문을 꼭 닫아서 황사가 집으로 들어오지 않도록 해야 해요.
  - ☺ 외출 후 집에 들어와서 바로 손발을 깨끗이 씻어야 해요.
  - ☺ 집에 가습기도 틀고, 화분도 많이 키워야 해요.
  - ☺ 과일과 채소도 깨끗이 씻어서 먹어야 해요.
  - ☺ 밖에서는 과자나 음식을 먹지 않아야 해요.
  - ☺ 황사를 막을 수 있도록 나무를 많이 심어야 해요.
  - ☺ 공기오염을 막아야 해요.

- PBL 그림 문제에 맞게 단계별로 결과예측, 원인 · 이유, 해결 방안에 대해 다시 한 번 간단히 설명하고 질문한다.

◢ 모둠 구성하기

■■ **아동 수에 따라 1~2개의 모둠 구성하기**

- 학습 능력이 상중하 수준으로 골고루 섞이도록 모둠별로 아동을 골고루 배치하도록 한다.

• 한 모둠은 2~3명으로 구성한다.

⇨ 모둠은 상황에 따라 매번 바꾸지 않고 전 시간에 배치된 인원 그대로 편성해도 되고, 아동이 원하는 팀으로 구성해도 된다. 그러나 한 아동 때문에 모둠에 다툼이 잦을 때는 아동이 눈치 채지 못하도록 자연스럽게 구성원을 교체하도록 한다.

■■ **모둠별로 '도와주기 게시판' 제공하기**

• 게시판은 1/2 전지를 제공하거나 아동 수가 적을 때는 B4(개별일 때는 A4) 용지를 제공해도 된다.

• 게시판의 제목인 '짱이를 도와주세요'는 아동이 원하는 이름이 있을 경우에는 변경해서 사용해도 된다.

⇨ '도와주기 게시판'은 모둠별 과제 수행을 위한 협력 학습자료로 이용됨과 동시에 개별 발표 시에도 이용되며 단원에 따라 재구성하여 사용해도 된다.

⇨ 유의점: 모둠별 협동 수업 전에 전체 아동의 수준에 따라 각 질문에 대한 간단한 단서를 제공하여 모둠별 과제 수행이 용이하게 이루어지도록 한다.

협동수업

모둠별 문제 탐색

협동적 문제 탐색 · 해결하기

■■ **모둠별 책상 정리 후 PBL 문제에 대한 문제해결의 하위 영역별로 문제를 협동으로 탐색 · 해결하기**

• 아동에게 전체 수업 시간에 함께 문제해결을 했던 PBL 문제를 상기시키며 '짱이'를 도와주기 위한 결과예측, 원인 · 이유, 해결방안에 대해 '도와주기 게시판'을 완성하도록 독려한다.

• 글자를 읽고 쓰는 것에 어려움이 있는 아동은 글자 대신 '작은 그림'으로 된 답지를 제공하여 해당 칸에 오려 붙일 수 있도록 한다.

• 수업 중에 아동이 인터넷에서 '황사' 관련 검색어로 수집한 자료를 활용해도 된다.

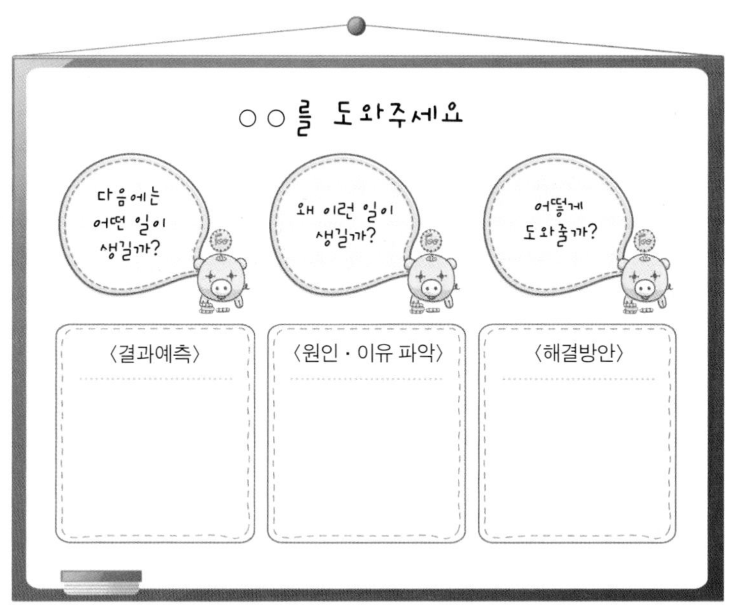
○○를 도와주세요
다음에는 어떤 일이 생길까?
왜 이런 일이 생길까?
어떻게 도와줄까?
〈결과예측〉
〈원인 · 이유 파악〉
〈해결방안〉

전체수업

발표하기

■■ **모둠별로 완성된 게시판은 앞에 붙이고 순서대로 발표하기**

- 발표는 팀에서 선발하거나 원하는 아동이 할 수 있도록 한다.
- 초기에는 아동이 발표하는 데 어려움을 겪으므로 교사가 발표 시범을 보여 주도록 한다.
- 앞부분에서 많은 시간이 소요되어 발표시간이 부족할 경우에는 1~2명 아동만 발표시킨다.

⇨ 모둠별 결과 발표 시 아동이 상대방의 결과가 자기 팀과 다르다고 하여 비난하거나 놀리지 않도록 하고, 아동이 최선을 다해 과제 수행한 것을 서로 격려하도록 지도한다.

보충 학습하기

■■ **보충 설명: 모둠별 발표 후 내용이 부족할 경우 교사의 보충 설명이나 보충 자료를 제시하여 아동의 이해 돕기**

- 아동의 능력에 따라 황사에 대해 보충 · 설명한다. 그리고 '4단원의 3회기 공기오염'과 연계하여 수업을 지도한다.

개별수업

개별학습 및 평가

개별학습 · 평가하기

문제해결의 개별학습하기

- 교사는 독립적으로 과제 수행을 할 수 없는 아동부터 순서대로 수업한 내용을 복습할 수 있도록 지도한다. 제시된 문제와 유사한 문제를 제시하여 결과예측, 원인 · 이유, 해결방안에 대해 과제 수행할 수 있도록 지도한다.

자기평가하기([그림 2-3] 참조)

- 자기평가를 독립적으로 할 수 없는 아동은 교사와 함께 평가하도록 한다.
- 자기평가는 매 회기별로 실시하지 않고, 단원별로 한두 차례 실시하도록 한다.

전체수업

수업 정리

수업 마무리하기

개별학습과 자기평가 시간이 완료되면 수업 마무리하기

- 문제 상황에 대해 종합적으로 질문하고 설명한다.
- '도와주기 게시판'을 교실 환경판에 전시한다(다음 수업에 활용).
- 매 수업 후 교사는 개별아동의 학업 수행력에 대한 전반적인 평가를 한다.
- 강화는 도입 부분에서 안내하였을 경우 그에 알맞게 제공하도록 한다.

학습지 1

<table>
<tr><td rowspan="2">단원</td><td rowspan="2">계절과 날씨</td><td rowspan="2">수업 주제</td><td rowspan="2">황사가 왔어요!</td><td>차시</td><td>1~2</td></tr>
<tr><td>수준</td><td>상/하</td></tr>
<tr><td colspan="4">월 일 요일</td><td>이름</td><td></td></tr>
</table>

⇨ 하 수준의 아동은 교사/보조원과 함께 답란에 글자 대신 그림을 붙이게 한다.

짱이가 황사가 가득한 놀이터에서 놀고 있네요.

❶ 다음에는 어떤 일이 일어날까요?

❷ 짱이는 왜 기침을 하고 목이 아프게 될까요?

❸ 황사에서 안전하려면 어떻게 해야 할까요?

학습지 2

단원	계절과 날씨	수업 주제	황사가 왔어요!	차시	1~2
				수준	중
월 일 요일			이름		

짱이가 황사가 가득한 놀이터에서 놀고 있네요.

※ 다음 문제를 읽고 알맞은 답의 번호를 모두 고르세요.

❶ 황사가 왔는데 짱이가 놀이터에서 놀고 있네요. 다음에는 어떤 일이 일어날까요? (　　)

① 짱이는 놀이터에서 친구들과 계속 놀고 있을 것이다.
② 짱이의 목과 눈이 아플 것이다.
③ 짱이는 집에 들어가서 손발을 씻을 것이다.

❷ 짱이는 왜 기침을 하고 목이 아프게 될까요? (　　)

① 황사 때문에
② 열심히 공부해서
③ 놀이터에서 싸움을 해서

❸ 황사에서 안전하려면 어떻게 해야 할까요? (　　)

① 황사가 와도 놀이터에서 놀아야 해요.
② 황사가 오면 집에서 놀아야 해요.
③ 밖에 나갈 때는 마스크를 써야 해요.

5단원 1회기(1~2차시)에 필요한 그림 자료

❶ PBL 그림 문제: 확대 출력하여 사용(A4 혹은 B4 확대/코팅 사용)

- 엽서 크기로 PBL 그림을 출력하여 모둠별 도와주기 게시판 좌측 혹은 우측 상단에 붙여 주어 아동이 PBL 문제를 이해하는 데 도움을 주도록 한다.
- 다음 쪽의 작은 그림은 글자를 모르는 아동용이다. 글자를 아는 아동이라도 글쓰기에 어려움을 겪는 아동을 위해 그림 자료의 아래에 글자를 써 주어도 된다.
  ㉮ 마스크를 써야 해요. 손발을 씻어야 해요.

❷ 문제해결의 하위 영역별 모둠별 '도와주기 게시판' 수행 시 혹은 개별학습지 수행 시 사용(글자를 읽고 쓰는 것에 어려움이 있는 아동용)

- 결과예측의 예

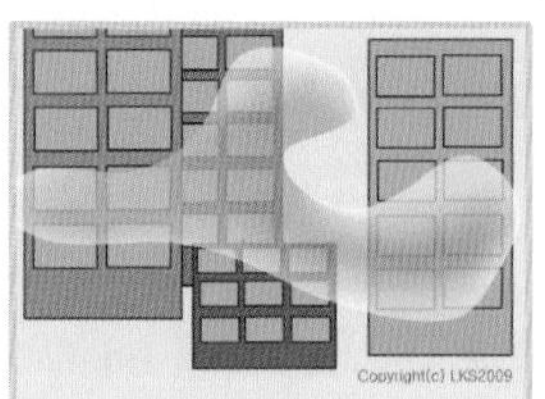

• 원인 · 이유의 예

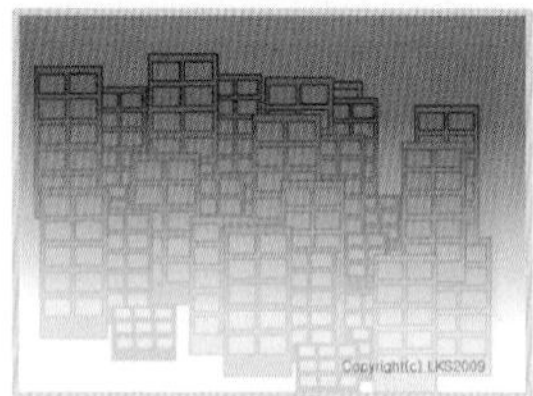

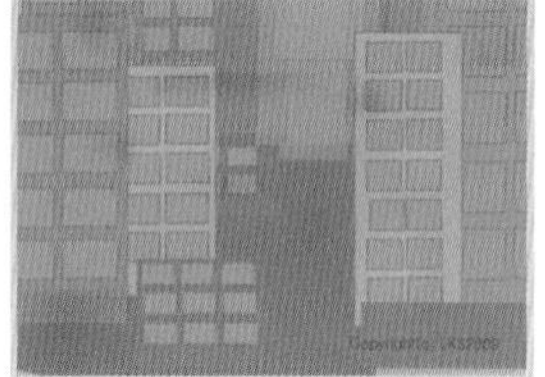

• 해결방안의 예

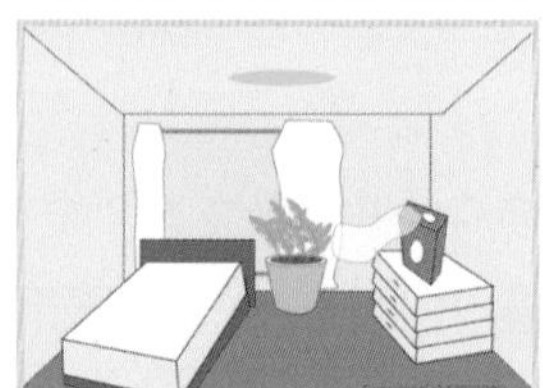
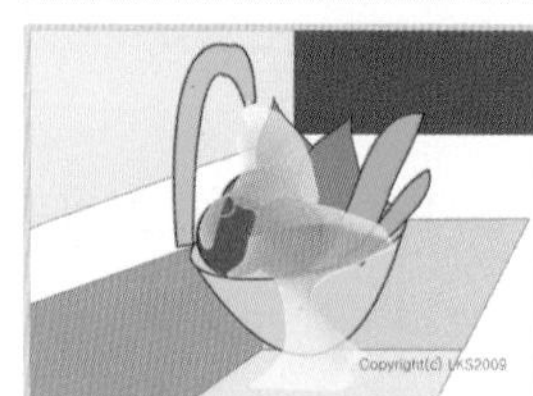

2/4 3~4/8 차시	물놀이는 이렇게!
학습목표	☑ 안전하게 물놀이를 할 수 있는 방법을 알 수 있다. ☑ 물놀이 시 위험에 처했을 때 어떻게 해야 할지 말할 수 있다.

지도상 유의점

• 해마다 여름이 되면 물놀이와 관련한 많은 안전사고가 발생한다. 물놀이에서 발생할 수 있는 다양한 안전사고를 예방하고 이와 관련한 상황을 구체적으로 지도하여 실제 위험 상황에 처할 때 대처할 수 있는 능력을 키울 수 있도록 한다.

학습 내용 및 활동

전체수업

수업을 위한 동기유발

더운 여름에 밖에서 하는 활동으로 어떤 것이 있는지 이야기하기

• 여름에 많이 하는 놀이에는 어떤 것이 있나요?

☺ 물놀이요.

☺ 등산이요.

☺ 자전거 타기요.

☺ 인라인 타기요.

☺ 공놀이요.

본시 수업 안내하기

• 오늘 수업에서는 여름에 많이 하는 물놀이 시에 주의해야 할 사항과 위험에 어떻게 대처해야 하는지에 대해 배운다는 것을 설명한다.

문제 제시

PBL 문제 만나기

단원 PBL 문제 안내하기

• 단원 문제: 우리나라에는 봄, 여름, 가을, 겨울 사계절이 있습니다. 계절에 따라 날씨도 다양합니다. 계절과 날씨에 따라 어떤 것을 조심해야 하는지 알아봅시다.

⇨ 단원 PBL 문제는 1회기(1~2차시)에 소개한 경우에는 그다음 차시부터 생략해도 된다.

그림 자료나 PPT 자료로 PBL 문제 제시하기

• 문제내용: 선생님과 친구들은 열심히 준비체조를 하고 있네요. 그런데 짱이는 선생님 몰래 갑자기 물에 뛰어들려 합니다. 어떤 일이 생길까요?

문제 파악

문제해결력의 하위 영역인 결과예측, 원인 · 이유, 해결방안으로 나누어 단계별로 아동에게 질문하기

⇨ 초기에는 아동이 단계별 질문에 답을 못하는 경우가 있을 수 있으므로 교사가 힌트를 주도록 한다.

• 결과 예측하기: 다음에는 어떤 일이 생길까요?

☺ 짱이가 물에 빠져요.

☺ 물에 들어 간 짱이가 다쳐요.

☺ 짱이가 물에 빠져 살려 달라고 해요.

☺ 선생님과 친구들이 놀라요.

☺ 안전요원 아저씨가 짱이를 구해 줘요.

☺ 선생님이 물에 빠진 짱이에게 인공호흡을 해요.

☺ 어른들이 달려가서 짱이를 구해요.

☺ 짱이가 응급실로 실려가요.

☺ 준비운동을 안 해서 짱이의 발에 쥐가 나요.

☺ 짱이가 물에 빠져 물을 많이 먹어요.

- 원인 · 이유 파악하기: 왜 이런 일이 생기게 되었을까요?

☺ 짱이가 준비체조를 하지 않고 물에 뛰어들었기 때문이에요.

☺ 처음 물에 들어갈 때는 발부터 천천히 물에 들어가야 하는데 갑자기 뛰어들었기 때문이에요.

☺ 짱이가 어른이 이용하는 깊은 풀장으로 들어갔기 때문이에요.

☺ 짱이가 수영을 하지 못하는데 고무 튜브를 가지고 물에 들어가지 않았기 때문이에요.

☺ 짱이가 선생님의 말씀을 듣지 않았기 때문이에요.

- 해결방안 찾기: 이런 일이 생기지 않게 하려면 어떻게 해야 할까요?

☺ 물에 들어가기 전에 짱이도 친구들처럼 준비체조를 열심히 해야 해요.

☺ 물에 처음 들어갈 때는 발부터 천천히 물에 적시면서 들어가야 해요.

☺ 물놀이할 때는 깊은 물에는 들어가지 않아야 해요.

☺ 어른이 이용하는 풀장에는 들어가지 않아야 해요.

☺ 물에 들어갈 때는 수영복과 수영모자를 꼭 써야 해요.

☺ 물에 들어가서 발이 저려 올 때는 빨리 선생님이나 안전요원

아저씨께 도와 달라고 손을 들고 소리쳐야 해요.
☺ 사람들이 아무도 안 가는 쪽으로는 가지 않아야 해요.
☺ 수영을 하지 못할 때는 꼭 고무 튜브를 가지고 물에 들어가야 해요.
☺ 선생님과 안전요원 아저씨의 말을 잘 들어야 해요.
☺ 물에 들어가지 않는 쉬는 시간에는 꼭 쉬어야 해요.

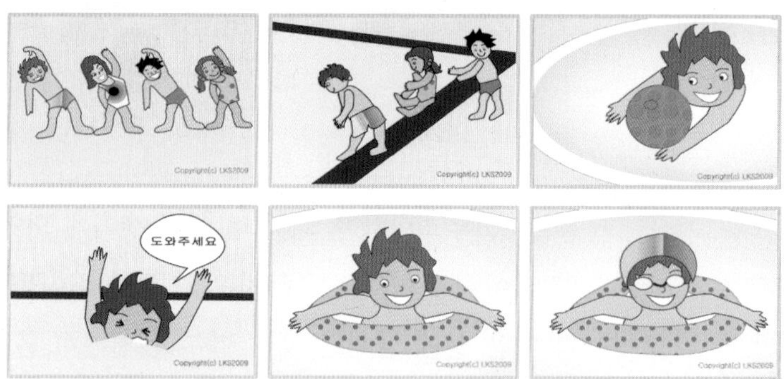

- PBL 그림 문제에 맞게 단계별로 결과예측, 원인 · 이유, 해결 방안에 대해 다시 한 번 간단히 설명하고 질문한다.

◢ 모둠 구성하기

■■ 아동 수에 따라 1~2개의 모둠 구성하기

- 학습 능력이 상중하 수준으로 골고루 섞이도록 모둠별로 아동을 골고루 배치하도록 한다.
- 한 모둠은 2~3명으로 구성한다.

⇨ 모둠은 상황에 따라 매번 바꾸지 않고 전 시간에 배치된 인원 그대로 편성해도 되고 아동이 원하는 팀으로 구성해도 된다. 그러나 한 아동 때문에 모둠에 다툼이 잦을 때는 아동이 눈치 채지 못하도록 자연스럽게 구성원을 교체하도록 한다.

■■ 모둠별로 '도와주기 게시판' 제공하기

- 게시판은 1/2 전지를 제공하거나 아동 수가 적을 때는 B4(개별일 때는 A4) 용지를 제공해도 된다.
- 게시판의 제목인 '짱이를 도와주세요'는 아동이 원하는 이름이 있을 경우에는 변경해서 사용해도 된다.

⇨ '도와주기 게시판'은 모둠별 과제 수행을 위한 협력 학습자료로 이용됨과 동시에 개별 발표 시에도 이용되며 단원에 따라 재구성하여 사용해도 된다.

⇨ 유의점: 모둠별 협동 수업 전에 전체 아동의 수준에 따라 각 질문에 대한 간단한 단서를 제공하여 모둠별 과제 수행이 용이하게 이루어지도록 한다.

협동수업

모둠별 문제 탐색

협동적 문제 탐색 · 해결하기

모둠별 책상 정리 후 PBL 문제에 대한 문제해결의 하위 영역별로 문제를 협동으로 탐색 · 해결하기

- 아동에게 전체 수업 시간에 함께 문제해결 했던 PBL 문제를 상기시키며 '짱이'를 도와주기 위한 결과예측, 원인 · 이유, 해결방안에 대해 '도와주기 게시판'을 완성하도록 독려한다.
- 글자를 읽고 쓰는 것에 어려움이 있는 아동은 글자 대신 '작은 그림'으로 된 답지를 제공하여 해당 칸에 오려 붙일 수 있도록 한다.
- 수업 중에 아동이 인터넷에서 '물놀이' 관련 검색어로 수집한 자료를 활용해도 된다.

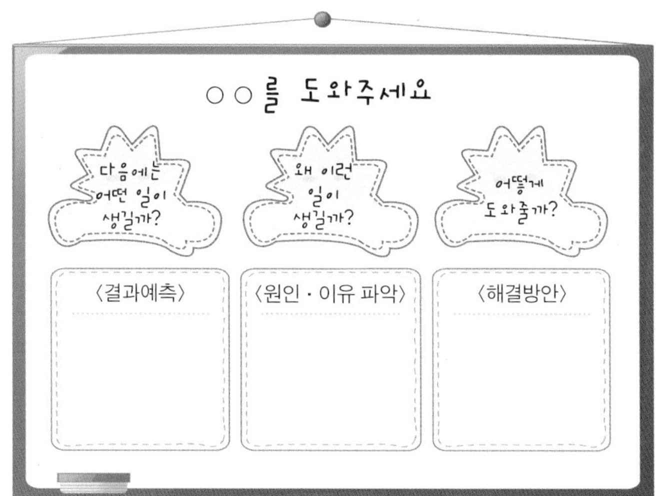
○○를 도와주세요
다음에는 어떤 일이 생길까?
왜 이런 일이 생길까?
어떻게 도와줄까?
〈결과예측〉
〈원인 · 이유 파악〉
〈해결방안〉

전체수업

발표하기

모둠별로 완성된 게시판은 앞에 붙이고 순서대로 발표하기

- 발표는 팀에서 선발하거나 원하는 아동이 할 수 있도록 한다.
- 초기에는 아동이 발표하는 데 어려움을 겪으므로 교사가 발표 시범을 보여 주도록 한다.
- 앞부분에서 많은 시간이 소요되어 발표시간이 부족할 경우에는 1~2명 아동만 발표시킨다.

⇨ 모둠별 결과 발표 시 아동이 상대방의 결과가 자기 팀과 다르다고 하여 비난하거나 놀리지 않도록 하고, 아동이 최선을 다해 과제 수행한 것을 서로 격려하도록 지도한다.

보충 학습하기

보충 설명: 모둠별 발표 후 내용이 부족할 경우 교사의 보충 설명이나 보충 자료를 제시하여 아동의 이해 돕기

- 바닷가나 강가, 계곡에서 물놀이할 때의 주의 사항도 알려 준다. 바닷가에서의 경우 안전선 너머(멀리)로 가지 않기, 파도가 심할 때는 수영하지 않기 등

개별수업

개별학습 및 평가

개별학습 · 평가하기

문제해결의 개별학습하기

- 교사는 독립적으로 과제 수행을 할 수 없는 아동부터 순서대로 수업한 내용을 복습할 수 있도록 지도한다. 제시된 문제와 유사한 문제를 제시하여 결과예측, 원인 · 이유, 해결방안에 대해 과제 수행할 수 있도록 지도한다.

자기평가하기([그림 2-3] 참조)

- 자기평가를 독립적으로 할 수 없는 아동은 교사와 함께 평가하도록 한다.
- 자기평가는 매 회기별로 실시하지 않고, 단원별로 한두 차례 실시하도록 한다.

전체수업

수업 정리

수업 마무리하기

개별학습과 자기평가 시간이 완료되면 수업 마무리하기

- 문제 상황에 대해 종합적으로 질문하고 설명한다.
- '도와주기 게시판'을 교실 환경판에 전시한다(다음 수업에 활용).
- 매 수업 후 교사는 개별 아동의 학업 수행력에 대한 전반적인 평가를 한다.
- 강화는 도입 부분에서 안내하였을 경우 그에 알맞게 제공하도록 한다.

학습지 1

단원	계절과 날씨	수업 주제	물놀이는 이렇게!	차시	3~4
				수준	상/하
월 일 요일			이름		

⇨ 하 수준의 아동은 교사/보조원과 함께 답란에 글자 대신 그림을 붙이게 한다.

선생님과 친구들은 열심히 준비체조를 하고 있네요. 그런데 짱이는 선생님 몰래 갑자기 물에 뛰어들려 합니다.

❶ 다음에는 어떤 일이 일어날까요?

❷ 물놀이할 때는 왜 체조를 해야 할까요?

❸ 물놀이를 안전하게 하려면 어떻게 해야 할까요?

학습지 2

단원	계절과 날씨	수업 주제	물놀이는 이렇게!	차시	3~4
				수준	중
월 일 요일			이름		

선생님과 친구들은 열심히 준비체조를 하고 있네요. 그런데 짱이는 선생님 몰래 갑자기 물에 뛰어들려 합니다.

※ 다음 문제를 읽고 알맞은 답의 번호를 모두 고르세요.

❶ 다음에는 어떤 일이 일어날까요? (   )

① 갑자기 물에 뛰어들어서 물속으로 가라앉을 것이다.

② 짱이가 물에 빠져서 안전요원 아저씨가 구해 줄 것이다.

③ 짱이가 갑자기 물에 뛰어들어서 선생님이 칭찬할 것이다.

❷ 물놀이할 때는 왜 체조를 해야 할까요? (   )

① 몸을 깨끗이 해야 하기 때문에

② 공부를 열심히 할 수 있기 때문에

③ 체조하지 않고 물에 들어가면 우리 몸이 놀라서 물속에 빠지기 때문에

❸ 물놀이를 안전하게 하려면 어떻게 해야 할까요? (   )

① 깊은 물에 들어가서 수영을 해야 해요.

② 준비체조를 열심히 해야 해요.

③ 처음 물에 들어갈 때는 발부터 천천히 물에 적시며 들어가야 해요.

5단원 2회기(3~4차시)에 필요한 그림 자료

❶ PBL 그림 문제: 확대 출력하여 사용(A4 혹은 B4 확대/코팅 사용)

- 엽서 크기로 PBL 그림을 출력하여 모둠별 도와주기 게시판 좌측 혹은 우측 상단에 붙여 주어 아동이 PBL 문제를 이해하는 데 도움을 주도록 한다.
- 다음 쪽의 작은 그림은 글자를 모르는 아동용이다. 글자를 아는 아동이라도 글쓰기에 어려움을 겪는 아동을 위해 그림 자료의 아래에 글자를 써 주어도 된다.
  ㉠ 준비체조를 해야 해요. 깊은 물에 들어가서는 안 돼요.

❷ 문제해결의 하위 영역별 모둠별 '도와주기 게시판' 수행 시 혹은 개별학습지 수행 시 사용(글자를 읽고 쓰는 것에 어려움이 있는 아동용)

- 결과예측의 예

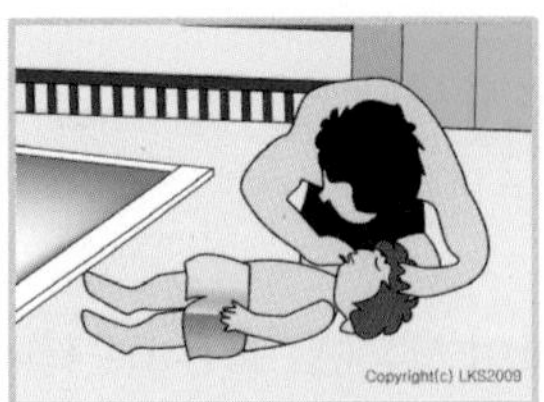

• 원인 · 이유의 예

• 해결방안의 예

3/4 5~6/8 차시	가을철 나들이 조심해요!
학습목표	☑ 가을철에 산과 들로 나들이할 때 조심해야 할 것을 알 수 있다.

지도상 유의점

• 가을의 풀밭과 산에는 모기와 벌 등의 곤충과 이들로 인해 감염되는 여러 질병이 있어 나들이 간 사람들을 괴롭히는데, 대표적인 것으로는 쥐에서 감염되는 '유행성 출혈열'이 있으며, 이것이 때로는 사람의 목숨을 앗아 가기도 한다. 가을에는 산과 들로 나들이하는 횟수가 잦은 만큼 아동에게 이러한 위험 상황을 알게 하여, 이를 예방하고 대처할 수 있도록 철저하게 지도해야 한다. 또한 최근 들어 발생하는 여러 가지 새로운 질병들과도 연계하며 지도하도록 한다.

학습 내용 및 활동

전체수업

수업을 위한 동기유발

가을 풍경을 보여 주며 어느 계절인지 질문하기

• 이 사진(단풍이 든 나무와 잔디밭)은 어느 계절일까요?

☺ 가을이요.

• 왜 가을이라고 생각하나요?

☺ 단풍이 들었기 때문이에요.

본시 수업 안내하기

• 오늘 수업에서는 가을철 나들이를 하면서 주의해야 할 사항과 위험에 어떻게 대처해야 하는지에 대해 배운다는 것을 설명한다.

문제 제시

PBL 문제 만나기

단원 PBL 문제 안내하기

- 단원 문제: 우리나라는 봄, 여름, 가을, 겨울 사계절이 있습니다. 계절에 따라 날씨도 다양합니다. 계절과 날씨에 따라 어떤 것을 조심해야 하는지 알아봅시다.

⇨ 단원 PBL 문제는 1회기(1~2차시)에 소개한 경우에는 그다음 차시부터 생략해도 된다.

그림 자료나 PPT 자료로 PBL 문제 제시하기

- 문제내용: 가을에는 날씨가 좋아요. 그래서 짱이와 친구들이 풀밭에서 재미있게 놀고 있네요. 그런데 풀밭에는 많은 벌레가 있네요. 어떤 일이 생길까요? 어떻게 해야 할까요?

문제 파악

문제해결력의 하위 영역인 결과예측, 원인 · 이유, 해결방안으로 나누어 단계별로 아동에게 질문하기

⇨ 초기에는 아동이 단계별 질문에 답을 못하는 경우가 있을 수 있으므로 교사가 힌트를 주도록 한다.

- 결과 예측하기: 다음에는 어떤 일이 생길까요?
  - ☺ 짱이와 친구들이 벌에 쏘여요.
  - ☺ 짱이가 벌레에 물려요.
  - ☺ 짱이와 친구들이 뱀에 물려요.
  - ☺ 짱이와 친구들의 팔다리가 벌과 벌레에 물려 온통 붉게 변해요.
  - ☺ 짱이는 팔다리가 가려워서 긁어요.
  - ☺ 짱이가 벌에 물려서 병원에 입원해요.
  - ☺ 짱이가 벌레에 물린 곳에 약을 발라요.

☺ 벌레가 병을 옮겨서 몸이 아파요.

• 원인 · 이유 파악하기: 왜 이런 일이 생기게 되었을까요?

☺ 짱이와 친구들이 벌레가 많은 풀밭에서 놀았기 때문이에요.

☺ 짱이와 친구들이 풀밭에서 돗자리를 깔지 않고 놀았기 때문이에요.

☺ 짱이와 친구들이 짧은 옷을 입었기 때문이에요.

☺ 가을에는 벌레가 더 위험해지기 때문이에요.

☺ 짱이와 친구들은 가을에 풀밭에서 놀 때 어떤 위험이 있는지 몰랐기 때문이에요.

• 해결방안 찾기: 이런 일이 생기지 않게 하려면 어떻게 해야 할까요?

☺ 긴팔과 긴바지를 입고 풀밭에서 놀아야 해요.

☺ 양말을 꼭 신고 놀아야 해요.

☺ 풀밭에서는 돗자리를 깔고 놀아야 해요.

☺ 돗자리를 깔지 않을 때는 신발을 꼭 신고 풀밭에서 놀아야 해요.

☺ 벌레가 많은 풀밭에서는 놀아서는 안 돼요.

☺ 풀밭에서 놀 때는 너무 오래 놀지 않도록 해야 해요.

☺ 벌레에 물렸을 때는 빨리 약을 발라야 해요.

☺ 벌이나 뱀에게 물렸을 때는 빨리 주위 어른에게 도와 달라고 해야 해요.

☺ 풀밭에서 놀고 난 뒤에 몸이 아프고 열이 날 때는 빨리 병원에

가야 해요(유행성 출혈열).

☺ 음료수는 캔보다는 뚜껑을 닫을 수 있는 것으로 준비해요.

☺ 풀밭에 눕거나 뒹구는 행동을 하지 말아야 해요.

☺ 집에 오면 꼭 몸을 씻어야 해요.

- PBL 그림 문제에 맞게 단계별로 결과예측, 원인 · 이유, 해결 방안에 대해 다시 한 번 간단히 설명하고 질문한다.

모둠 구성하기

■■ 아동 수에 따라 1~2개의 모둠 구성하기

- 학습 능력이 상중하 수준으로 골고루 섞이도록 모둠별로 아동을 골고루 배치하도록 한다.
- 한 모둠은 2~3명으로 구성한다.

⇨ 모둠은 상황에 따라 매번 바꾸지 않고 전 시간에 배치된 인원 그대로 편성해도 되고, 아동이 원하는 팀으로 구성해도 된다. 그러나 한 아동 때문에 모둠에 다툼이 잦을 때는 아동이 눈치 채지 못하도록 자연스럽게 구성원을 교체하도록 한다.

■■ 모둠별로 '도와주기 게시판' 제공하기

- 게시판은 1/2 전지를 제공하거나 아동 수가 적을 때는 B4(개별일 때는 A4) 용지를 제공해도 된다.
- 게시판의 제목인 '짱이를 도와주세요'는 아동이 원하는 이름이 있을 경우에는 변경해서 사용해도 된다.

⇨ '도와주기 게시판'은 모둠별 과제 수행을 위한 협력 학습자료로 이용됨과 동시에 개별 발표 시에도 이용되며 단원에 따라 재구성하여 사용해도 된다.

⇨ 유의점: 모둠별 협동 수업 전에 전체 아동의 수준에 따라 각 질문에 대한 간단한 단서를 제공하여 모둠별 과제 수행이 용이하게 이루어지도록 한다.

협동수업

모둠별 문제 탐색

협동적 문제 탐색 · 해결하기

모둠별 책상 정리 후 PBL 문제에 대한 문제해결의 하위 영역별로 문제를 협동으로 탐색 · 해결하기

- 아동에게 전체 수업 시간에 함께 문제해결 했던 PBL 문제를 상기시키며 '짱이'를 도와주기 위한 결과예측, 원인 · 이유, 해결방안에 대해 '도와주기 게시판'을 완성하도록 독려한다.
- 글자를 읽고 쓰는 것에 어려움이 있는 아동은 글자 대신 '작은 그림'으로 된 답지를 제공하여 해당 칸에 오려 붙일 수 있도록 한다.
- 수업 중에 아동이 인터넷에서 '유행성 출혈열' 관련 검색어로 수집한 자료를 활용해도 된다.

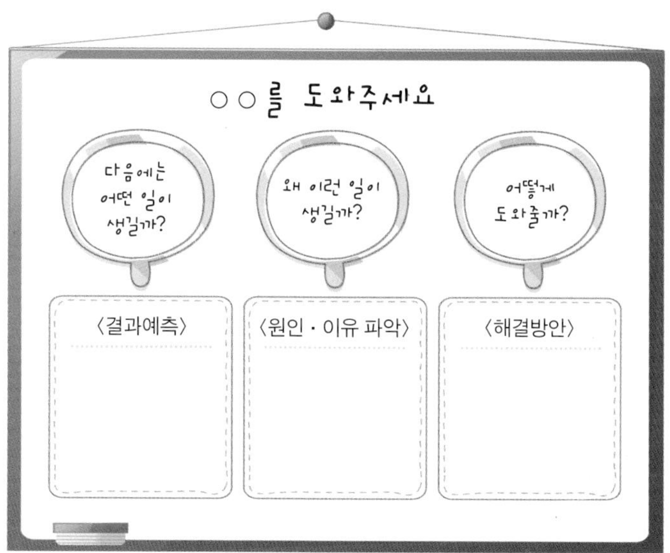
○○를 도와주세요
다음에는 어떤 일이 생길까?
왜 이런 일이 생길까?
어떻게 도와줄까?
〈결과예측〉
〈원인 · 이유 파악〉
〈해결방안〉

전체수업

발표하기

모둠별로 완성된 게시판은 앞에 붙이고 순서대로 발표하기

- 발표는 팀에서 선발하거나 원하는 아동이 할 수 있도록 한다.
- 초기에는 아동이 발표하는 데 어려움을 겪으므로 교사가 발표 시범을 보여 주도록 한다.
- 앞부분에서 많은 시간이 소요되어 발표시간이 부족할 경우에는 1~2명 아동만 발표시킨다.

⇨ 모둠별 결과 발표 시 아동이 상대방의 결과가 자기 팀과 다르다고 하여 비난하거나 놀리지 않도록 하고, 아동이 최선을 다해 과제 수행한 것을 서로 격려하도록 지도한다.

보충 학습하기

■■ 보충 설명: 모둠별 발표 후 내용이 부족할 경우 교사의 보충 설명이나 보충 자료를 제시하여 아동의 이해 돕기

- 가을철에는 벌, 벌레, 뱀 등의 활동이 많아 피해를 입을 수 있으므로 이에 대한 위험성과 대처법을 설명한다. 또한 가을철 야외 활동으로 전염될 수 있는 '신종인플루엔자'나 '유행성출혈열' 등의 위험성과 예방법에 대해서도 설명하고 주의할 수 있도록 지도한다.

개별수업

개별학습 및 평가

개별학습 · 평가하기

■■ 문제해결의 개별학습하기

- 교사는 독립적으로 과제 수행을 할 수 없는 아동부터 순서대로 수업한 내용을 복습할 수 있도록 지도한다. 제시된 문제와 유사한 문제를 제시하여 결과예측, 원인 · 이유, 해결방안에 대해 과제 수행할 수 있도록 지도한다.

■■ 자기평가하기([그림 2-3] 참조)

- 자기평가를 독립적으로 할 수 없는 아동은 교사와 함께 평가하도록 한다.
- 자기평가는 매 회기별로 실시하지 않고, 단원별로 한두 차례 실시하도록 한다.

전체수업

수업 정리

수업 마무리하기

■■ 개별학습과 자기평가 시간이 완료되면 수업 마무리하기

- 문제 상황에 대해 종합적으로 질문하고 설명한다.
- '도와주기 게시판'을 교실 환경판에 전시한다(다음 수업에 활용).

- 매 수업 후 교사는 개별 아동의 학업 수행력에 대한 전반적인 평가를 한다.
- 강화는 도입 부분에서 안내하였을 경우 그에 알맞게 제공하도록 한다.

학습지 1

단원	계절과 날씨	수업 주제	가을철 나들이 조심해요!	차시	5~6
				수준	상/하
월 일 요일		이름			

⇨ 하 수준의 아동은 교사/보조원과 함께 답란에 글자 대신 그림을 붙이게 한다.

가을에는 날씨가 좋아요. 그래서 짱이와 친구들이 풀밭에서 재미있게 놀고 있네요. 그런데 풀밭에는 많은 벌레가 있네요.

❶ 다음에는 어떤 일이 일어날까요?

❷ 왜 이런 일이 일어났을까요?

❸ 가을철 산이나 풀밭에서 놀 때는 어떻게 해야 할까요?

학습지 2

단원	계절과 날씨	수업 주제	가을철 나들이 조심해요!	차시	5~6
				수준	중
월 일 요일			이름		

가을에는 날씨가 좋아요. 그래서 짱이와 친구들이 풀밭에서 재미있게 놀고 있네요. 그런데 풀밭에는 많은 벌레가 있네요.

※ 다음 문제를 읽고 알맞은 답의 번호를 모두 고르세요.

❶ 다음에는 어떤 일이 일어날까요? (　　)

① 아이들이 벌레나 뱀에 물려 팔이 붉게 변하고 열이 나서 아플 것이다.

② 짱이와 친구들이 벌과 뱀에 물려도 아무렇지 않을 것이다.

③ 뱀이나 벌레에게 물릴 것이다.

❷ 풀밭에서 놀 때 조심해야 하는 이유는 무엇인가요? (　　)

① 벌과 벌레에 물리면 열이 나고 위험하기 때문에

② 벌레가 많아서 재미있기 때문에

③ 아이들은 벌레에 물리면 건강해지기 때문에

❸ 가을철 산이나 풀밭에서 놀 때는 어떻게 해야 할까요? (　　)

① 짧은 옷을 입고 풀밭에서 뒹굴어요.

② 돗자리를 깔고 긴 옷을 입고, 양말도 잘 신고 놀아야 해요.

③ 풀밭이나 산에서 놀 때는 잠깐만 놀아야 해요.

5단원 3회기(5~6차시)에 필요한 그림 자료

❶ PBL 그림 문제: 확대 출력하여 사용(A4 혹은 B4 확대/코팅 사용)

- 엽서 크기로 PBL 그림을 출력하여 모둠별 도와주기 게시판 좌측 혹은 우측 상단에 붙여 주어 아동이 PBL 문제를 이해하는 데 도움을 주도록 한다.
- 다음 쪽의 작은 그림은 글자를 모르는 아동용이다. 글자를 아는 아동이라도 글쓰기에 어려움을 겪는 아동을 위해 그림 자료의 아래에 글자를 써 주어도 된다.

  ㉥ 벌레가 물어요. 돗자리를 깔고 놀아야 해요.

❷ 문제해결의 하위 영역별 모둠별 '도와주기 게시판' 수행 시 혹은 개별학습지 수행 시 사용(글자를 읽고 쓰는 것에 어려움이 있는 아동용)

- 결과예측의 예

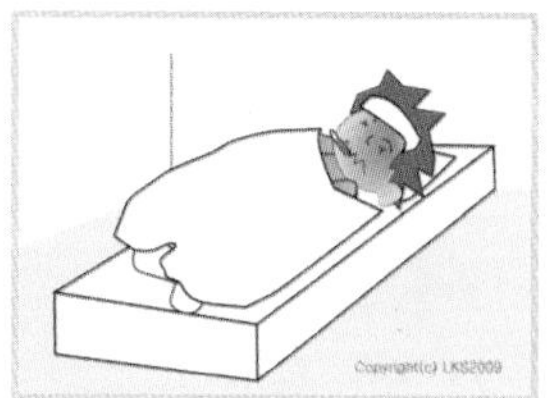

• 원인 · 이유의 예

• 해결방안의 예

4/4 7~8/8 차시	추운 날에는 따뜻하게!
학습목표	☑ 추운 날씨에 적절한 옷차림을 말할 수 있다.

지도상 유의점

• 자기관리는 장애아동에게 있어 성인기의 독립적인 생활에까지 영향을 미치는 중요한 영역이다. 날씨에 적절한 옷차림을 하는 것은 본인의 활동과 타인이 바라보는 이미지에도 영향을 미치지만 무엇보다 본인의 건강과 직결될 수 있는 문제이므로 이러한 점을 강조하여 지도한다.

학습 내용 및 활동

전체수업

수업을 위한 동기유발

■■ 사계절 사진을 차례대로 보여 주며 각 계절의 특징과 앞 시간에 배웠던 계절별 주의사항에 대해 이야기하기

• (봄 사진을 보여 주며) 어느 계절일까요?

☺ 봄이요.

• 왜 봄이라고 생각하나요?

☺ 봄에는 꽃이 많이 피기 때문이에요.

• 지난 시간에 배웠던 봄에 특히 조심해야 할 것은 무엇인가요?

☺ 황사요.

• 왜 황사를 조심해야 하나요?

☺ 황사에는 더러운 먼지와 중금속이 들어 있어서 우리 몸에 해롭기 때문이에요.

• 황사를 피하려면 어떻게 해야 하나요?

☺ 마스크를 쓰고 외출해야 해요.

☺ 외출하지 않고 집에 있어야 해요.

■■ 본시 수업 안내하기

• 오늘 수업에서는 봄, 여름, 가을 순으로 이야기를 나눈 후 사계절 중 겨울철에 주의해야 할 사항과 위험에 어떻게 대처해야 하는지에 대해 배운다는 것을 설명한다.

◪ 문제 제시

PBL 문제 만나기

■■ 단원 PBL 문제 안내하기

• 단원 문제: 우리나라는 봄, 여름, 가을, 겨울 사계절이 있습니다. 계절에 따라 날씨도 다양합니다. 계절과 날씨에 따라 어떤 것을 조심해야 하는지 알아봅시다.

⇨ 단원 PBL 문제는 1회기(1~2차시)에 소개한 경우에는 그다음 차시부터 생략해도 된다.

■■ 그림 자료나 PPT 자료로 PBL 문제 제시하기

• 문제내용: 밖에 눈이 내리고 있네요. 그런데 짱이가 짧은 옷을 입은 채 밖에 나가려고 해요. 다음에는 어떤 일이 생길까요? 어떻게 해야 할까요?

◪ 문제 파악

■■ 문제해결력의 하위 영역인 결과예측, 원인 · 이유, 해결방안으로 나누어 단계별로 아동에게 질문하기

⇨ 초기에는 아동이 단계별 질문에 답을 못하는 경우가 있을 수 있으므로 교사가 힌트를 주도록 한다.

• 결과 예측하기: 다음에는 어떤 일이 생길까요?

☺ 짱이가 짧고 얇은 옷을 입고 그대로 밖에 나가서 놀아요.

☺ 짱이 엄마가 짱이에게 두꺼운 옷을 입으라고 소리를 치세요.

☺ 짱이가 추운데 놀다가 감기에 걸려요.

☺ 귀와 손발이 꽁꽁 얼어서 동상에 걸려요.

☺ 눈길에서 넘어져서 다리를 다쳐요.

☺ 밤에 짱이가 아파서 엄마가 걱정하느라 못 주무세요.

☺ 짱이가 감기에 걸려 다음 날 병원에 가서 주사를 맞아요.

☺ 학교에서 공부시간에 짱이가 많이 아파요.

☺ 짱이가 아파서 다음 날 학교에 못 가요.

- 원인 · 이유 파악하기: 왜 이런 일이 생기게 되었을까요?

☺ 짱이가 추운데 얇은 옷을 입었기 때문이에요.

☺ 엄마가 두꺼운 옷을 입으라고 했는데 짱이가 입지 않았기 때문이에요.

☺ 모자를 쓰지 않고 장갑도 끼지 않았기 때문이에요.

☺ 추운데 밖에서 너무 오래 놀았기 때문이에요.

☺ 날씨가 춥고 눈이 내렸기 때문이에요.

☺ (다리를 다친 이유는)미끄러운 눈길에서 놀았기 때문이에요.

- 해결방안 찾기: 이런 일이 생기지 않게 하려면 어떻게 해야 할까요?

☺ 추운 날에는 두꺼운 옷을 입고 밖에서 놀아야 해요.

☺ 모자를 쓰고 장갑도 끼고 놀아야 해요.

☺ 귀에 귀마개를 해야 해요.

☺ 추운 날에는 밖에서 오래 놀지 않아야 해요.
☺ 밖에서 놀다가 집에 들어가면 손발을 깨끗이 씻어야 해요.
☺ 겨울에 감기에 걸리지 않으려면 독감 예방주사를 맞아야 해요.
☺ 짱이는 날씨에 맞는 옷차림에 대해 배워야 해요.
☺ 눈길이나 빙판길에서 걷거나 놀 때는 조심해야 해요.

- PBL 그림 문제에 맞게 단계별로 결과예측, 원인 · 이유, 해결 방안에 대해 다시 한 번 간단히 설명하고 질문한다.

모둠 구성하기

■■ 아동 수에 따라 1~2개의 모둠 구성하기

- 학습 능력이 상중하 수준으로 골고루 섞이도록 모둠별로 아동을 골고루 배치하도록 한다.
- 한 모둠은 2~3명으로 구성한다.

⇨ 모둠은 상황에 따라 매번 바꾸지 않고 전 시간에 배치된 인원 그대로 편성해도 되고, 아동이 원하는 팀으로 구성해도 된다. 그러나 한 아동 때문에 모둠에 다툼이 잦을 때는 아동이 눈치 채지 못하도록 자연스럽게 구성원을 교체하도록 한다.

■■ 모둠별로 '도와주기 게시판' 제공하기

- 게시판은 1/2 전지를 제공하거나 아동 수가 적을 때는 B4(개별일 때는 A4) 용지를 제공해도 된다.
- 게시판의 제목인 '짱이를 도와주세요'는 아동이 원하는 이름이 있을 경우에는 변경해서 사용해도 된다.

⇨ '도와주기 게시판'은 모둠별 과제 수행을 위한 협력 학습자료로 이용됨과 동시에 개별 발표 시에도 이용되며 단원에 따라 재구성하여 사용해도 된다.

⇨ 유의점: 모둠별 협동 수업 전에 전체 아동의 수준에 따라 각 질문에 대한 간단한 단서를 제공하여 모둠별 과제 수행이 용이하게 이루어지도록 한다.

협동수업

모둠별 문제 탐색

협동적 문제 탐색 · 해결하기

모둠별 책상 정리 후 PBL 문제에 대한 문제해결의 하위 영역별로 문제를 협동으로 탐색 · 해결하기

- 아동에게 전체 수업 시간에 함께 문제해결 했던 PBL 문제를 상기시키며 '짱이'를 도와주기 위한 결과예측, 원인 · 이유, 해결방안에 대해 '도와주기 게시판'을 완성하도록 독려한다.
- 글자를 읽고 쓰는 것에 어려움이 있는 아동은 글자 대신 '작은 그림'으로 된 답지를 제공하여 해당 칸에 오려 붙일 수 있도록 한다.
- 수업 중에 아동이 인터넷에서 '겨울 옷차림' '동상' '독감예방접종' 등의 검색어로 수집한 자료를 활용해도 된다.

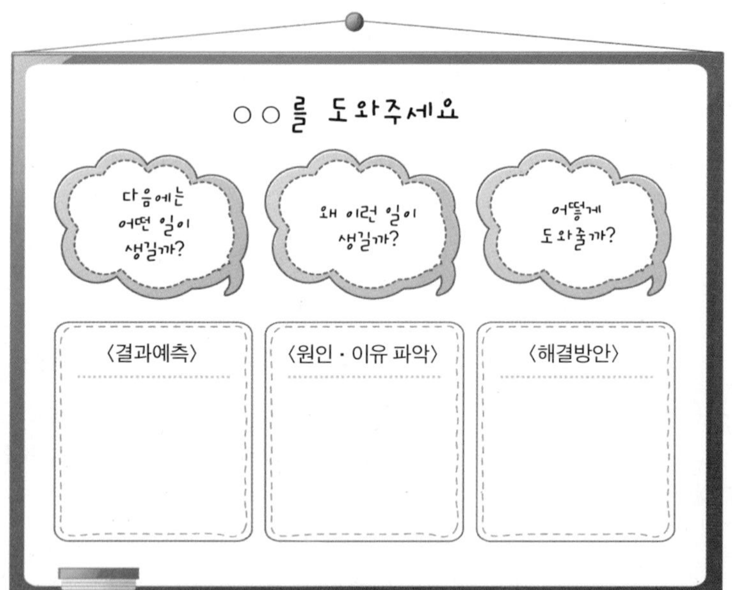
○○를 도와주세요
다음에는 어떤 일이 생길까?
왜 이런 일이 생길까?
어떻게 도와줄까?
〈결과예측〉
〈원인 · 이유 파악〉
〈해결방안〉

전체수업

발표하기

모둠별로 완성된 게시판은 앞에 붙이고 순서대로 발표하기

- 발표는 팀에서 선발하거나 원하는 아동이 할 수 있도록 한다.
- 초기에는 아동이 발표하는 데 어려움을 겪으므로 교사가 발표 시범을 보여 주도록 한다.
- 앞부분에서 많은 시간이 소요되어 발표시간이 부족할 경우에는

1~2명 아동만 발표시킨다.

⇨ 모둠별 결과 발표 시 아동이 상대방의 결과가 자기 팀과 다르다고 하여 비난하거나 놀리지 않도록 하고, 아동이 최선을 다해 과제 수행한 것을 서로 격려하도록 지도한다.

보충 학습하기

보충 설명: 모둠별 발표 후 내용이 부족할 경우 교사의 보충 설명이나 보충 자료를 제시하여 아동의 이해 돕기

- 겨울철 빙판길, 눈길에서의 위험성과 겨울철이라고 해서 너무 움직이지 않으면 건강을 해칠 수도 있음을 알게 한다. 그리고 날씨(계절)에 따른 적절한 옷차림에 대해서도 그림 자료와 함께 설명해 준다.

개별학습 및 평가

개별학습 · 평가하기

문제해결의 개별학습하기

- 교사는 독립적으로 과제 수행을 할 수 없는 아동부터 순서대로 수업한 내용을 복습할 수 있도록 지도한다. 제시된 문제와 유사한 문제를 제시하여 결과예측, 원인 · 이유, 해결방안에 대해 과제 수행할 수 있도록 지도한다.

자기평가하기([그림 2-3] 참조)

- 자기평가를 독립적으로 할 수 없는 아동은 교사와 함께 평가하도록 한다.
- 자기평가는 매 회기별로 실시하지 않고, 단원별로 한두 차례 실시하도록 한다.

전체수업

수업 정리

수업 마무리하기

개별학습과 자기평가 시간이 완료되면 수업 마무리하기

- 문제 상황에 대해 종합적으로 질문하고 설명한다.
- '도와주기 게시판'을 교실 환경판에 전시한다(다음 수업에 활용).

- 매 수업 후 교사는 개별 아동의 학업 수행력에 대한 전반적인 평가를 한다.
- 강화는 도입 부분에서 안내하였을 경우 그에 알맞게 제공하도록 한다.

학습지 1

단원	계절과 날씨	수업 주제	추운 날에는 따뜻하게	차시	7~8
				수준	상/하
월	일	요일	이름		

⇨ 하 수준의 아동은 교사/보조원과 함께 답란에 글자 대신 그림을 붙이게 한다.

밖에 눈이 내리고 있네요. 그런데 짱이가 짧은 옷을 입은 채 밖에 나가려고 해요.

❶ 다음에는 어떤 일이 일어날까요?

❷ 짱이가 추운 겨울에 짧은 옷을 입고 나가면 왜 안 될까요?

❸ 겨울철에 밖에서 안전하게 놀기 위해서는 어떻게 해야 할까요?

학습지 2

단원	계절과 날씨	수업 주제	추운 날에는 따뜻하게!	차시	7~8
				수준	중
월 일 요일			이름		

밖에 눈이 내리고 있네요. 그런데 짱이가 짧은 옷을 입은 채 밖에 나가려고 해요.

※ 다음 문제를 읽고 알맞은 답의 번호를 모두 고르세요.

❶ 얇은 옷을 입고 눈 오는 날 밖에서 논다면 어떤 일이 생길까요? (　　)

① 엄마한테 칭찬을 받을 것이다.

② 추울 것이다.

③ 더울 것이다.

❷ 얇은 옷을 입고 추운 겨울에 밖에 나가면 왜 안 될까요? (　　)

① 추워서 감기 걸리기 때문에

② 보기가 싫기 때문에

③ 모기나 벌에 물리기 때문에

❸ 추운 겨울에 밖에 나가 놀 때는 어떻게 해야 할까요?(　　)

① 장갑을 끼고 모자도 쓰고, 두꺼운 옷을 입고 나가야 해요.

② 잠깐 놀고 일찍 집에 들어가야 해요.

③ 짧고 얇은 옷을 입고 나가야 신나게 뛰어놀 수 있어요.

5단원 4회기(7~8차시)에 필요한 그림 자료

❶ PBL 그림 문제: 확대 출력하여 사용(A4 혹은 B4 확대/코팅 사용)

- 엽서 크기로 PBL 그림을 출력하여 모둠별 도와주기 게시판 좌측 혹은 우측 상단에 붙여 주어 아동이 PBL 문제를 이해하는 데 도움을 주도록 한다.
- 다음 쪽의 작은 그림은 글자를 모르는 아동용이다. 글자를 아는 아동이라도 글쓰기에 어려움을 겪는 아동을 위해 그림 자료의 아래에 글자를 써 주어도 된다.
  ㉮ 두꺼운 옷을 입어야 해요, 감기에 걸려요 등

❷ 문제해결의 하위 영역별 모둠별 '도와주기 게시판' 수행 시 혹은 개별학습지 수행 시 사용(글자를 읽고 쓰는 것에 어려움이 있는 아동용)

- 결과예측의 예

• 원인 · 이유의 예

• 해결방안의 예

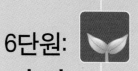

6단원: 음식과 안전

1 단원소개

이 단원에서는 음식과 안전에 관련되어 발생할 수 있는 문제 상황에 대한 대처법을 다양하게 경험하게 함으로써 아동이 자연스럽게 일상생활에서의 문제해결력을 증진시킬 수 있도록 하였다.

식당에서 다른 사람에게 피해가 가지 않도록 지켜야 하는 예의와 요리 실습시간과 가정의 부엌에서도 발생할 수 있는 여러 가지 위험상황과 예방법, 그리고 음식을 잘못 먹었을 때와 음식을 잘못 보관하였을 때 일어날 수 있는 문제 상황을 예측해 보고 이를 해결할 수 있도록 하였다.

2 차시별 수업주제 및 지도목적

단원	회기 (차시)	수업 주제	지도목적	학습자료	관련 교과
음식과 예절	21 (1~2)	식당에서는 이러면 안 돼요!	아동이 다른 사람과 함께 이용하는 곳에서 예절을 지키지 않을 때 남에게 어떤 피해를 주는지, 그리고 그런 상황에서 발생할 수 있는 위험요소는 무엇인지를 알도록 하기 위해 이 주제를 선정하였다.	여러 형태의 식당 모습의 사진 및 그림 자료, 아이들이 식당에서 뛰어다니는 모습 등의 사진	사회 과학
	22 (3~4)	요리 활동은 안전하게 해요! (1)	가정에서 부모가 없는 상황에서 아동 혼자 요리를 만들 때 발생할 수 있는 위험요소를 알고 예방할 수 있도록 하기 위해 이 주제를 선정하였다.	아동이 요리하는 모습을 담은 사진 혹은 동영상 자료, 요리 시 발생할 수 있는 여러 위험 상황을 담은 그림 혹은 사진 자료	사회 과학
	23 (5~6)	요리 활동은 안전하게 해요! (2)			
	24 (7~8)	과식은 안 돼요! 음식보관은 제대로!	좋아하는 음식을 과식했을 때 그리고 음식을 제대로 보관하지 않았을 때 생길 수 있는 여러 가지 문제 상황을 예측하고 대처할 수 있도록 하기 위해 이 주제를 선정하였다.	상해서 냄새도 날 것 같은 음식 사진 및 그림 자료	사회 과학

3 단원 및 회기별 문제

<table>
<tr><th>영 역</th><th colspan="3">내 용</th></tr>
<tr><td>단원</td><td>음식과 안전</td><td>관련교과</td><td>과학 · 사회</td></tr>
<tr><td>단원
문제</td><td colspan="3">여러 사람이 이용하는 식당에서 음식을 먹을 때와 집이나 학교에서 요리를 하면서 일어나는 일에는 어떤 것이 있을까요? 어떻게 해야 할까요?</td></tr>
<tr><td rowspan="4">회기별
문제
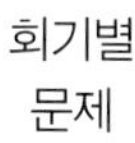</td><td colspan="2"></td><td>1 짱이와 동생이 식당에서 장난을 치고 있습니다. 그런데 옆에서 식사를 하시는 할머니께서 짱이와 동생을 보고 있습니다. 어떤 일이 일어날까요?</td></tr>
<tr><td colspan="2"></td><td>2 요리 활동 시간입니다. 다른 친구들은 선생님과 함께 밀가루 반죽을 하고 있고, 짱이는 옆쪽에서 혼자 칼을 들고 있습니다. 다음에는 어떤 일이 생길까요?</td></tr>
<tr><td colspan="2"></td><td>3 가스 불이 켜져 있고 그 위에 냄비가 펄펄 끓고 있습니다. 그런데 짱이가 맨손으로 냄비를 잡으려고 합니다. 어떤 일이 일어날까요? 어떻게 해야 하나요?</td></tr>
<tr><td colspan="2"></td><td>4 짱이가 아이스크림을 맛있게 먹고 있습니다. 짱이 주변에는 먹다 남은 아이스크림과 빵도 있습니다. 다음에는 어떤 일이 생길까요? 왜 이런 일이 생길까요?</td></tr>
</table>

1/4 1~2/8 차시	식당에서는 이러면 안 돼요!
학습목표	☑ 여러 사람이 이용하는 식당에서 지켜야 할 예절을 알 수 있다.

지도상 유의점

- 아동은 식당이나 공공장소에서 뛰어다니며 장난을 치고 소음을 유발하는 등 다른 사람에게 많은 피해를 주기도 하고, 나아가 안전사고를 일으키기도 한다. 따라서 아동이 식당이나 공공장소에서 질서와 규칙을 지키지 않았을 경우 어떤 문제 상황이 일어나며 다른 사람에게 어떤 피해를 주는지 본시 수업을 통해 배울 수 있도록 한다. 그리고 3단원 3회기의 '학교에서 위험한 장난은 안 돼요'와 관련 지어 교육하도록 한다. 또한 아파트 등의 공동주택에 사는 경우 아래층에 사는 사람들을 위해 집에서 심한 장난을 하거나 뛰지 않도록 하는 것도 함께 지도한다.
- 단원별 문제는 교사가 직접 설명하거나 비디오 자료와 같은 영상자료를 활용하도록 하고, 회기별 PBL 그림은 별첨 CD 자료의 그림을 B4 크기로 출력해 사용하거나 PPT를 활용한다.
- PBL 수업 초기(1, 2회기 동안)에는 아동이 수업 상황에 좀 더 익숙해지고, 문제해결의 방향을 잡아 가도록 교사가 더 많은 개입과 지원을 하도록 한다.
- PBL 수업은 초기에는 수업 시간이 약 80여 분이 소요되나, 아동이 숙달되면 50~60분 정도로 시간이 단축될 수도 있다.
- 40분 수업 후 반드시 쉬는 시간을 가지도록 한다.
- PBL 수업은 개별아동(개별수업)에 적용하여 40분 수업으로 활용할 수도 있다.

학습 내용 및 활동

전체수업

수업을 위한 동기유발

■■ (패스트푸드점에서 차례 지키며 줄 서서 주문하는 모습, 식당에서 조용히 앉아 식사하는 장면) 사진을 보여 주며 어떤 장면의 사진인지 이야기하기

- (사진을 보여 주며) 이 사람들은 무엇을 하고 있나요?
  - ☺ 음식을 주문하고 있어요.
  - ☺ 식당에서 음식을 먹고 있어요.
- 이 사진 속 사람들은 어때 보이나요?
  - ☺ 좋아 보여요.
  - ☺ 음식을 맛있게 먹고 있어요.
  - ☺ 편안해 보여요.

■■ 본시 수업 안내하기

- 오늘 수업에서는 여러 사람이 이용하는 식당에서 어떻게 행동해야 하는지에 대해 배운다는 것을 설명한다.

문제 제시

PBL 문제 만나기

■■ 단원 PBL 문제 안내하기

- 단원 문제: 여러 사람이 이용하는 식당에서 음식을 먹을 때와 집이나 학교에서 요리를 하면서 일어나는 일에는 어떤 것이 있을까요? 어떻게 해야 할까요?

⇨ 단원 PBL 문제는 1회기(1～2차시)에 소개한 경우에는 그다음 차시부터 생략해도 된다.

■■ 그림 자료나 PPT 자료로 PBL 문제 제시하기

• 문제내용: 짱이와 동생이 식당에서 장난을 치고 있네요. 그런데 옆에서 식사를 하시는 할머니께서 짱이와 동생을 보고 있어요. 어떤 일이 일어날까요?

문제 파악 **■■ 문제해결력의 하위 영역인 결과예측, 원인 · 이유, 해결방안으로 나누어 단계별로 아동에게 질문하기**

⇨ 초기에는 아동이 단계별 질문에 답을 못하는 경우가 있을 수 있으므로 교사가 힌트를 주도록 한다.

• 결과 예측하기: 다음에는 어떤 일이 생길까요?

☺ 짱이와 동생은 식탁에 부딪혀 넘어져요.

☺ 짱이와 동생이 서로 부딪혀 머리에 혹이 나요.

☺ 짱이와 식당의 아저씨와 부딪쳐 음식이 쏟아져요.

☺ 짱이가 엎질러서 쏟아진 뜨거운 국물에 손을 데여요.

☺ 옆의 할머니에게 짱이와 동생은 혼나요.

☺ 식당에 있는 모든 사람이 짱이와 동생을 혼내요.

☺ 짱이의 엄마와 아빠가 다른 사람에게 미안하다고 사과를 해요.

☺ 짱이가 데인 곳을 치료받아요.

☺ 짱이와 동생은 부모님께 혼나요.

☺ 식당에 있던 다른 사람이 쳐다봐요.

☺ 짱이와 동생은 식사를 하지 못하고 식당에서 쫓겨나요.

⇨ 가능한 한 교육을 위해 위험 상황인 부정적인 결과를 예측할 수 있도록 유도한다.

- 원인 · 이유 파악하기: 왜 이런 일이 생기게 되었을까요?
  - ☺ 짱이와 동생이 엄마와 아빠의 말을 듣지 않았기 때문이에요.
  - ☺ 짱이와 동생은 식당에서 예절을 지켜야 하는지 몰랐기 때문이에요.
  - ☺ 짱이와 동생은 여러 사람이 이용하는 곳에서 조용히 해야 하는지 몰랐기 때문이에요.
  - ☺ 짱이와 동생은 자신들이 시끄럽게 했을 때 다른 사람이 힘들어한다는 것을 몰랐기 때문이에요.
  - ☺ 짱이와 동생이 식당에서 시끄럽게 장난을 쳤기 때문이에요.

- 해결방안 찾기: 이런 일이 생기지 않게 하려면 어떻게 해야 할까요?
  - ☺ 짱이와 동생은 부모님과 앉아서 식사를 해야 해요.
  - ☺ 식당에서는 장난을 치면 안 돼요.
  - ☺ 다른 사람이 시끄럽다고 할 때는 '죄송하다'고 사과를 해야 해요.
  - ☺ 다른 사람도 이용하는 식당이나 공공시설에서는 조용히 해야 하고 예의를 지켜야 한다는 것을 공부해야 해요.
  - ☺ 식당 안에 놀이터가 있다면 그곳에 가서 놀아야 해요.
  - ☺ 식사가 끝나고 부모님께 허락받고 식당 밖에서 놀아야 해요. (자동차가 많은 주차장인 경우 주의)
  - ☺ 짱이와 동생이 먼저 식사를 마쳤더라도 부모님이 식사를 마칠 때까지 옆에 앉아서 기다려야 해요.

• PBL 그림 문제에 맞게 단계별로 결과예측, 원인 · 이유, 해결 방안에 대해 다시 한 번 간단히 설명하고 질문한다.

모둠 구성하기

아동 수에 따라 1~2개의 모둠 구성하기

• 학습 능력이 상중하 수준으로 골고루 섞이도록 모둠별로 아동을 골고루 배치하도록 한다.

• 한 모둠은 2~3명으로 구성한다.

⇨ 모둠은 상황에 따라 매번 바꾸지 않고 전 시간에 배치된 인원 그대로 편성해도 되고, 아동이 원하는 팀으로 구성해도 된다. 그러나 한 아동 때문에 모둠에 다툼이 잦을 때는 아동이 눈치 채지 못하도록 자연스럽게 구성원을 교체하도록 한다.

모둠별로 '도와주기 게시판' 제공하기

• 게시판은 1/2 전지를 제공하거나 아동 수가 적을 때는 B4(개별일 때는 A4) 용지를 제공해도 된다.

• 게시판의 제목인 '짱이를 도와주세요'는 아동이 원하는 이름이 있을 경우에는 변경해서 사용해도 된다.

⇨ '도와주기 게시판'은 모둠별 과제 수행을 위한 협력 학습자료로 이용됨과 동시에 개별 발표 시에도 이용되며 단원에 따라 재구성하여 사용해도 된다.

⇨ 유의점: 모둠별 협동 수업 전에 전체 아동의 수준에 따라 각 질문에 대한 간단한 단서를 제공하여 모둠별 과제 수행이 용이하게 이루어지도록 한다.

협동수업

모둠별 문제 탐색

협동적 문제 탐색 · 해결하기

모둠별 책상 정리 후 PBL 문제에 대한 문제해결의 하위 영역별로 문제를 협동으로 탐색 · 해결하기

• 아동에게 전체 수업 시간에 함께 문제해결을 했던 PBL 문제를 상기시키며 '짱이'를 도와주기 위한 결과예측, 원인 · 이유, 해결방안에 대해 '도와주기 게시판'을 완성하도록 독려한다.

• 글자를 읽고 쓰는 것에 어려움이 있는 아동은 글자 대신 '작은 그림'으로 된 답지를 제공하여 해당 칸에 오려 붙일 수 있도록 한다.

• 수업 중에 아동이 인터넷에서 '식사예절' '공공장소에서의 예절' 등의 검색어로 수집한 자료를 활용해도 된다.

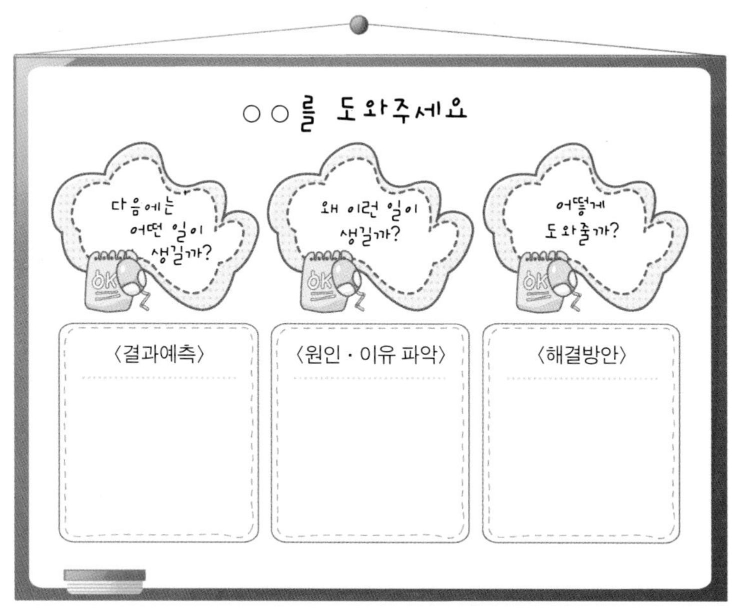
○○를 도와주세요
다음에는 어떤 일이 생길까?
왜 이런 일이 생길까?
어떻게 도와줄까?
〈결과예측〉
〈원인 · 이유 파악〉
〈해결방안〉

전체수업

발표하기

■■ 모둠별로 완성된 게시판은 앞에 붙이고 순서대로 발표하기

- 발표는 팀에서 선발하거나 원하는 아동이 할 수 있도록 한다.
- 초기에는 아동이 발표하는 데 어려움을 겪으므로 교사가 발표 시범을 보여 주도록 한다.
- 앞부분에서 많은 시간이 소요되어 발표시간이 부족할 경우에는 1～2명 아동만 발표시킨다.

⇨ 모둠별 결과 발표 시 아동이 상대방의 결과가 자기 팀과 다르다고 하여 비난하거나 놀리지 않도록 하고, 아동이 최선을 다해 과제 수행한 것을 서로 격려하도록 지도한다.

보충 학습하기

■■ 보충 설명: 모둠별 발표 후 내용이 부족할 경우 교사의 보충 설명이나 보충 자료를 제시하여 아동의 이해 돕기

- 많은 사람이 이용하는 기차, 버스, 지하철, 식당, 공원 등 기타 공공시설에서도 기본적으로 예의를 지켜야 하며, 자신이 예의에 벗어난 행동을 했을 때는 다른 사람이 고통스럽고 전체 질서가 깨져 혼란이 야기됨을 설명한다. 그리고 아파트나 기타 다른 공동주택

에 사는 경우 아래층 사람들을 위해 집에서 심한 장난을 하거나 뛰지 않도록 지도한다.

개별수업

개별학습 및 평가

개별학습 · 평가하기

문제해결의 개별학습하기

- 교사는 독립적으로 과제 수행을 할 수 없는 아동부터 순서대로 수업한 내용을 복습할 수 있도록 지도한다. 제시된 문제와 유사한 문제를 제시하여 결과예측, 원인 · 이유, 해결방안에 대해 과제 수행할 수 있도록 지도한다.

자기평가하기([그림 2-3] 참조)

- 자기평가를 독립적으로 할 수 없는 아동은 교사와 함께 평가하도록 한다.
- 자기평가는 매 회기별로 실시하지 않고, 단원별로 한두 차례 실시하도록 한다.

전체수업

수업 정리

수업 마무리하기

개별학습과 자기평가 시간이 완료되면 수업 마무리하기

- 문제 상황에 대해 종합적으로 질문하고 설명한다.
- '도와주기 게시판'을 교실 환경판에 전시한다(다음 수업에 활용).
- 매 수업 후 교사는 개별아동의 학업 수행력에 대한 전반적인 평가를 한다.
- 강화는 도입 부분에서 안내하였을 경우 그에 알맞게 제공하도록 한다.

학습지 1

단원	음식과 안전	수업 주제	식당에서는 이러면 안 돼요!	차시	1～2
				수준	상/하
월	일	요일	이름		

⇨ 하 수준의 아동은 교사/보조원과 함께 답란에 글자 대신 그림을 붙이게 한다.

짱이와 동생이 식당에서 장난을 치고 있습니다. 그런데 옆에서 식사를 하시는 할머니께서 짱이와 동생을 보고 있습니다.

❶ 다음에는 어떤 일이 일어날까요?

❷ 식당에서 왜 장난을 치면 안 될까요?

❸ 식당에서 남에게 피해를 주지 않으려면 어떻게 해야 할까요?

학습지 2

<table>
<tr><td rowspan="2">단원</td><td rowspan="2">음식과 예절</td><td rowspan="2">수업 주제</td><td rowspan="2">식당에서는 이러면 안 돼요!</td><td>차시</td><td>1~2</td></tr>
<tr><td>수준</td><td>중</td></tr>
<tr><td colspan="3">월 일 요일</td><td>이름</td><td colspan="2"></td></tr>
</table>

짱이와 동생이 식당에서 장난을 치고 있습니다. 그런데 옆에서 식사를 하시는 할머니께서 짱이와 동생을 보고 있습니다.

※ 다음 문제를 읽고 알맞은 답의 번호를 모두 고르세요.

❶ 다음에는 어떤 일이 일어날까요? (　　)

① 주위 사람에게서 칭찬을 받을 것이다.

② 어른들한테 꾸중을 들을 것이다.

③ 장난치다가 넘어져서 다칠 것이다.

❷ 식당에서 왜 장난을 치면 안 될까요? (　　)

① 남에게 피해를 주기 때문에

② 장난치다가 다칠 수 있기 때문에

③ 공부에 방해되기 때문에

❸ 식당에서 남에게 피해를 주지 않으려면 어떻게 해야 할까요? (　　)

① 식당에서는 조용히 앉아 있어야 한다.

② 다른 사람이 시끄럽다고 하면 '죄송합니다'라고 사과해야 한다.

③ 계속 장난치면서 다른 사람도 함께 놀자고 한다.

6단원 1회기(1～2차시)에 필요한 그림 자료

❶ PBL 그림 문제: 확대 출력하여 사용(A4 혹은 B4 확대/코팅 사용)

- 엽서 크기로 PBL 그림을 출력하여 모둠별 도와주기 게시판 좌측 혹은 우측 상단에 붙여 주어 아동이 PBL 문제를 이해하는 데 도움을 주도록 한다.
- 다음 쪽의 작은 그림은 글자를 모르는 아동용이다. 글자를 아는 아동이라도 글쓰기에 어려움을 겪는 아동을 위해 그림 자료의 아래에 글자를 써 주어도 된다.
  ㉾ 조용히 앉아서 식사해요. '죄송하다'고 사과해요.

❷ 문제해결의 하위 영역별 모둠별 '도와주기 게시판' 수행 시 혹은 개별학습지 수행 시 사용(글자를 읽고 쓰는 것에 어려움이 있는 아동용)

- 결과예측의 예

• 원인 · 이유의 예

• 해결방안의 예

2/4 3~4/8 차시	요리 활동은 안전하게 해요! (1)
학습목표	☑ 요리를 할 때 발생할 수 있는 위험 상황을 알고 안전하게 요리를 하는 방법을 알 수 있다.

지도상 유의점

- 장애아동의 독립생활을 위한 기능적 측면이 강조되면서 학교에서는 일상생활 훈련의 한 가지로 요리 활동을 교육활동에 포함하는 경우가 많아졌다. 이러한 요리 활동을 할 때 부주의한 행동이 자칫 큰 사고로 이어지는 경우도 발생한다. 아동은 뜨거운 요리 도구를 만지거나 물을 데우다가 끓는 물에 데기도 하고, 칼을 이용하여 음식재료나 과일 등을 자르다가 손을 베이는 등 요리 시에 크고 작은 위험 상황에 직면하게 된다. 이에 따라 요리 활동을 PBL 수업에 적용하여 아동이 요리 시 발생되는 위험 상황을 알고 대처할 수 있게 구체적인 문제 상황을 모두 가르치도록 해야 한다.

학습 내용 및 활동

전체수업

수업을 위한 동기유발

■■ 이전에 학급 학생들과 함께 했던 요리 활동 사진이나 동영상을 보여 주며 이야기하기(없는 경우 다른 요리 활동 사진을 보여 준다.)

- (사진/동영상을 보여 주며) 이 사진은 무엇을 하는 사진이에요?
  ☺ 우리가 요리를 한 사진이에요.
- 무엇을 만들었죠?
  ☺ 떡볶이요.(만들었던 요리 이름 말하기)
- 요리할 때 어땠나요?
  ☺ 좋았어요.
  ☺ 재미있었어요.

■■ 본시 수업 안내하기

• 오늘 수업에서는 요리 활동을 할 때 주의해야 할 사항과 어떻게 대처해야 할지에 대해 배운다는 것을 설명한다.

◢ 문제 제시

PBL 문제 만나기

■■ 단원 PBL 문제 안내하기

• 단원 문제: 여러 사람이 이용하는 식당에서 음식을 먹을 때와 집이나 학교에서 요리를 하면서 일어나는 일에는 어떤 것이 있을까요? 어떻게 해야 할까요?

⇨ 단원 PBL 문제는 1회기(1~2차시)에 소개한 경우에는 그다음 차시부터 생략해도 된다.

■■ 그림 자료나 PPT 자료로 PBL 문제 제시하기

• 문제내용: 요리 활동 시간입니다. 다른 친구들은 선생님과 함께 밀가루 반죽을 하고 있고, 짱이는 옆쪽에서 혼자 칼을 들고 있습니다. 다음에는 어떤 일이 생길까요?

◢ 문제 파악

■■ 문제해결력의 하위 영역인 결과예측, 원인·이유, 해결방안으로 나누어 단계별로 아동에게 질문하기

⇨ 초기에는 아동이 단계별 질문에 답을 못하는 경우가 있을 수 있으므로 교사가 힌트를 주도록 한다.

• 결과 예측하기: 다음에는 어떤 일이 생길까요?

☺ 짱이가 칼에 손을 베요.

☺ 옆쪽의 친구들이 놀라요.

☺ 짱이가 선생님께 꾸중을 들어요.

☺ 짱이가 울어요.

☺ 선생님이 짱이의 손을 치료해 줘요.

☺ 요리 활동 시간이 엉망이 돼요.

- 원인 · 이유 파악하기: 왜 이런 일이 생기게 되었을까요?
  - ☺ 선생님 몰래 칼로 음식을 자르려고 했기 때문이에요.
  - ☺ 칼을 함부로 만졌기 때문이에요.
  - ☺ 다른 친구들처럼 밀가루 반죽을 하지 않았기 때문이에요.
  - ☺ 짱이가 칼을 잘 사용할 줄 몰랐기 때문이에요.

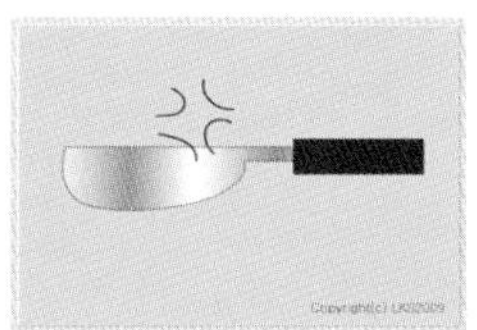

- 해결방안 찾기: 이런 일이 생기지 않게 하려면 어떻게 해야 할까요?
  - ☺ 칼을 이용할 때는 선생님의 허락을 받아야 해요.
  - ☺ 손을 베었을 때는 빨리 손가락을 누르고 선생님께 도움을 요청해야 해요.
  - ☺ 선생님이 안 계시면 친구에게 보건선생님께 연락해 달라고 부탁해야 해요.
  - ☺ 요리 시간에는 선생님이 시킨 일 외에는 하지 말아야 해요.
  - ☺ 어린이는 안전칼을 이용해야 해요.
  - ☺ 요리시간에는 다 함께 선생님이 시키는 대로 해야 해요.
  - ☺ 요리하기 전에 짱이는 선생님에게서 요리할 때 주의점을 배워야 해요.

☺ 요리시간처럼 칼이나 불 같은 위험한 도구를 사용하는 시간에는 장난치면 안 돼요.

• PBL 그림 문제에 맞게 단계별로 결과예측, 원인 · 이유, 해결 방안에 대해 다시 한 번 간단히 설명하고 질문한다.

모둠 구성하기

■■ 아동 수에 따라 1~2개의 모둠 구성하기

• 학습 능력이 상중하 수준으로 골고루 섞이도록 모둠별로 아동을 골고루 배치하도록 한다.

• 한 모둠은 2~3명으로 구성한다.

⇨ 모둠은 상황에 따라 매번 바꾸지 않고 전 시간에 배치된 인원 그대로 편성해도 되고, 아동이 원하는 팀으로 구성해도 된다. 그러나 한 아동 때문에 모둠에 다툼이 잦을 때는 아동이 눈치 채지 못하도록 자연스럽게 구성원을 교체하도록 한다.

■■ 모둠별로 '도와주기 게시판' 제공하기

• 게시판은 1/2 전지를 제공하거나 아동 수가 적을 때는 B4(개별일 때는 A4) 용지를 제공해도 된다.

• 게시판의 제목인 '짱이를 도와주세요'는 아동이 원하는 이름이 있을 경우에는 변경해서 사용해도 된다.

⇨ '도와주기 게시판'은 모둠별 과제 수행을 위한 협력 학습자료로 이용됨과 동시에 개별 발표 시에도 이용되며 단원에 따라 재구성하여 사용해도 된다.

⇨ 유의점: 모둠별 협동 수업 전에 전체 아동의 수준에 따라 각 질문에 대한 간단한 단서를 제공하여 모둠별 과제 수행이 용이하게 이루어지도록 한다.

협동수업

모둠별 문제 탐색

협동적 문제 탐색 · 해결하기

모둠별 책상 정리 후 PBL 문제에 대한 문제해결의 하위 영역별로 문제를 협동으로 탐색 · 해결하기

- 아동에게 전체 수업 시간에 함께 문제해결 했던 PBL 문제를 상기시키며 '짱이'를 도와주기 위한 결과예측, 원인 · 이유, 해결방안에 대해 '도와주기 게시판' 을 완성하도록 독려한다.
- 글자를 읽고 쓰는 것에 어려움이 있는 아동은 글자 대신 '작은 그림'으로 된 답지를 제공하여 해당 칸에 오려 붙일 수 있도록 한다.
- 수업 중에 아동이 인터넷에서 '요리하기' '요리실습' 등의 검색어로 수집한 자료를 활용해도 된다.

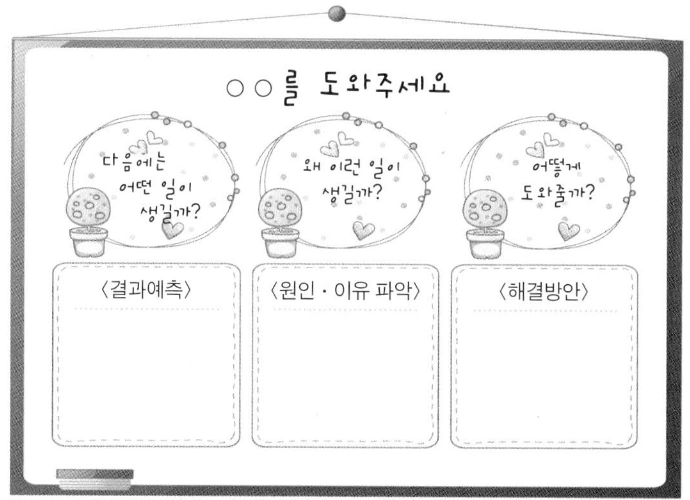
○○를 도와주세요
다음에는 어떤 일이 생길까?
왜 이런 일이 생길까?
어떻게 도와줄까?
〈결과예측〉
〈원인 · 이유 파악〉
〈해결방안〉

전체수업

발표하기

모둠별로 완성된 게시판은 앞에 붙이고 순서대로 발표하기

- 발표는 팀에서 선발하거나 원하는 아동이 할 수 있도록 한다.
- 초기에는 아동이 발표하는 데 어려움을 겪으므로 교사가 발표 시범을 보여 주도록 한다.
- 앞부분에서 많은 시간이 소요되어 발표시간이 부족할 경우에는 1~2명 아동만 발표시킨다.

⇨ 모둠별 결과 발표 시 아동이 상대방의 결과가 자기 팀과 다르다고 하여 비난하거나 놀리지 않도록 하고, 아동이 최선을 다해 과제 수행한 것을 서로 격려하도록 지도한다.

보충 학습하기

보충 설명: 모둠별 발표 후 내용이 부족할 경우 교사의 보충 설명이나 보충 자료를 제시하여 아동의 이해 돕기

- 요리는 어린이 혼자서는 절대로 하지 말 것을 당부하고, 어쩔 수 없는 경우에는 칼이나 불 사용 시 주의해야 함을 설명한다.

개별수업

개별학습 및 평가

개별학습 · 평가하기

문제해결의 개별학습하기

- 교사는 독립적으로 과제 수행을 할 수 없는 아동부터 순서대로 수업한 내용을 복습할 수 있도록 지도한다. 제시된 문제와 유사한 문제를 제시하여 결과예측, 원인 · 이유, 해결방안에 대해 과제 수행할 수 있도록 지도한다.

자기평가하기([그림 2-3] 참조)

- 자기평가를 독립적으로 할 수 없는 아동은 교사와 함께 평가하도록 한다.
- 자기평가는 매 회기별로 실시하지 않고, 단원별로 한두 차례 실시하도록 한다.

전체수업

수업 정리

수업 마무리하기

개별학습과 자기평가 시간이 완료되면 수업 마무리하기

- 문제 상황에 대해 종합적으로 질문하고 설명한다.
- '도와주기 게시판'을 교실 환경판에 전시한다(다음 수업에 활용).
- 매 수업 후 교사는 개별아동의 학업 수행력에 대한 전반적인 평가를 한다.
- 강화는 도입 부분에서 안내하였을 경우 그에 알맞게 제공하도록 한다.

학습지 1

<table>
<tr><td rowspan="2">단원</td><td rowspan="2">음식과 안전</td><td rowspan="2">수업
주제</td><td rowspan="2">요리 활동은 안전하게 해요! (1)</td><td>차시</td><td>3~4</td></tr>
<tr><td>수준</td><td>상/하</td></tr>
<tr><td colspan="4">월 일 요일</td><td>이름</td><td></td></tr>
</table>

⇨ 하 수준의 아동은 교사/보조원과 함께 답란에 글자 대신 그림을 붙이게 한다.

요리 활동 시간입니다. 다른 친구들은 선생님과 함께 밀가루 반죽을 하고 있고, 짱이는 옆쪽에서 혼자 칼을 들고 있습니다.

❶ 다음에는 어떤 일이 일어날까요?

❷ 어린이들은 왜 칼을 마음대로 만져서는 안 될까요?

❸ 안전하게 요리하려면 어떻게 해야 할까요?

학습지 2

단원	음식과 안전	수업 주제	요리 활동은 안전하게 해요! (1)	차시	3~4
				수준	중
월 일 요일		이름			

요리 활동 시간입니다. 다른 친구들은 선생님과 함께 밀가루 반죽을 하고 있고, 짱이는 옆쪽에서 혼자 칼을 들고 있습니다.

※ 다음 문제를 읽고 알맞은 답의 번호를 모두 고르세요.

❶ 다음에는 어떤 일이 일어날까요? (　　)

① 짱이가 요리를 잘해서 선생님께 칭찬을 받을 것이다.

② 짱이는 칼에 손을 벨 것이다.

③ 선생님과 친구들이 짱이의 손가락의 피를 보고 놀랄 것이다.

❷ 어린이들은 왜 혼자서 요리를 하면 안 될까요? (　　)

① 불을 사용하여 위험하기 때문에

② 요리를 잘하기 때문에

③ 칼에 손을 다칠 수 있기 때문에

❸ 안전하게 요리하려면 어떻게 해야 할까요? (　　)

① 어른과 함께 요리를 해야 해요.

② 어린이는 안전칼을 사용해서 요리해야 해요.

③ 혼자서 요리해도 위험하지 않아요.

6단원 2회기(3~4차시)에 필요한 그림 자료

❶ PBL 그림 문제: 확대 출력하여 사용(A4 혹은 B4 확대/코팅 사용)

- 엽서 크기로 PBL 그림을 출력하여 모둠별 도와주기 게시판 좌측 혹은 우측 상단에 붙여 주어 아동이 PBL 문제를 이해하는 데 도움을 주도록 한다.
- 다음 쪽의 작은 그림은 글자를 모르는 아동용이다. 글자를 아는 아동이라도 글쓰기에 어려움을 겪는 아동을 위해 그림 자료의 아래에 글자를 써 주어도 된다.
  ⓔ 안전칼을 이용해요. 어른들과 함께 요리해요.

❷ 문제해결의 하위 영역별 모둠별 '도와주기 게시판' 수행 시 혹은 개별학습지 수행 시 사용(글자를 읽고 쓰는 것에 어려움이 있는 아동용)

- 결과예측의 예

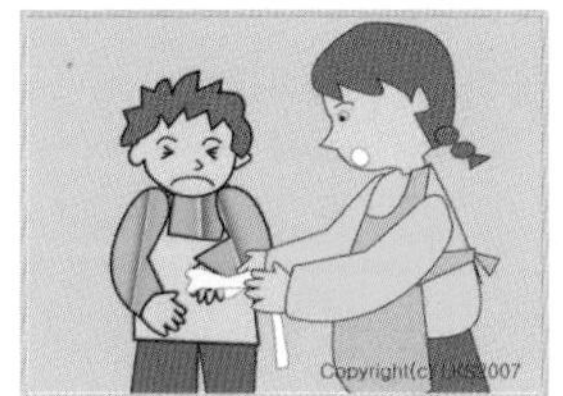

• 원인 · 이유의 예

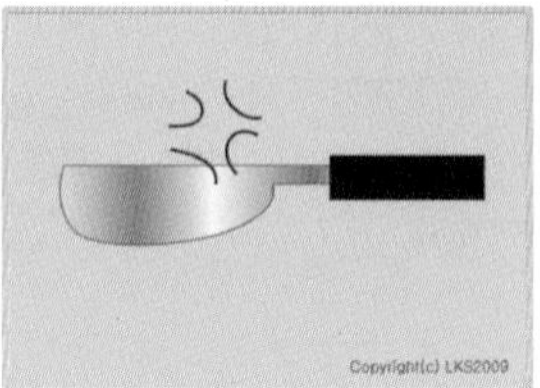

• 해결방안의 예

3 / 4 5~6/8 차시	요리 활동은 안전하게 해요! (2)
학습목표	☑ 요리를 안전하게 할 수 있는 방법을 알 수 있다.

지도상 유의점

- 가정에서 아동은 어른과 함께 혹은 혼자서 요리 활동에 참여하게 된다. 이러한 요리 활동을 할 때 부주의한 행동이 자칫 큰 사고로 이어지는 경우도 발생한다. 아동은 혼자서 라면을 끓여 먹거나 물을 데우다가 끓는 물에 데기도 하고, 칼을 이용하여 음식재료나 과일 등을 자르다가 손을 베이는 등 요리 시에 크고 작은 위험 상황에 직면하게 된다. 이에 따라 요리 활동을 PBL 수업에 적용하여 아동이 요리 시 발생되는 위험 상황을 알고 대처할 수 있게 구체적인 문제 상황을 모두 가르치도록 해야 한다. 본 회기는 7단원 '불이 났나 봐 어떻게 해요? (소방서) 편과 연계하여 지도한다.

학습 내용 및 활동

전체수업

수업을 위한 동기유발

여러 가지 음식 자료를 보여 주며 좋아하는 음식 이야기하기

- 어떤 음식을 좋아하나요?
  - ☺ 떡볶이요.
  - ☺ 피자요.
  - ☺ 김밥이요.
  - ☺ 프라이드 치킨이요.
  - ☺ 라면이요.
- 직접 만들어 먹고 싶은 음식은 어떤 건가요?
  - ☺ 피자요.

☺ 김밥이요.

☺ 어묵이요.

■■ 본시 수업 안내하기

• 오늘 수업에서는 요리 시 불을 다룰 때 일어날 수 있는 상황과 어떻게 대처해야 할지에 대해 배운다는 것을 설명한다.

문제 제시

PBL 문제 만나기

■■ 단원 PBL 문제 안내하기

• 단원 문제: 여러 사람이 이용하는 식당에서 음식을 먹을 때와 집이나 학교에서 요리를 하면서 일어나는 일에는 어떤 것이 있을까요? 어떻게 해야 할까요?

⇨ 단원 PBL 문제는 1회기(1～2차시)에 소개한 경우에는 그다음 차시부터 생략해도 된다.

■■ 그림 자료나 PPT 자료로 PBL 문제 제시하기

• 문제내용: 가스 불이 켜져 있고 그 위에 냄비가 펄펄 끓고 있네요. 그런데 짱이가 맨손으로 냄비를 잡으려고 하네요. 어떤 일이 일어날까요? 어떻게 해야 하나요?

문제 파악

■■ 문제해결력의 하위 영역인 결과예측, 원인 · 이유, 해결방안으로 나누어 단계별로 아동에게 질문하기

⇨ 초기에는 아동이 단계별 질문에 답을 못하는 경우가 있을 수 있으므로 교사가 힌트를 주도록 한다.

• 결과 예측하기: 다음에는 어떤 일이 생길까요?

☺ 짱이가 뜨거운 냄비를 손으로 들어요.

☺ 짱이는 뜨거워서 냄비를 들려다가 놓쳐요.
☺ 냄비가 엎어지면서 라면이 가스레인지에 흘러내려요.
☺ 라면 국물 때문에 짱이의 발이 데요.
☺ 가스불이 활활 타면서 옆에 있는 라면 봉지에 불이 붙어요.
☺ 짱이는 무서워서 울어요.
☺ 부엌에 불이 나요.
☺ 짱이가 부엌에 있는 소화기를 들고 불을 끄려고 해요.
☺ 옆집에서 119에 신고해요.
☺ 짱이 엄마와 아빠가 놀라요.

⇨ 가능한 한 교육을 위해 위험 상황인 부정적인 결과를 예측할 수 있도록 유도한다.

- 원인 · 이유 파악하기 : 왜 이런 일이 생기게 되었을까요?

☺ 짱이가 혼자서 라면을 끓여 먹으려고 했기 때문이에요.
☺ 짱이가 맨손으로 뜨거운 냄비를 들려고 했기 때문이에요.
☺ 짱이가 빈 라면 봉지를 가스불 옆에 두었기 때문이에요.
☺ 짱이가 냄비를 들기 전에 가스불을 끄지 않았기 때문이에요.
☺ 짱이는 요리할 때 얼마나 위험한지 교육을 받지 않았기 때문이에요.
☺ 가스불을 너무 세게 켜 놓았기 때문이에요.
☺ 가스불을 켜 놓고 잊어버렸기 때문이에요.

- 해결방안 찾기: 이런 일이 생기지 않게 하려면 어떻게 해야 할까요?(화재 관련해서는 7단원에 나오기 때문에 짧게 다루어도 된다.)
  ☺ 요리할 때는 어른, 형, 누나(언니)와 함께 해야 해요.(혼자 요리하면 안 돼요.)
  ☺ 뜨거운 냄비를 들려면 장갑이나 행주를 이용해야 해요.
  ☺ 냄비를 들기 전에 가스 불을 먼저 꺼야 해요.
  ☺ 요리를 할 때는 잘 지키고 있다가 냄비의 국물이 안 넘치도록 가스불 조절을 잘 해야 해요.
  ☺ 라면 봉지에 불이 붙었을 때는 소화기가 있다면 빨리 안전핀을 뽑고 소화기로 불을 꺼야 해요.
  ☺ 소화기가 없을 때는 불이 커지기 전에 쇠나 사기로 된 큰 그릇으로 불이 붙은 라면봉지 위에 덮어야 해요.
  ☺ 전기누전차단기를 내려야 해요.
  ☺ 집에 누가 있다면 빨리 도와 달라고 불러야 해요.
  ☺ 손발이 불이나 뜨거운 국물에 데었을 때는 차갑고 흐르는 수돗물에 손발을 식힌 후 치료를 받으러 병원으로 가야 해요.
  ☺ 불이 커질 때는 빨리 119에 화재신고를 하고, 문이나 창문을 열고 이웃 어른께 도와 달라고 소리쳐야 해요.
  ☺ 평상시에 짱이는 안전하게 요리하는 방법과 불이 났을 때 어떻게 해야 하는지 교육을 받아야 해요.
  ☺ 빨리 집에서 나와야 해요.

⇨ 아동에게 신고 행위나 소화기 사용에 앞서 우선 집에서 나와 안전하게 대피한 후 그다음 조치를 취하도록 지도한다.

- PBL 그림 문제에 맞게 단계별로 결과예측, 원인 · 이유, 해결 방안에 대해 다시 한 번 간단히 설명하고 질문한다.

모둠 구성하기

아동 수에 따라 1~2개의 모둠 구성하기

- 학습 능력이 상중하 수준으로 골고루 섞이도록 모둠별로 아동을 골고루 배치하도록 한다.
- 한 모둠은 2~3명으로 구성한다.

⇨ 모둠은 상황에 따라 매번 바꾸지 않고 전 시간에 배치된 인원 그대로 편성해도 되고, 아동이 원하는 팀으로 구성해도 된다. 그러나 한 아동 때문에 모둠에 다툼이 잦을 때는 아동이 눈치 채지 못하도록 자연스럽게 구성원을 교체하도록 한다.

모둠별로 '도와주기 게시판' 제공하기

- 게시판은 1/2 전지를 제공하거나 아동 인원이 적을 때는 B4(개별일 때는 A4) 용지를 제공해도 된다.
- 게시판의 제목인 '짱이를 도와주세요'는 아동이 원하는 이름이 있을 경우에는 변경해서 사용해도 된다.

⇨ '도와주기 게시판'은 모둠별 과제 수행을 위한 협력 학습자료로 이용됨과 동시에 개별 발표 시에도 이용되며 단원에 따라 재구성하여 사용해도 된다.

⇨ 유의점: 모둠별 협동 수업 전에 전체 아동의 수준에 따라 각 질문에 대한 간단한 단서를 제공하여 모둠별 과제 수행이 용이하게 이루어지도록 한다.

협동수업

모둠별 문제 탐색

협동적 문제 탐색 · 해결하기

모둠별 책상 정리 후 PBL 문제에 대한 문제해결의 하위 영역별로 문제를 협동으로 탐색 · 해결하기

- 아동에게 전체 수업 시간에 함께 문제해결을 했던 PBL 문제를 상기시키며 '짱이'를 도와주기 위한 결과예측, 원인 · 이유, 해결방안에 대해 '도와주기 게시판' 을 완성하도록 독려한다.
- 글자를 읽고 쓰는 것에 어려움이 있는 아동은 글자 대신 '작은 그

림'으로 된 답지를 제공하여 해당 칸에 오려 붙일 수 있도록 한다.

- 수업 중에 아동이 인터넷에서 '화재' '화재예방' '화재시 대피법' 등의 검색어로 수집한 자료를 활용해도 된다.

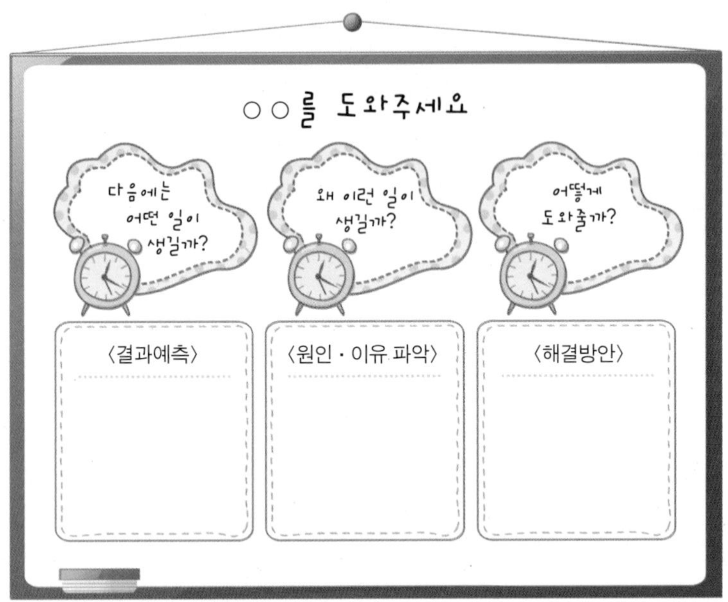
○○를 도와주세요
다음에는 어떤 일이 생길까?
왜 이런 일이 생길까?
어떻게 도와줄까?
〈결과예측〉
〈원인 · 이유 파악〉
〈해결방안〉

전체수업

발표하기

■■ **모둠별로 완성된 게시판은 앞에 붙이고 순서대로 발표하기**

- 발표는 팀에서 선발하거나 원하는 아동이 할 수 있도록 한다.
- 초기에는 아동이 발표하는 데 어려움을 겪으므로 교사가 발표 시범을 보여 주도록 한다.
- 앞부분에서 많은 시간이 소요되어 발표시간이 부족할 경우에는 1~2명 아동만 발표시킨다.

⇨ 모둠별 결과 발표 시 아동이 상대방의 결과가 자기 팀과 다르다고 하여 비난하거나 놀리지 않도록 하고, 아동이 최선을 다해 과제 수행한 것을 서로 격려하도록 지도한다.

보충 학습하기

■■ **보충 설명: 모둠별 발표 후 내용이 부족할 경우 교사의 보충 설명이나 보충 자료를 제시하여 아동의 이해 돕기**

- 요리 시 불을 사용하는 경우 어른과 함께 해야 한다는 것을 인지시키되, 불가피한 경우를 대비하여 올바른 가스 사용법과 간단한

소화기 사용법, 그리고 손발이 불이나 뜨거운 물에 데었을 때에는 차갑고 흐르는 수돗물에 식힌 다음 치료를 받으러 가야 함을 설명해 준다.

개별수업

개별학습 및 평가

개별학습 · 평가하기

문제해결의 개별학습하기

- 교사는 독립적으로 과제 수행을 할 수 없는 아동부터 순서대로 수업한 내용을 복습할 수 있도록 지도한다. 제시된 문제와 유사한 문제를 제시하여 결과예측, 원인 · 이유, 해결방안에 대해 과제 수행할 수 있도록 지도한다.

자기평가하기([그림 2-3] 참조)

- 자기평가를 독립적으로 할 수 없는 아동은 교사와 함께 평가하도록 한다.
- 자기평가는 매 회기별로 실시하지 않고, 단원별로 한두 차례 실시하도록 한다.

전체수업

수업 정리

수업 마무리하기

개별학습과 자기평가 시간이 완료되면 수업 마무리하기

- 문제 상황에 대해 종합적으로 질문하고 설명한다.
- '도와주기 게시판'을 교실 환경판에 전시한다(다음 수업에 활용).
- 매 수업 후 교사는 개별아동의 학업 수행력에 대한 전반적인 평가를 한다.
- 강화는 도입 부분에서 안내하였을 경우 그에 알맞게 제공하도록 한다.

학습지 1

단원	음식과 안전	수업 주제	요리 활동은 안전하게 해요!(2)	차시	5~6
				수준	상/하
월 일 요일			이름		

⇨ 하 수준의 아동은 교사/보조원과 함께 답란에 글자 대신 그림을 붙이게 한다.

가스 불이 훨훨 타고 있고 그 위에 냄비가 펄펄 끓고 있습니다. 그런데 짱이가 맨손으로 냄비를 잡으려고 합니다.

❶ 다음에는 어떤 일이 일어날까요?

❷ 왜 이런 일이 일어났을까요?

❸ 안전하게 요리하려면 어떻게 해야 할까요?

학습지 2

<table>
<tr><td rowspan="2">단원</td><td rowspan="2">음식과 안전</td><td rowspan="2">수업 주제</td><td rowspan="2">요리 활동은 안전하게 해요! (2)</td><td>차시</td><td>5~6</td></tr>
<tr><td>수준</td><td>중</td></tr>
<tr><td colspan="3">월 일 요일</td><td>이름</td><td colspan="2"></td></tr>
</table>

가스 불이 훨훨 타고 있고 그 위에 냄비가 펄펄 끓고 있습니다. 그런데 짱이가 맨손으로 냄비를 잡으려고 합니다.

※ 다음 문제를 읽고 알맞은 답의 번호를 모두 고르세요.

❶ 다음에는 어떤 일이 일어날까요? (　　)

① 짱이가 뜨거운 냄비를 맨손으로 잡을 것 같다.

② 짱이는 뜨거워서 냄비를 엎지를 것 같다.

③ 짱이는 뜨거운 냄비를 들어도 아무렇지도 않을 것 같다.

❷ 어린이들이 요리할 때는 왜 조심해야 할까요? (　　)

① 음식이 맛있기 때문에

② 뜨거운 냄비나 국물에 손을 델 수 있기 때문에

③ 불을 사용하므로 화재 위험이 있기 때문에

❸ 안전하게 요리하려면 어떻게 해야 할까요? (　　)

① 어른이나 형, 누나(언니)와 함께 요리를 해야 해요.

② 언제든지 혼자서 요리해도 돼요.

③ 요리할 때 조심해야 할 것을 배워야 해요.

6단원 3회기(5~6차시)에 필요한 그림 자료

❶ PBL 그림 문제: 확대 출력하여 사용(A4 혹은 B4 확대/코팅 사용)

- 엽서 크기로 PBL 그림을 출력하여 모둠별 도와주기 게시판 좌측 혹은 우측 상단에 붙여 주어 아동이 PBL 문제를 이해하는 데 도움을 주도록 한다.
- 다음 쪽의 작은 그림은 글자를 모르는 아동용이다. 글자를 아는 아동이라도 글쓰기에 어려움을 겪는 아동을 위해 그림 자료의 아래에 글자를 써 주어도 된다.
  ㉠ 냄비는 행주나 장갑을 이용해서 들어야 해요.

❷ 문제해결의 하위 영역별 모둠별 '도와주기 게시판' 수행 시 혹은 개별학습지 수행 시 사용(글자를 읽고 쓰는 것에 어려움이 있는 아동용)

- 결과예측의 예

• 원인 · 이유의 예

• 해결방안의 예

4/4 7～8/8 차시	과식은 안 돼요! 음식 보관은 제대로!
학습목표	☑ 음식을 많이 먹었을 때 일어나는 문제점을 알 수 있다. ☑ 음식의 종류에 따라 보관법이 다르다는 것을 알 수 있다.

지도상 유의점

- 아동은 자신이 좋아하는 음식이 있을 경우 과식하거나 급하게 먹어 체하는 경우가 종종 있다. 특히 장애아동 중에는 먹을 수 있는 음식과 먹을 수 없는 음식을 구별하는 것에 어려움을 겪거나 음식을 보관하는 방법, 위생 상태를 점검하는 방법 등을 알지 못해 위험한 상황에 이르게 되는 경우가 많으므로 아동에 따라서는 이러한 상황에 대해 음식 종류나 상황별로 구체적으로 지도해야 한다.
- 본시 수업은 7단원 3회기 '머리와 배가 아파요(보건소, 병원)' 편과 연계하여 지도한다.

학습 내용 및 활동

전체수업

수업을 위한 동기유발

냉동식품, 냉장식품 등 보관법이 다른 여러 가지 종류의 음식사진을 보여 주며 이야기하기

- 이(냉동식품/아이스크림) 음식은 어디에 보관해야 할까요?
  ☺ 냉동실이요.
- 아이스크림을 냉장실에 넣으면 어떻게 될까요?
  ☺ 녹아요.
  ☺ 맛이 없어져요.
- 빵이나 김밥을 더운 여름에 바깥에 오래 두면 어떻게 될까요?
  ☺ 냄새 나요.
  ☺ 상해서 못 먹어요.

- 과일을 냉동실에 넣으면 어떻게 될까요?
  ☺ 꽁꽁 얼어서 맛이 없어요.
  ☺ 너무 딱딱해서 못 먹어요.

본시 수업 안내하기

- 오늘 수업에서는 음식을 너무 많이 먹거나 잘못 보관된 음식을 먹었을 경우에 일어날 수 있는 문제와 그에 대처하는 방법에 대해 배운다는 것을 설명한다.

문제 제시

PBL 문제 만나기

단원 PBL 문제 안내하기

- 단원 문제: 여러 사람이 이용하는 식당에서 음식을 먹을 때와 집이나 학교에서 요리를 하면서 일어나는 일에는 어떤 것이 있을까요? 어떻게 해야 할까요?

⇨ 단원 PBL 문제는 1회기(1~2차시)에 소개한 경우에는 그다음 차시부터 생략해도 된다.

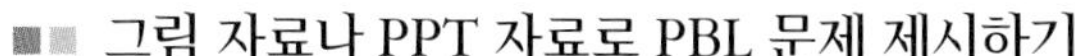

그림 자료나 PPT 자료로 PBL 문제 제시하기

- 문제내용: 짱이가 아이스크림을 맛있게 먹고 있네요. 짱이 주변에는 먹다 남은 아이스크림과 빵도 있네요. 다음에는 어떤 일이 생길까요? 왜 이런 일이 생길까요?

문제 파악

문제해결력의 하위 영역인 결과예측, 원인 · 이유, 해결방안으로 나누어 단계별로 아동에게 질문하기

⇨ 초기에는 아동이 단계별 질문에 답을 못하는 경우가 있을 수 있으므로 교사가 힌트를 주도록 한다.

- 결과 예측하기: 다음에는 어떤 일이 생길까요?
  ☺ 짱이가 간식을 너무 많이 먹어서 배가 불러서 낮잠을 자요.
  ☺ 짱이가 상한 빵도 먹어서 배가 아파요.
  ☺ 짱이 옆에 남아 있는 아이스크림이 다 녹아서 못 먹어요.
  ☺ 먹다 남은 음식 때문에 파리와 벌레가 우글대요.
  ☺ 짱이네 엄마가 짱이와 어지러진 음식을 보고 화를 내요.
  ☺ 짱이 동생이 밖에서 들어와서 먹을 간식이 없어서 울어요.
  ☺ 짱이가 어지럽힌 음식과 봉지를 청소해요.
  ☺ 너무 많이 먹어서 배가 아파요.
  ☺ 아파서 병원에 가야 해요.

⇨ 가능한 한 교육을 위해 위험 상황인 부정적인 결과를 예측할 수 있도록 유도한다.

- 원인 · 이유 파악하기: 왜 이런 일이 생기게 되었을까요?
  ☺ 짱이가 음식을 너무 많이 먹었기 때문이에요.
  ☺ 짱이가 상한 음식을 먹었기 때문이에요.
  ☺ 짱이가 음식 보관을 제대로 하지 않았기 때문이에요.
  ☺ 짱이는 상한 음식을 먹어서는 안 된다는 것을 몰랐기 때문이에요.
  ☺ 간식은 한 번에 먹을 만큼만 꺼내고, 나머지는 냉장고에 잘 보관해야 한다는 것을 몰랐기 때문이에요.
  ☺ 짱이가 욕심이 많기 때문이에요.
  ☺ 짱이가 음식이 상한 것을 모르고 먹었기 때문이에요.

- 해결방안 찾기: 이런 일이 생기지 않게 하려면 어떻게 해야 할까요? (배가 아플 때 문제해결해야 할 것은 7단원에 나오기 때문에 짧게 다루어도 된다.)

☺ 간식은 1~2개 조금만 먹어야 해요.

☺ 아이스크림은 냉동실에, 김밥과 빵과 과일은 냉장고에 빨리 넣어야 해요.

☺ 상한 음식은 음식물 쓰레기통에 버려야 해요.

☺ 배가 아플 때는 빨리 엄마에게 알리고 함부로 약을 먹어서는 안 돼요.

☺ 간식을 먹은 후에는 벌레가 생기지 않도록 깨끗이 청소를 해야 해요.

☺ 동생이나 다른 가족을 위해서 간식을 남겨 두어야 해요.

☺ 엄마가 혼낼 때는 '잘못했다'고 빌어야 해요.

☺ 짱이는 음식을 적당히 먹는 연습을 해야 해요.(비만 방지, 건강을 위해서)

☺ 음식 종류와 날씨에 따라 음식을 어떻게 보관해야 하는지 엄마에게 배워야 해요.

☺ 음식은 한 번에 먹을 만큼만 꺼내서 먹어야 해요.

☺ 먹기 전에 음식이 상했는지 확인해야 해요.

• PBL 그림 문제에 맞게 단계별로 결과예측, 원인 · 이유, 해결 방안에 대해 다시 한 번 간단히 설명하고 질문한다.

모둠 구성하기

■■ 아동 수에 따라 1~2개의 모둠 구성하기

• 학습 능력이 상중하 수준으로 골고루 섞이도록 모둠별로 아동을 골고루 배치하도록 한다.

• 한 모둠은 2~3명으로 구성한다.

⇨ 모둠은 상황에 따라 매번 바꾸지 않고 전 시간에 배치된 인원 그대로 편성해도 되고, 아동이 원하는 팀으로 구성해도 된다. 그러나 한 아동 때문에 모둠에 다툼이 잦을 때는 아동이 눈치 채지 못하도록 자연스럽게 구성원을 교체하도록 한다.

■■ 모둠별로 '도와주기 게시판' 제공하기

• 게시판은 1/2 전지를 제공하거나 아동 인원이 적을 때는 B4(개별일 때는 A4) 용지를 제공해도 된다.

• 게시판의 제목인 '짱이를 도와주세요'는 아동이 원하는 이름이 있을 경우에는 변경해서 사용해도 된다.

⇨ '도와주기 게시판'은 모둠별 과제 수행을 위한 협력 학습자료로 이용됨과 동시에 개별 발표 시에도 이용되며 단원에 따라 재구성하여 사용해도 된다.

⇨ 유의점: 모둠별 협동 수업 전에 전체 아동의 수준에 따라 각 질문에 대한 간단한 단서를 제공하여 모둠별 과제 수행이 용이하게 이루어지도록 한다.

협동수업

모둠별 문제 탐색

협동적 문제 탐색 · 해결하기

■■ 모둠별 책상 정리 후 PBL 문제에 대한 문제해결의 하위 영역별로 문제를 협동으로 탐색 · 해결하기

• 아동에게 전체 수업 시간에 함께 문제해결을 했던 PBL 문제를 상기시키며 '짱이'를 도와주기 위한 결과예측, 원인 · 이유, 해결방안에 대해 '도와주기 게시판' 을 완성하도록 독려한다.

• 글자를 읽고 쓰는 것에 어려움이 있는 아동은 글자 대신 '작은 그

림'으로 된 답지를 제공하여 해당 칸에 오려 붙일 수 있도록 한다.

- 수업 중에 아동이 인터넷에서 '음식보관법' '배탈'등의 검색어로 수집한 자료를 활용해도 된다.

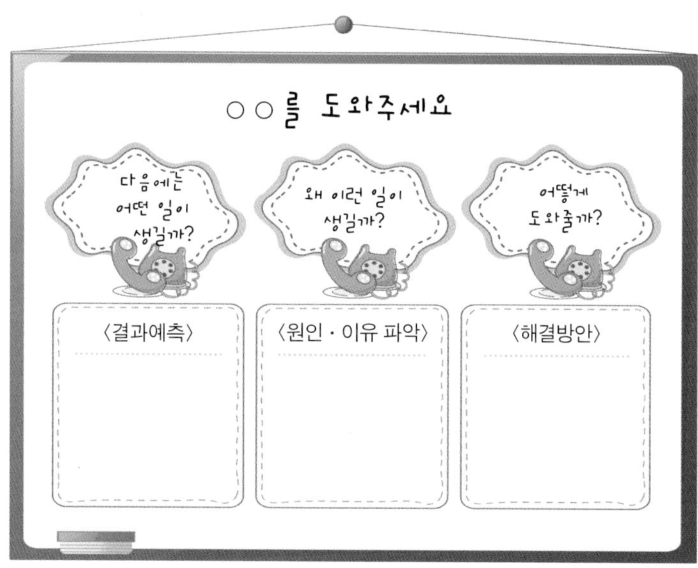
○○를 도와주세요
다음에는 어떤 일이 생길까?
왜 이런 일이 생길까?
어떻게 도와줄까?
〈결과예측〉
〈원인 · 이유 파악〉
〈해결방안〉

전체수업

발표하기

■■ **모둠별로 완성된 게시판은 앞에 붙이고 순서대로 발표하기**

- 발표는 팀에서 선발하거나 원하는 아동이 할 수 있도록 한다.
- 초기에는 아동이 발표하는 데 어려움을 겪으므로 교사가 발표 시범을 보여 주도록 한다.
- 앞부분에서 많은 시간이 소요되어 발표시간이 부족할 경우에는 1~2명 아동만 발표시킨다.

⇨ 모둠별 결과 발표 시 아동이 상대방의 결과가 자기들의 팀과 다르다고 하여 비난하거나 놀리지 않도록 하고, 아동이 최선을 다해 과제 수행한 것을 서로 격려하도록 지도한다.

보충 학습하기

■■ **보충 설명: 모둠별 발표 후 내용이 부족할 경우 교사의 보충 설명이나 보충 자료를 제시하여 아동의 이해 돕기**

- 과식을 했을 때 일어나는 문제점과 음식별 보관하는 방법에 대해 자료를 제시하며 보충설명을 하도록 한다.

- 음식에 종류에 따라 상했을 때 나타나는 현상에 대해 사진자료와 함께 구체적으로 설명을 하고(예, 시각, 후각, 미각), 상한 음식은 절대로 먹어서는 안 됨을 지도한다.

개별수업

개별학습 및 평가

개별학습 · 평가하기

문제해결의 개별학습하기

- 교사는 독립적으로 과제 수행을 할 수 없는 아동부터 순서대로 수업한 내용을 복습할 수 있도록 지도한다. 제시된 문제와 유사한 문제를 제시하여 결과예측, 원인 · 이유, 해결방안에 대해 과제 수행할 수 있도록 지도한다.

자기평가하기([그림 2-3] 참조)

- 자기평가를 독립적으로 할 수 없는 아동은 교사와 함께 평가하도록 한다.
- 자기평가는 매 회기별로 실시하지 않고, 단원별로 한두 차례 실시하도록 한다.

전체수업

수업 정리

수업 마무리하기

개별학습과 자기평가 시간이 완료되면 수업 마무리하기

- 문제 상황에 대해 종합적으로 질문하고 설명한다.
- '도와주기 게시판'을 교실 환경판에 전시한다(다음 수업에 활용).
- 매 수업 후 교사는 개별아동의 학업 수행력에 대한 전반적인 평가를 한다.
- 강화는 도입 부분에서 안내하였을 경우 그에 알맞게 제공하도록 한다.

학습지 1

단원	음식과 안전	수업 주제	과식은 안 돼요! 음식 보관은 제대로!	차시	7~8
				수준	상/하
월 일 요일			이름		

⇨ 하 수준의 아동은 교사/보조원과 함께 답란에 글자 대신 그림을 붙이게 한다.

짱이가 아이스크림을 맛있게 먹고 있습니다. 짱이 주변에는 먹다 남은 아이스크림과 빵도 있습니다.

❶ 다음에는 어떤 일이 일어날까요?

❷ 상한 음식은 왜 먹지 않아야 할까요?

❸ 음식을 상하지 않게 하려면 어떻게 해야 할까요?

학습지 2

단원	음식과 안전	수업 주제	과식은 안 돼요! 음식 보관은 제대로!	차시	7~8
				수준	중
월 일 요일			이름		

짱이가 아이스크림을 맛있게 먹고 있습니다. 짱이 주변에는 먹다 남은 아이스크림과 빵도 있습니다.

※ 다음 문제를 읽고 알맞은 답의 번호를 모두 고르세요.

❶ 다음에는 어떤 일이 일어날까요? (　　)

① 간식을 너무 많이 그리고 상한 음식을 먹어서 배탈이 난다.
② 어지럽혀진 음식 위로 벌레가 우글거릴 것이다.
③ 상한 음식을 먹거나 간식을 많이 먹어도 배탈이 절대 안 난다.

❷ 과식을 하거나 상한 음식은 왜 먹지 않아야 하나요? (　　)

① 배탈이 나서 병원 치료를 받아야 하기 때문에
② 몸이 건강해지기 때문에
③ 혼자서 너무 많은 음식을 먹으면 다른 사람이 먹을 것이 없기 때문에

❸ 음식을 상하지 않게 하려면 어떻게 해야 할까요? (　　)

① 무조건 냉장고에 오래 둔다.
② 음식 종류에 따라서 냉동실, 냉장실, 실온(냉장고 밖)에 보관하는 방법을 배운다.

6단원 4회기(7~8차시)에 필요한 그림 자료

❶ PBL 그림 문제: 확대 출력하여 사용(A4 혹은 B4 확대/코팅 사용)

- 엽서 크기로 PBL 그림을 출력하여 모둠별 도와주기 게시판 좌측 혹은 우측 상단에 붙여 주어 아동이 PBL 문제를 이해하는 데 도움을 주도록 한다.
- 다음 쪽의 작은 그림은 글자를 모르는 아동용이다. 글자를 아는 아동이라도 글쓰기에 어려움을 겪는 아동을 위해 그림 자료의 아래에 글자를 써 주어도 된다.
  ㉠ 음식 종류에 따라 보관법이 달라야 해요.

❷ 문제해결의 하위 영역별 모둠별 '도와주기 게시판' 수행 시 혹은 개별학습지 수행 시 사용(글자를 읽고 쓰는 것에 어려움이 있는 아동용)

- 결과예측의 예

• 원인 · 이유의 예

• 해결방안의 예

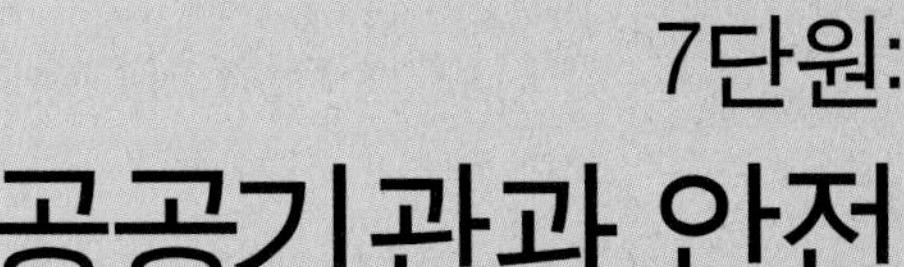

7단원: 공공기관과 안전

1 단원소개

이 단원의 목적은 PBL 수업에 공공기관의 역할과 기능을 적용하여, 실제로 아동이 집에 화재가 났을 때, 도둑을 만나게 되었을 때 또는 본인이나 동생이 갑자기 아플 때 등의 문제 상황에서 당황하지 않고 침착하게 문제를 해결하는 방법을 익히게 하는 데 있다.

2 차시별 수업주제 및 지도목적

단원	회기 (차시)	수업 주제	지도목적	학습자료	관련 교과
공공 기관과 안전	25 (1~2)	불이 났어요!	아동이 평소 화재나 다른 위험 상황에 노출되지 않도록 예방하는 목적과 아울러 본인이나 다른 사람이 위험에 처했을 때 신속히 119 신고를 할 수 있도록 하기 위해 이 주제를 선정하였다. 이때 아동이 장난전화를 하지 않도록 주의시켜야 한다.	소방서, 119구급대, 소방관의 화재 진압 관련 사진 자료 등	사회
	26 (3~4)	집에 도둑이 들어왔어요!	아동이 혼자 있거나 외출해서 돌아와 도둑과 마주쳤을 때 취할 수 있는 다양한 방법을 학습하도록 하기 위해 이 주제를 선정하였다.	경찰서, 경찰관, 도둑을 진압하는 경찰관 모습 등을 담은 사진 자료	사회
	27 (5~6)	머리와 배가 아파요!	아동이 갑자기 아프거나 주위 사람이 아플 때 어떻게 해야 하는지 배울 수 있도록 하기 위해 이 주제를 선정하였다. 특히 각종 유행성 전염병에 대한 위험성과 예방법을 학습할 수 있도록 계획하였으며, 보건소와 병원의 역할 및 기능에 대해 설명하였다.	병원, 약국, 보건소 관련 사진 자료 등	사회
	28 (7~8)	택배가 잘못 왔어요!	요즘 우리 생활의 필수요소가 된 택배 이용 방법과 잘못된 택배 처리 방법 등을 설명하고 우체국의 역할을 배우도록 하기 위해 이 주제를 선정하였다.	우체국 및 택배 관련 사진 자료	사회

3 단원 및 회기별 문제

영 역	내 용		
단원	공공기관과 안전	관련교과	사회
단원 문제	우리 주변에 있는 소방서, 경찰서, 보건소나 병원, 그리고 우체국 등 공공기관이 우리의 재산과 생명을 보호해 주고, 우리를 편안하게 지낼 수 있도록 해 줍니다. 이러한 공공기관을 어떻게 이용해야 할까요? 어떨 때 이용해야 할까요?		
회기별 문제		1 짱이가 동생과 놀고 있는데, 문틈에서 검은 연기가 피어나고 있습니다. 짱이는 어떻게 해야 할까요? 왜 이런 일이 생겼을까요?	
		2 짱이가 학교에서 돌아와 집으로 들어서는 순간 방 안에서 무언가를 찾고 있는 낯선 사람의 뒷모습이 보였습니다. 이 사람은 누굴까요? 짱이는 어떻게 해야 할까요?	
	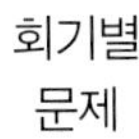 	3 짱이의 동생이 갑자기 머리와 배를 잡고 고통스러워합니다. 왜 그럴까요? 짱이는 어떻게 해야 할까요?	
		4 짱이가 우체부 아저씨에게서 택배물건을 받았습니다. 그런데 짱이는 고개를 갸우뚱거리하고 있습니다. 무슨 일이 생긴 걸까요? 다음에는 어떻게 해야 할까요?	

1/4 1～2/8 차시	불이 났어요!
학습목표	☑ 화재를 예방할 수 있는 방법을 알고 생활 속에서 실천할 수 있다. ☑ 화재 발생시 대처 방법을 말할 수 있다.

지도상 유의점

- 본시에서는 공공기관 중 소방서의 역할과 기능을 다루게 된다. 아동이 수업을 통해 소방서로 장난전화를 하는 상황이 일어나지 않도록 철저한 예방 교육이 이루어져야 할 것이다. 6단원 '요리 활동은 안전하게 해요!(2)'와 연계 지도한다.
- 단원별 문제는 교사가 직접 설명하거나 비디오 자료와 같은 영상 자료를 활용하도록 하고, 회기별 PBL 그림은 별첨 CD 자료의 그림을 B4 크기로 출력해 사용하거나 PPT를 활용한다.
- PBL 수업 초기(1, 2회기 동안)에는 아동이 수업 상황에 좀 더 익숙해지고, 문제해결의 방향을 잡아 가도록 교사가 더 많은 개입과 지원을 하도록 한다.
- PBL 수업은 초기에는 수업 시간이 약 80여 분이 소요되나, 아동이 숙달되면 50～60분 정도로 시간이 단축될 수도 있다.
- 40분 수업 후 반드시 쉬는 시간을 가지도록 한다.
- PBL 수업은 개별아동(개별수업)에 적용하여 40분 수업으로 활용할 수도 있다.

학습 내용 및 활동

전체수업 | 수업을 위한 동기유발 |

■■ 소방관과 119 구급대원의 사진을 제시하며 어떤 일을 하는 사람인지 이야기하기

- (사진을 보여 주며) 이분들은 누구일까요?

☺ 소방관 아저씨예요.

☺ 119 아저씨예요.

- 소방관 아저씨는 무슨 일을 하시는 분이에요?

☺ 불을 꺼요.

☺ 아픈 사람을 병원으로 데려다 줘요.

☺ 물에 빠진 사람을 구해 줘요.

본시 수업 안내하기

- 오늘 수업에서는 불이 났을 때 어떻게 대처해야 하는지에 대해 배운다는 것을 설명한다.

문제 제시

PBL 문제 만나기

단원 PBL 문제 안내하기

- 단원 문제: 우리 주변에 있는 소방서, 경찰서, 보건소나 병원, 그리고 우체국 등 공공기관이 우리의 재산과 생명을 보호해 주고, 우리를 편안하게 지낼 수 있도록 해 줍니다. 이러한 공공기관을 어떻게 이용해야 할까요? 어떨 때 이용해야 할까요?

⇨ 단원 PBL 문제는 1회기(1～2차시)에 소개한 경우에는 그다음 차시부터 생략해도 된다.

그림 자료나 PPT 자료로 PBL 문제 제시하기

- 문제내용: 짱이가 동생과 놀고 있는데, 문틈에서 검은 연기가 피어나고 있습니다. 짱이는 어떻게 해야 할까요? 왜 이런 일이 생겼을까요?

◪ 문제 파악

■■ 문제해결력의 하위 영역인 결과예측, 원인 · 이유, 해결방안으로 나누어 단계별로 아동에게 질문하기

⇨ 초기에는 아동이 단계별 질문에 답을 못하는 경우가 있을 수 있으므로 교사가 힌트를 주도록 한다.

- 결과 예측하기: 다음에는 어떤 일이 생길까요?
  - ☺ 불이 더 활활 타올라요.
  - ☺ 짱이와 동생이 연기 때문에 기침을 해요.
  - ☺ 짱이가 119로 화재 신고해요.
  - ☺ 짱이 동생이 무서워서 울어요.
  - ☺ 119 소방관 아저씨들이 불을 끄러 와요.
  - ☺ 짱이의 엄마와 아빠가 놀라서 달려와요.
  - ☺ 불 때문에 많은 사람이 몰려와요.
  - ☺ 짱이가 불에 데서(화상을 입어서) 병원에 가요.
  - ☺ 불을 보고 짱이가 놀라서 울어요.
  - ☺ 짱이가 동생을 보호하려고 안아요.
  - ☺ 짱이가 불을 피해 탈출하려고 해요.
  - ☺ 문이 타서 불이 짱이 가까이에 와요.
  - ☺ 아파트에서 화재 대피 방송이 나와요.

⇨ 가능한 한 교육을 위해 위험 상황인 부정적인 결과를 예측할 수 있도록 유도한다.

- 원인 · 이유 파악하기: 왜 이런 일이 생기게 되었을까요?
  - ☺ 짱이가 동생과 라면을 끓여 먹고 가스불을 끄지 않았기 때문이에요.
  - ☺ 전기코드가 오래되어서 누전으로 불이 났기 때문이에요.

☺ 아래층에서 불이 나서 짱이네 집까지 불이 났기 때문이에요.

☺ 위층에서 어른이 버린 담배꽁초가 짱이네 집으로 날아 들어와서 종이에 불이 붙었기 때문이에요.

☺ 어떤 사람이 불장난을 했기 때문이에요.

- 해결방안 찾기: 이런 일이 생기지 않게 하려면 어떻게 해야 할까요?

☺ 짱이는 빨리 119에 신고를 해야 해요.

☺ 집에 있는 전기누전차단기(빨간색 혹은 녹색)를 빨리 내려서 더 큰 불이 나지 않도록 해야 해요.

☺ 가스 안전밸브도 모두 잠가야 해요.

☺ 수건 2개를 물에 적셔서 동생과 짱이가 각각 코와 입에 대고 대피해야 해요.

☺ 짱이와 동생은 연기가 들어오는 문을 만지거나 열어서는 안 돼요.

☺ 짱이와 동생은 아래층에 불이 난 것이 아니라면 현관문으로 빨리 도망가야 해요.

☺ 현관문으로 도망을 갈 수 없다면 베란다 쪽으로 나가서 거실 문은 닫고 119 아저씨들이 올 때까지 기다려야 해요.

☺ 부모님께 빨리 전화해서 화재 소식을 전해야 해요.

☺ 불이 안 나도록 항상 가스밸브를 잘 잠가야 해요.

☺ 사용하지 않는 전기코드의 플러그는 빼야 해요.

☺ 어른들은 담배 꽁초를 함부로 버려서는 안 돼요

☺ 짱이가 소화기를 사용할 수 있도록 교육받아야 해요.

☺ 짱이와 동생은 빨리 집 밖으로 대피해야 해요.

• PBL 그림 문제에 맞게 단계별로 결과예측, 원인 · 이유, 해결 방안에 대해 다시 한 번 간단히 설명하고 질문한다.

모둠 구성하기

■■ **아동 수에 따라 1~2개의 모둠 구성하기**

• 학습 능력이 상중하 수준으로 골고루 섞이도록 모둠별로 아동을 골고루 배치하도록 한다.

• 한 모둠은 2~3명으로 구성한다.

⇨ 모둠은 상황에 따라 매번 바꾸지 않고 전 시간에 배치된 인원 그대로 편성해도 되고, 아동이 원하는 팀으로 구성해도 된다. 그러나 한 아동 때문에 모둠에 다툼이 잦을 때는 아동이 눈치 채지 못하도록 자연스럽게 구성원을 교체하도록 한다.

■■ **모둠별로 '도와주기 게시판' 제공하기**

• 게시판은 1/2 전지를 제공하거나 아동 수가 적을 때는 B4(개별일 때는 A4) 용지를 제공해도 된다.

• 게시판의 제목인 '짱이를 도와주세요'는 아동이 원하는 이름이 있을 경우에는 변경해서 사용해도 된다.

⇨ '도와주기 게시판'은 모둠별 과제 수행을 위한 협력 학습자료로 이용됨과 동시에 개별 발표 시에도 이용되며 단원에 따라 재구성하여 사용해도 된다.

⇨ 유의점: 모둠별 협동 수업 전에 전체 아동의 수준에 따라 각 질문에 대한 간단한 단서를 제공하여 모둠별 과제 수행이 용이하게 이루어지도록 한다.

협동수업

모둠별 문제 탐색

협동적 문제 탐색 · 해결하기

■■ **모둠별 책상 정리 후 PBL 문제에 대한 문제해결의 하위 영역별로 문제를 협동으로 탐색 · 해결하기**

- 아동에게 전체 수업 시간에 함께 문제해결 했던 PBL 문제를 상기시키며 '짱이'를 도와주기 위한 결과예측, 원인 · 이유, 해결방안에 대해 '도와주기 게시판'을 완성하도록 독려한다.
- 글자를 읽고 쓰는 것에 어려움이 있는 아동은 글자 대신 '작은 그림'으로 된 답지를 제공하여 해당 칸에 오려 붙일 수 있도록 한다.
- 수업 중에 아동이 인터넷에서 '화재나 소방서 혹은 119' 관련 검색어로 수집한 자료를 활용해도 된다.

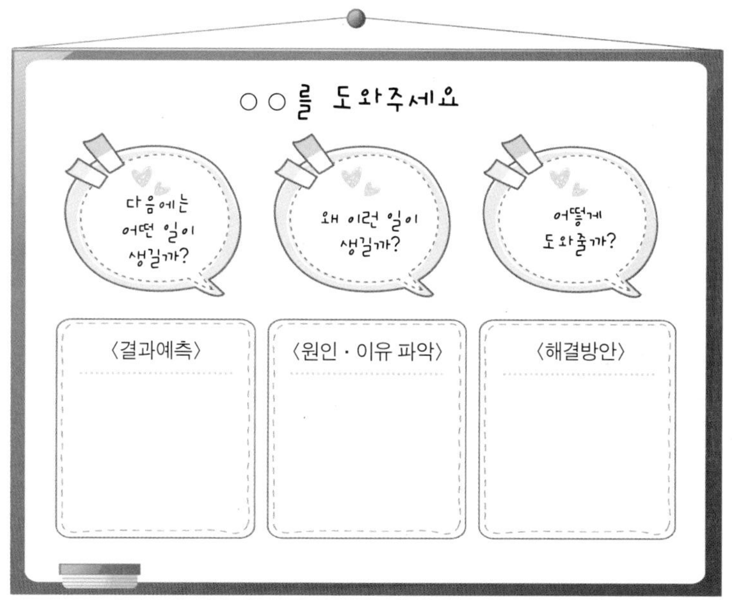
○○를 도와주세요
다음에는 어떤 일이 생길까?
왜 이런 일이 생길까?
어떻게 도와줄까?
〈결과예측〉
〈원인 · 이유 파악〉
〈해결방안〉

전체수업

발표하기

■■ 모둠별로 완성된 게시판은 앞에 붙이고 순서대로 발표하기

- 발표는 팀에서 선발하거나 원하는 아동이 할 수 있도록 한다.
- 초기에는 아동이 발표하는 데 어려움을 겪으므로 교사가 발표 시범을 보여 주도록 한다.
- 앞부분에서 많은 시간이 소요되어 발표시간이 부족할 경우에는 1~2명 아동만 발표시킨다.

⇨ 모둠별 결과 발표 시 아동이 상대방의 결과가 자기 팀과 다르다고 하여 비난하거나 놀리지 않도록 하고, 아동이 최선을 다해 과제 수행한 것을 서로 격려하도록 지도한다.

보충 학습하기

■■ **보충 설명: 모둠별 발표 후 내용이 부족할 경우 교사의 보충 설명이나 보충 자료를 제시하여 아동의 이해 돕기**

• 화재 시에는 재빨리 119에 신고해야 하고, 소방차가 불을 끄러 올 때까지는 함부로 불을 끄려고 하지 말아야 한다는 사실과 장난으로 119에 전화하면 안 된다는 사실을 지도해야 한다. 그리고 작은 불은 집에 비치된 소화기로 끌 수 있지만 심한 화재의 경우에는 안전을 위해 젖은 수건으로 입을 막거나 코를 막는 등의 교육을 한다. 제일 중요한 것은 화재가 일어나지 않도록 예방교육이 철저히 이루어지도록 하는 것이며, 아울러 화재 시 밖으로 대피하는 방법도 철저히 지도해야 한다.

개별수업

◪ 개별학습 및 평가

개별학습 · 평가하기

■■ **문제해결의 개별학습하기**

• 교사는 독립적으로 과제 수행을 할 수 없는 아동부터 순서대로 수업한 내용을 복습할 수 있도록 지도한다. 제시된 문제와 유사한 문제를 제시하여 결과예측, 원인 · 이유, 해결방안에 대해 과제 수행할 수 있도록 지도한다.

■■ **자기평가하기**([그림 2-3] 참조)

• 자기평가를 독립적으로 할 수 없는 아동은 교사와 함께 평가하도록 한다.

• 자기평가는 매 회기별로 실시하지 않고, 단원별로 한두 차례 실시하도록 한다.

전체수업

◪ 수업 정리

수업 마무리하기

■■ **개별학습과 자기평가 시간이 완료되면 수업 마무리하기**

• 문제 상황에 대해 종합적으로 질문하고 설명한다.

- '도와주기 게시판'을 교실 환경판에 전시한다(다음 수업에 활용).
- 매 수업 후 교사는 개별 아동의 학업 수행력에 대한 전반적인 평가를 한다.
- 강화는 도입 부분에서 안내하였을 경우 그에 알맞게 제공하도록 한다.

학습지 1

<table>
<tr><td rowspan="2">단원</td><td rowspan="2">공공기관과
안전</td><td rowspan="2">수업
주제</td><td rowspan="2">불이 났어요!</td><td>차시</td><td>1~2</td></tr>
<tr><td>수준</td><td>상/하</td></tr>
<tr><td colspan="4">월　　일　　요일</td><td>이름</td><td></td></tr>
</table>

⇨ 하 수준의 아동은 교사/보조원과 함께 답란에 글자 대신 그림을 붙이게 한다.

짱이가 동생과 놀고 있는데, 문틈에서 검은 연기가 피어나고 있습니다.

❶ 다음에는 어떤 일이 일어날까요?

❷ 어떨 때 불(화재)이 나기 쉬울까요?

❸ 불(화재)이 나지 않게 하려면 어떻게 해야 할까요?

학습지 2

단원	공공기관과 안전	수업 주제	불이 났어요!	차시	1~2
				수준	중
월 일 요일			이름		

짱이가 동생과 놀고 있는데, 문틈에서 검은 연기가 피어나고 있습니다.

※ 다음 문제를 읽고 알맞은 답의 번호를 모두 고르세요.

❶ 다음에는 어떤 일이 일어날까요? (　　)

① 연기가 나도 동생과 계속 놀고 있을 것이다.

② 놀라서 119로 전화해서 불이 났다고 신고할 것이다.

③ 더 큰 불이 나지 않게 하기 위해 누전차단기를 내릴 것이다.

❷ 어떨 때 불(화재)이 나기 쉬울까요? (　　)

① 전기콘센트에 전기플러그를 많이 꽂아 사용할 때

② 부엌에 가스레인지를 사용한 후 가스 밸브를 잠그지 않았을 때

③ 가스 밸브를 잘 잠갔을 때

❸ 불(화재)이 나지 않게 하려면 어떻게 해야 할까요? (　　)

① 어린이는 불장난을 하지 않아야 해요.

② 어른은 아무 데나 담뱃불을 버려도 돼요.

③ 하나의 콘센트에 여러 개의 전기코드를 꽂지 않아야 해요.

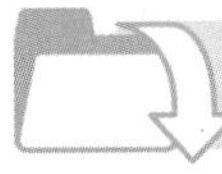

7단원 1회기(1~2차시)에 필요한 그림 자료

❶ PBL 그림 문제: 확대 출력하여 사용(A4 혹은 B4 확대/코팅 사용)

- 엽서 크기로 PBL 그림을 출력하여 모둠별 도와주기 게시판 좌측 혹은 우측 상단에 붙여 주어 아동이 PBL 문제를 이해하는 데 도움을 주도록 한다.
- 다음 쪽의 작은 그림은 글자를 모르는 아동용이다. 글자를 아는 아동이라도 글쓰기에 어려움을 겪는 아동을 위해 그림 자료의 아래에 글자를 써 주어도 된다.
  ㉠ 119에 신고를 해야 해요. 가스불의 중간밸브를 잘 잠가야 해요.

❷ 문제해결의 하위 영역별 모둠별 '도와주기 게시판' 수행 시 혹은 개별학습지 수행 시 사용(글자를 읽고 쓰는 것에 어려움이 있는 아동용)

- 결과예측의 예

• 원인 · 이유의 예

• 해결방안의 예

2/4 3～4/8 차시	집에 도둑이 들어왔어요!
학습목표	☑ 집에 강도나 도둑이 드는 것을 예방하기 위한 방법을 실천할 수 있다. ☑ 집에 도둑이 들었을 때 어떻게 해야 하는지 말할 수 있다.

지도상 유의점

• 본시에서는 아동이 도둑과 마주치게 되었을 때 어떻게 해야 하는지 그리고 도둑이 집에 들어오지 못하게 하기 위한 예방법에는 어떤 것이 있는지 다양한 방법을 배울 수 있도록 하였다. 그러나 실제 도둑과 아동이 직접 대면하게 되었을 때 잘못 대처하게 되면 아동이 위험 상황에 놓이게 되므로 아동의 수준과 특성에 맞게 대처 방법을 다르게 지도하도록 한다.

학습 내용 및 활동

전체수업

수업을 위한 동기유발

경찰서는 우리에게 어떤 일을 해 주는지 이야기하기

• (사진을 보여 주며) 이곳은 어디일까요?

☺ 경찰서예요

• 경찰서에서 일하는 사람을 어떻게 부르나요?

☺ 경찰관 아저씨요

☺ 순경 아저씨요.

• 경찰관 아저씨는 어떤 일을 하나요?

☺ 도둑을 잡아요.

☺ 나쁜 사람을 잡아요.

본시 수업 안내하기

• 오늘 수업에서는 집에 도둑이 들어왔을 때 어떻게 대처해야 하는지에 대해 배운다는 것을 설명한다.

◪ 문제 제시

PBL 문제 만나기

■■ 단원 PBL 문제 안내하기

• 단원 문제: 우리 주변에 있는 소방서, 경찰서, 보건소나 병원, 그리고 우체국 등 공공기관이 우리의 재산과 생명을 보호해 주고, 우리를 편안하게 지낼 수 있도록 해 줍니다. 이러한 공공기관을 어떻게 이용해야 할까요? 어떨 때 이용해야 할까요?

⇨ 단원 PBL 문제는 1회기(1~2차시)에 소개한 경우에는 그다음 차시부터 생략해도 된다.

■■ 그림 자료나 PPT 자료로 PBL 문제 제시하기

• 문제내용: 짱이가 학교에서 돌아와 집으로 들어서는 순간 방 안에서 무언가를 찾고 있는 낯선 사람의 뒷모습이 보였어요. 이 사람은 누굴까요? 짱이는 어떻게 해야 할까요?

◪ 문제 파악

■■ 문제해결력의 하위 영역인 결과예측, 원인 · 이유, 해결방안으로 나누어 단계별로 아동에게 질문하기

⇨ 초기에는 아동이 단계별 질문에 답을 못하는 경우가 있을 수 있으므로 교사가 힌트를 주도록 한다.

• 결과 예측하기: 다음에는 어떤 일이 생길까요?

☺ 도둑이 짱이를 보고 도망가요.

☺ 도둑이 짱이를 붙들어요.

☺ 짱이가 도둑 몰래 경찰서로 전화를 해요(112).

☺ 짱이는 몰래 다시 집 밖으로 나와요.

☺ 짱이가 도둑이라고 소리를 질러요.

☺ 짱이의 고함 소리를 듣고 옆집 사람들이 달려와요.

☺ 경찰 아저씨가 도망가는 도둑을 잡아요.

☺ 짱이 부모님이 집으로 달려와서 놀라요.

- 원인 · 이유 파악하기: 왜 이런 일이 생기게 되었을까요?
  ☺ 짱이네 집 현관문이 열려 있었기 때문이에요.
  ☺ 도둑이 창문을 깨고 들어왔기 때문이에요.
  ☺ 짱이가 도둑이 있는 줄 모르고 집으로 들어왔기 때문이에요.
  ☺ 짱이네 동네에 경찰관 아저씨가 자주 돌지 않아서 도둑이 많기 때문이에요.
  ☺ 짱이가 살고 있는 아파트에 경비 아저씨가 없어서 도둑이 들었기 때문이에요.
  ☺ 창문이 열려 있었기 때문이에요.
  ☺ 도둑이 현관 비밀번호(열쇠가 어디 있는지)를 알았기 때문이에요.

- 해결방안 찾기: 이런 일이 생기지 않게 하려면 어떻게 해야 할까요?
  ☺ 짱이는 현관문 밖으로 다시 나와서 112로 전화해서 신고해야 해요.
  ☺ 외출할 때는 모든 문과 창문을 잘 잠갔는지 확인해야 해요.
  ☺ 짱이는 도둑과 마주칠 때는 재빨리 밖으로 도망쳐야 해요.
  ☺ 경찰관 아저씨는 짱이네 동네에 순찰을 자주 돌아야 해요.
  ☺ 짱이네 동네에 감시 카메라(CCTV)를 달아야 해요.

☺ 짱이가 도둑과 만났을 때는 소리를 지르거나 울지 말고 침착해야 해요.
☺ 짱이가 직접 도둑을 잡으려고 해서는 안 돼요.
☺ 짱이는 도둑 몰래 빨리 부모님에게 전화를 해야 해요.
☺ 짱이는 아파트에 경비원 아저씨가 있으면 빨리 전화해서 오라고 해야 해요.
☺ 짱이네가 살고 있는 곳이 아파트라면 출입구에 감시카메라(CCTV)를 달아야 해요.
☺ 아파트라면 경비원 아저씨가 순찰을 자주 돌아야 해요.
☺ 현관비밀번호나 열쇠를 두는 곳을 다른 사람이 모르도록 해야 해요.

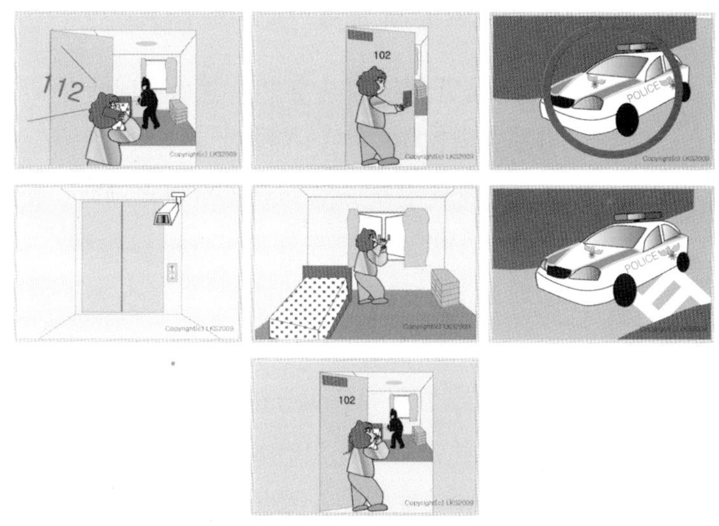

- PBL 그림 문제에 맞게 단계별로 결과예측, 원인 · 이유, 해결 방안에 대해 다시 한 번 간단히 설명하고 질문한다.

◢ 모둠 구성하기

■■ 아동 수에 따라 1~2개의 모둠 구성하기

- 학습 능력이 상중하 수준으로 골고루 섞이도록 모둠별로 아동을 골고루 배치하도록 한다.
- 한 모둠은 2~3명으로 구성한다.

⇨ 모둠은 상황에 따라 매번 바꾸지 않고 전 시간에 배치된 인원 그대로 편성해도 되고, 아동이 원하는 팀으로 구성해도 된다. 그러나 한 아동 때문에 모둠에 다툼이 잦을 때는 아동이 눈치 채지 못하도록 자연스럽게 구성원을 교체하도록 한다.

■■ 모둠별로 '도와주기 게시판' 제공하기

- 게시판은 1/2 전지를 제공하거나 아동 수가 적을 때는 B4(개별일 때는 A4) 용지를 제공해도 된다.
- 게시판의 제목인 '짱이를 도와주세요'는 아동이 원하는 이름이 있을 경우에는 변경해서 사용해도 된다.

⇨ '도와주기 게시판'은 모둠별 과제 수행을 위한 협력 학습자료로 이용됨과 동시에 개별 발표 시에도 이용되며 단원에 따라 재구성하여 사용해도 된다.

⇨ 유의점: 모둠별 협동 수업 전에 전체 아동의 수준에 따라 각 질문에 대한 간단한 단서를 제공하여 모둠별 과제 수행이 용이하게 이루어지도록 한다.

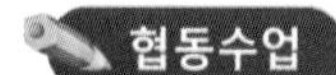

협동수업

◪ 모둠별 문제 탐색

협동적 문제 탐색 · 해결하기

■■ 모둠별 책상 정리 후 PBL 문제에 대한 문제해결의 하위 영역별로 문제를 협동으로 탐색 · 해결하기

- 아동에게 전체 수업 시간에 함께 문제해결을 했던 PBL 문제를 상기시키며 '짱이'를 도와주기 위한 결과예측, 원인 · 이유, 해결방안에 대해 '도와주기 게시판'을 완성하도록 독려한다.
- 글자를 읽고 쓰는 것에 어려움이 있는 아동은 글자 대신 '작은 그림'으로 된 답지를 제공하여 해당 칸에 오려 붙일 수 있도록 한다.
- 수업 중에 아동이 인터넷에서 '경찰서나 112 혹은 도둑' 관련 검색어로 수집한 자료를 활용해도 된다.

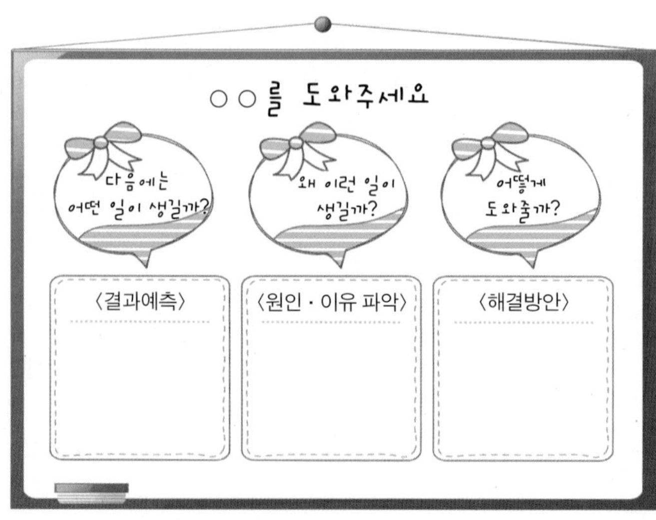
○○를 도와주세요
다음에는 어떤 일이 생길까?
왜 이런 일이 생길까?
어떻게 도와줄까?
〈결과예측〉
〈원인 · 이유 파악〉
〈해결방안〉

전체수업

발표하기

■■ **모둠별로 완성된 게시판은 앞에 붙이고 순서대로 발표하기**

- 발표는 팀에서 선발하거나 원하는 아동이 할 수 있도록 한다.
- 초기에는 아동이 발표하는 데 어려움을 겪으므로 교사가 발표 시범을 보여 주도록 한다.
- 앞부분에서 많은 시간이 소요되어 발표시간이 부족할 경우에는 1~2명 아동만 발표시킨다.

⇨ 모둠별 결과 발표 시 아동이 상대방의 결과가 자기 팀과 다르다고 하여 비난하거나 놀리지 않도록 하고, 아동이 최선을 다해 과제 수행한 것을 서로 격려하도록 지도한다.

보충 학습하기

■■ **보충 설명: 모둠별 발표 후 내용이 부족할 경우 교사의 보충 설명이나 보충 자료를 제시하여 아동의 이해 돕기**

- 도둑을 발견했을 때는 재빨리 112에 신고해야 하나, 아동의 안전을 위해 도둑이 알아차리지 못하는 곳에서 조용히 전화해야 한다는 사실을 숙지시킨다. 그리고 119 전화와 마찬가지로 112 전화도 위급한 사람들이 이용할 수 있도록 장난 전화는 절대 하지 않도록 철저히 지도한다.

개별수업

개별학습 및 평가

개별학습 · 평가하기

■■ **문제해결의 개별학습하기**

- 교사는 독립적으로 과제 수행을 할 수 없는 아동부터 순서대로 수업한 내용을 복습할 수 있도록 지도한다. 제시된 문제와 유사한 문제를 제시하여 결과예측, 원인 · 이유, 해결방안에 대해 과제 수행할 수 있도록 지도한다.

■■ **자기평가하기**([그림 2-3] 참조)

- 자기평가를 독립적으로 할 수 없는 아동은 교사와 함께 평가하도록 한다.

- 자기평가는 매 회기별로 실시하지 않고, 단원별로 한두 차례 실시하도록 한다.

전체수업

수업 정리

수업 마무리하기

■■ 개별학습과 자기평가 시간이 완료되면 수업 마무리하기

- 문제 상황에 대해 종합적으로 질문하고 설명한다.
- '도와주기 게시판'을 교실 환경판에 전시한다(다음 수업에 활용).
- 매 수업 후 교사는 개별 아동의 학업 수행력에 대한 전반적인 평가를 한다.
- 강화는 도입 부분에서 안내하였을 경우 그에 알맞게 제공하도록 한다.

학습지 1

<table>
<tr><td rowspan="2">단원</td><td rowspan="2">공공기관과 안전</td><td rowspan="2">수업 주제</td><td rowspan="2">집에 도둑이 들어왔어요!</td><td>차시</td><td>3~4</td></tr>
<tr><td>수준</td><td>상/하</td></tr>
<tr><td colspan="3">월 일 요일</td><td>이름</td><td colspan="2"></td></tr>
</table>

⇨ 하 수준의 아동은 교사/보조원과 함께 답란에 글자 대신 그림을 붙이게 한다.

짱이가 학교에서 돌아와 집으로 들어서는 순간 방 안에서 무언가를 찾고 있는 낯선 사람의 뒷모습이 보였습니다.

❶ 다음에는 어떤 일이 일어날까요?

❷ 왜 집에 도둑이 들었을까요?

❸ 도둑으로부터 안전하려면 어떻게 해야 할까요?

학습지 2

<table>
<tr><td rowspan="2">단원</td><td rowspan="2">공공기관과 안전</td><td rowspan="2">수업 주제</td><td rowspan="2">집에 도둑이 들어왔어요!</td><td>차시</td><td>3~4</td></tr>
<tr><td>수준</td><td>중</td></tr>
<tr><td colspan="4">월 일 요일</td><td>이름</td><td></td></tr>
</table>

짱이가 학교에서 돌아와 집으로 들어서는 순간 방 안에서 무언가를 찾고 있는 낯선 사람의 뒷모습이 보였습니다.

※ 다음 문제를 읽고 알맞은 답의 번호를 모두 고르세요.

❶ 내가 만약 짱이라면 다음에는 어떤 일을 할까요? ( )

① 도둑을 잡을 것이다.
② "도둑이야!"라고 소리 지를 것이다.
③ 도둑 몰래 112로 전화할 것이다.

❷ 왜 집에 도둑이 들었을까요? ( )

① 도둑이 짱이네 집을 구경하고 싶었기 때문에
② 짱이가 나갈 때 문을 제대로 잠그지 않았기 때문에
③ 짱이네 동네에 경찰(경비원)이 자주 순찰을 하지 않았기 때문에

❸ 도둑으로부터 안전하려면 어떻게 해야 할까요? ( )

① 도둑에게 대들어서 때려야 해요.
② 도둑 몰래 112(경찰서)로 전화해야 해요.
③ 도둑 몰래 집 밖으로 나올 수 있으면 나와야 해요.
④ 우리는 어린이라서 도둑을 잡으려고 싸우면 절대 안 돼요.

7단원 2회기(3~4차시)에 필요한 그림 자료

❶ PBL 그림 문제: 확대 출력하여 사용(A4 혹은 B4 확대/코팅 사용)

- 엽서 크기로 PBL 그림을 출력하여 모둠별 도와주기 게시판 좌측 혹은 우측 상단에 붙여 주어 아동이 PBL 문제를 이해하는 데 도움을 주도록 한다.
- 다음 쪽의 작은 그림은 글자를 모르는 아동용이다. 글자를 아는 아동이라도 글쓰기에 어려움을 겪는 아동을 위해 그림 자료의 아래에 글자를 써 주어도 된다.
  ㉮ 119로 전화할 것이다.

❷ 문제해결의 하위 영역별 모둠별 '도와주기 게시판' 수행 시 혹은 개별학습지 수행 시 사용(글자를 읽고 쓰는 것에 어려움이 있는 아동용)

- 결과예측의 예

• 원인 · 이유의 예

• 해결방안의 예

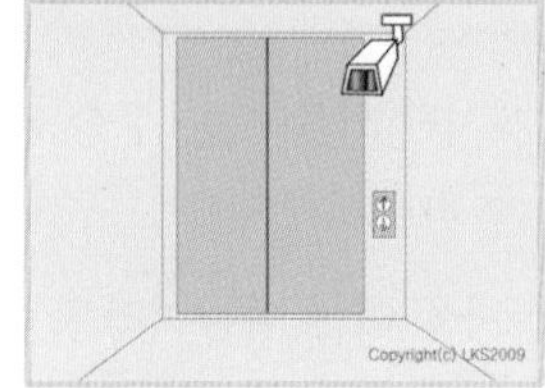

3/4 5~6/8 차시	머리와 배가 아파요!
학습목표	☑ 몸이 아플 때 어떻게 해야 하는지 그 방법을 말할 수 있다.

지도상 유의점

- 장애아동은 몸이 아플 때 아픈 곳이나 증상을 정확하게 전달하기 어려울 뿐 아니라 다른 사람이 아플 때도 이와 같은 상황을 공유하는 데 어려움을 겪는 경우가 많다. 그리고 응급 상황에서 어떻게 대처해야 하는지에 대한 정보도 부족하기 쉽다. 따라서 본시에서는 상황에 따른 적절한 표현과 응급 상황 시 행동방법을 구체적으로 지도한다. 본시는 5단원의 '가을철 나들이 조심해요!', 6단원의 '과식은 안 돼요! 음식보관은 제대로!'와 연계하여 지도한다.
- PBL 문제를 제시한 후 전체 수업에서 교사가 아동에게 문제해결 영역별로 질문할 때 앞의 아동이 말한 것을 그대로 따라 하는 아동에게도 긍정적인 강화를 해 주도록 한다. 또래의 대답을 따라 하는 것도 모방이 되어 학습에 좋은 영향을 미치기 때문이다.
- 문제해결 시 아동 간의 아이디어가 나오면 브레인스토밍이 되어 궁극적으로 바람직한 방향의 더 좋은 아이디어가 나오게 되므로 많은 격려가 필요하다.

학습 내용 및 활동

전체수업

수업을 위한 동기유발

보건소와 병원은 어떤 일을 하는지 이야기하기

- (사진을 보여 주며) 이곳은 어디일까요?

  ☺ 병원이에요.

  ☺ 보건소예요.
- 보건소나 병원에서 일하는 사람은 누구인가요?

☺ 의사 선생님요.

☺ 간호사 선생님요.

- 보건소나 병원은 어떤 일을 하는 곳인가요?

☺ 아픈 사람을 낫게 해 줘요.

☺ 다친 사람 치료해 줘요.

■■ 본시 수업 안내하기

- 오늘 수업에서는 갑자기 몸이 아플 때 어떻게 대처해야 하는지에 대해 배운다는 것을 설명한다.

◪ 문제 제시

| PBL 문제 만나기 |

■■ 단원 PBL 문제 안내하기

- 단원 문제: 우리 주변에 있는 소방서, 경찰서, 보건소나 병원 그리고 우체국 등 공공기관이 우리의 재산과 생명을 보호해 주고, 우리를 편안하게 지낼 수 있도록 해 줍니다. 이러한 공공기관을 어떻게 이용해야 할까요? 어떨 때 이용해야 할까요?

⇨ 단원 PBL 문제는 1회기(1~2차시)에 소개한 경우에는 그다음 차시부터 생략해도 된다.

■■ 그림 자료나 PPT 자료로 PBL 문제 제시하기

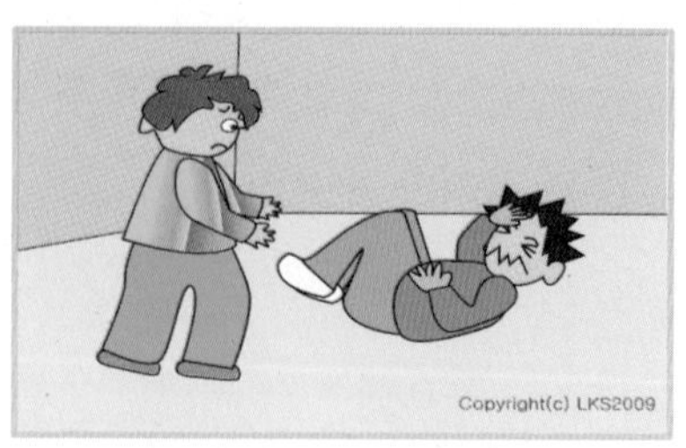

- 문제내용: 짱이의 동생이 갑자기 머리와 배를 잡고 고통스러워합니다. 왜 그럴까요? 짱이는 어떻게 해야 할까요?

◪ 문제 파악

■■ 문제해결력의 하위 영역인 결과예측, 원인 · 이유, 해결방안으로 나누어 단계별로 아동에게 질문하기

⇨ 초기에는 아동이 단계별 질문에 답을 못하는 경우가 있을 수 있으므로 교사가 힌트를

주도록 한다.

- 결과 예측하기: 다음에는 어떤 일이 생길까요?
  - ☺ 짱이 동생은 너무 아파서 울어요.
  - ☺ 짱이도 동생과 함께 울어요.
  - ☺ 짱이는 집에 있는 약을 찾아서 동생에게 줘요.
  - ☺ 짱이가 동생을 병원으로 데리고 가요.
  - ☺ 짱이는 엄마에게 전화해서 동생이 아프다고 알려요.
  - ☺ 짱이의 부모님이 놀라서 달려와요.
  - ☺ 짱이의 동생은 병원에서 치료를 받아요.
  - ☺ 짱이가 119 구급차를 불러요.
  - ☺ 짱이는 동생이 아픈지 모르고 그냥 놀아서 동생이 더 심하게 아파요.

- 원인 · 이유 파악하기: 왜 이런 일이 생기게 되었을까요?
  - ☺ 짱이 동생이 간식을 너무 많이 먹었기 때문이에요.
  - ☺ 짱이 동생이 음료수를 너무 많이 먹었기 때문이에요.
  - ☺ 짱이 동생이 상한 음식을 먹었기 때문이에요.
  - ☺ 짱이의 동생이 더러운 손으로 음식을 집어먹었기 때문이에요.
  - ☺ 짱이의 동생이 밖에서 전염병(예, 신종플루엔자, 독감 등) 옮아왔기 때문이에요.
  - ☺ 동생이 갑자기 배탈이 났기 때문이에요.(배가 아픈 병이 생겼기 때문이에요.)

- 해결방안 찾기: 이런 일이 생기지 않게 하려면 어떻게 해야 할까요?
  - ☺ 음식을 많이 먹지 않도록 해야 해요.
  - ☺ 밖에 나갔다가 들어올 때는 꼭 손발을 깨끗이 씻어야 해요.
  - ☺ 상하거나 오래되어 보이는 음식은 먹어서는 안 돼요.
  - ☺ 집에 약상자를 만들어 두어야 해요.
  - ☺ 약은 어른들께 물어보고 먹어야 해요.
  - ☺ 아플 때는 빨리 엄마, 아빠께 알리고 보건소나 병원으로 가야 해요.
  - ☺ 동생이 많이 아프지 않을 때는 119 구급차 부르지 않고, 걸어서 병원에 가도 돼요.
  - ☺ 짱이는 동생이 왜 아프게 되었는지 의사선생님께 잘 말씀드려야 해요.
  - ☺ 기침이나 재치기를 할 때 휴지나 팔로 입과 코를 막고 해야 해요.(손으로 막고 기침, 재치기를 했을 경우 바로 손을 씻어야 한다.)
  - ☺ 음식은 골고루 적당히 먹어야 해요.
  - ☺ 평소에 식사도 잘 하고 운동도 열심히 해야 해요.
  - ☺ 119에 전화해야 해요.

• PBL 그림 문제에 맞게 단계별로 결과예측, 원인 · 이유, 해결 방안에 대해 다시 한 번 간단히 설명하고 질문한다.

◪ 모둠 구성하기

■■ 아동 수에 따라 1~2개의 모둠 구성하기

• 학습 능력이 상중하 수준으로 골고루 섞이도록 모둠별로 아동을 골고루 배치하도록 한다.

• 한 모둠은 2~3명으로 구성한다.

⇨ 모둠은 상황에 따라 매번 바꾸지 않고 전 시간에 배치된 인원 그대로 편성해도 되고, 아동이 원하는 팀으로 구성해도 된다. 그러나 한 아동 때문에 모둠에 다툼이 잦을 때는 아동이 눈치 채지 못하도록 자연스럽게 구성원을 교체하도록 한다.

■■ 모둠별로 '도와주기 게시판' 제공하기

• 게시판은 1/2 전지를 제공하거나 아동 수가 적을 때는 B4(개별일 때는 A4) 용지를 제공해도 된다.

• 게시판의 제목인 '짱이를 도와주세요'는 아동이 원하는 이름이 있을 경우에는 변경해서 사용해도 된다.

⇨ '도와주기 게시판'은 모둠별 과제 수행을 위한 협력 학습자료로 이용됨과 동시에 개별 발표 시에도 이용되며 단원에 따라 재구성하여 사용해도 된다.

⇨ 유의점: 모둠별 협동 수업 전에 전체 아동의 수준에 따라 각 질문에 대한 간단한 단서를 제공하여 모둠별 과제 수행이 용이하게 이루어지도록 한다.

협동수업

◪ 모둠별 문제 탐색

협동적 문제 탐색 · 해결하기

■■ 모둠별 책상 정리 후 PBL 문제에 대한 문제해결의 하위 영역별로 문제를 협동으로 탐색 · 해결하기

• 아동에게 전체 수업 시간에 함께 문제해결 했던 PBL 문제를 상기시키며 '짱이'를 도와주기 위한 결과예측, 원인 · 이유, 해결방안에 대해 '도와주기 게시판' 을 완성하도록 독려한다.

• 글자를 읽고 쓰는 것에 어려움이 있는 아동은 글자 대신 '작은 그림'으로 된 답지를 제공하여 해당 칸에 오려 붙일 수 있도록 한다.

• 수업 중에 아동이 인터넷에서 '신종플루, 독감, 보건소, 병원' 관련 검색어로 수집한 자료를 활용해도 된다.

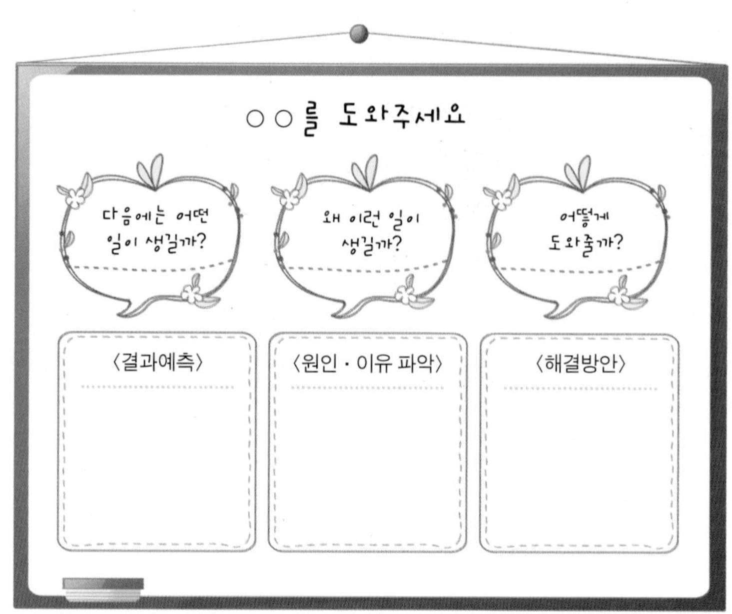
○○를 도와주세요
다음에는 어떤 일이 생길까?
왜 이런 일이 생길까?
어떻게 도와줄까?
〈결과예측〉
〈원인 · 이유 파악〉
〈해결방안〉

전체수업

발표하기

■■ **모둠별로 완성된 게시판은 앞에 붙이고 순서대로 발표하기**

- 발표는 팀에서 선발하거나 원하는 아동이 할 수 있도록 한다.
- 초기에는 아동이 발표하는 데 어려움을 겪으므로 교사가 발표 시범을 보여 주도록 한다.
- 앞부분에서 많은 시간이 소요되어 발표시간이 부족할 경우에는 1~2명 아동만 발표시킨다.

⇨ 모둠별 결과 발표 시 아동이 상대방의 결과가 자기 팀과 다르다고 하여 비난하거나 놀리지 않도록 하고, 아동이 최선을 다해 과제 수행한 것을 서로 격려하도록 지도한다.

보충 학습하기

■■ **보충 설명: 모둠별 발표 후 내용이 부족할 경우 교사의 보충 설명이나 보충 자료를 제시하여 아동의 이해 돕기**

- 요즘 '계절성독감'과 같은 전염성 질환이 유행하는 일이 잦다. 따라서 이런 전염병에 걸리지 않도록 예방할 수 있는 방법을 아동에게 철저히 지도하도록 한다.

개별수업

개별학습 및 평가

개별학습 · 평가하기

문제해결의 개별학습하기

- 교사는 독립적으로 과제 수행을 할 수 없는 아동부터 순서대로 수업한 내용을 복습할 수 있도록 지도한다. 제시된 문제와 유사한 문제를 제시하여 결과예측, 원인 · 이유, 해결방안에 대해 과제 수행할 수 있도록 지도한다.

자기평가하기([그림 2-3] 참조)

- 자기평가를 독립적으로 할 수 없는 아동은 교사와 함께 평가하도록 한다.
- 자기평가는 매 회기별로 실시하지 않고, 단원별로 한두 차례 실시하도록 한다.

전체수업

수업 정리

수업 마무리하기

개별학습과 자기평가 시간이 완료되면 수업 마무리하기

- 문제 상황에 대해 종합적으로 질문하고 설명한다.
- '도와주기 게시판'을 교실 환경판에 전시한다(다음 수업에 활용).
- 매 수업 후 교사는 개별 아동의 학업 수행력에 대한 전반적인 평가를 한다.
- 강화는 도입 부분에서 안내하였을 경우 그에 알맞게 제공하도록 한다.

학습지 1

단원	공공기관과 안전	수업 주제	머리와 배가 아파요!	차시	5~6
				수준	상/하
월 일 요일			이름		

⇨ 하 수준의 아동은 교사/보조원과 함께 답란에 글자 대신 그림을 붙이게 한다.

짱이의 동생이 갑자기 머리와 배를 잡고 고통스러워합니다.

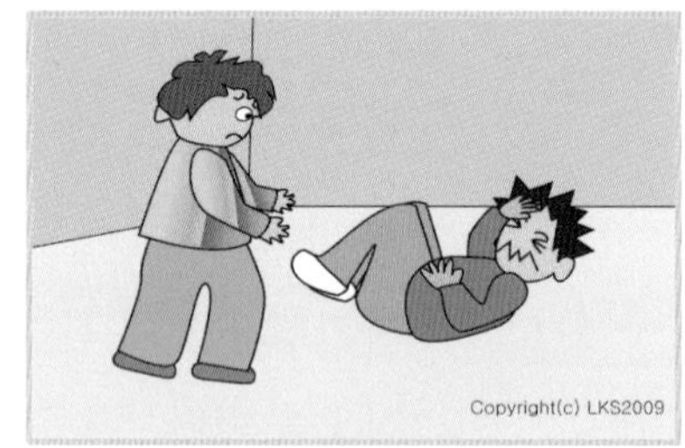

Copyright(c) LKS2009

❶ 다음에는 어떤 일이 일어날까요?

❷ 동생은 왜 아플까요?

❸ 병에 걸리지 않고 건강하려면 어떻게 해야 할까요?

학습지 2

단원	공공기관과 안전	수업 주제	머리와 배가 아파요!	차시	5~6
				수준	중
월 일 요일			이름		

짱이의 동생이 갑자기 머리와 배를 잡고 고통스러워합니다.

※ 다음 문제를 읽고 알맞은 답의 번호를 모두 고르세요.

❶ 다음에는 어떤 일이 일어날까요? ( )

① 부모님께 전화를 해서 동생이 아프다고 전한다.

② 동생을 보건소(병원)으로 데리고 간다.

③ 아픈 동생 옆에서 게임을 열심히 한다.

❷ 동생은 왜 아플까요? ( )

① 더러운 손으로 음식을 먹었기 때문이에요.

② 짱이가 동생에게 과자를 주지 않았기 때문이에요.

③ 외출하고 집에 들어와서 손을 씻지 않아 병이 옮았기 때문이에요.

❸ 병에 걸리지 않고 건강하려면 어떻게 해야 할까요? ( )

① 손을 자주 씻어야 해요.

② 과자나 음식은 무조건 많이 먹어야 해요.

③ 상한 음식은 버리면 아까우니 먹어야 해요.

④ 음식은 골고루 적당히 먹어야 해요.

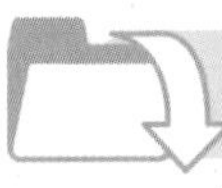

7단원 3회기(5~6차시)에 필요한 그림 자료

❶ PBL 그림 문제: 확대 출력하여 사용(A4 혹은 B4 확대/코팅 사용)

- 엽서 크기로 PBL 그림을 출력하여 모둠별 도와주기 게시판 좌측 혹은 우측 상단에 붙여 주어 아동이 PBL 문제를 이해하는 데 도움을 주도록 한다.
- 다음 쪽의 작은 그림은 글자를 모르는 아동용이다. 글자를 아는 아동이라도 글쓰기에 어려움을 겪는 아동을 위해 그림 자료의 아래에 글자를 써 주어도 된다.
  ㉮ 병원으로 가요.

❷ 문제해결의 하위 영역별 모둠별 '도와주기 게시판' 수행 시 혹은 개별학습지 수행 시 사용(글자를 읽고 쓰는 것에 어려움이 있는 아동용)

- 결과예측의 예

- 원인 · 이유의 예

- 해결방안의 예

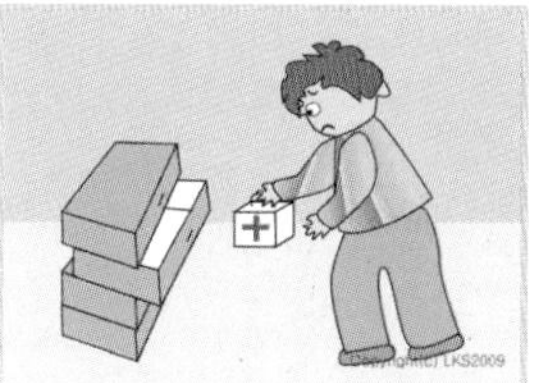

4/4 7~8/8 차시	택배가 잘못 왔어요!
학습목표	☑ 잘못 배달된 택배(물건)를 어떻게 해야 할지 여러 가지 방법을 말할 수 있다.

지도상 유의점

- 택배는 편지와 같이 받는 사람의 이름이나 주소, 대략적인 내용물 등이 적혀 있음을 알려 주어 택배 도착 시에 가족의 이름, 자기집 주소 등을 확인하는 습관을 기르도록 지도한다.
- 우체부 아저씨(택배기사)를 가장하여 가정에 침입하는 범죄가 있을 수 있으므로 예정에 없던 택배의 경우 우체부 아저씨라 하여도 함부로 문을 열어 주지 않도록 주의시킨다. 또한 아동이 직접적으로 피해를 입을 경우는 적지만 사회적으로 많은 문제를 야기하고 있는 '보이스피싱'에 대해서도 주의시킨다.
- PBL 문제를 제시한 후 전체 수업에서 교사가 아동에게 문제해결 영역별로 질문할 때 앞의 아동이 말한 것을 그대로 따라 하는 아동에게도 긍정적인 강화를 해 주도록 한다. 또래의 대답을 따라 하는 것도 모방이 되어 학습에 좋은 영향을 미치기 때문이다.
- 문제해결 시 아동 사이에 아이디어가 나오면서 브레인스토밍이 되어 궁극적으로 바람직한 방향의 더 좋은 아이디어가 나오게 되므로 많은 격려를 해 주도록 한다.

학습 내용 및 활동

전체수업

수업을 위한 동기유발

우체국에서 하는 일 알아보기

- (사진을 보여 주며) 이곳은 어디일까요?

☺ 우체국이요

- 우체국에서는 어떤 일을 하나요?
  ☺ 편지를 전달해요.
  ⇨ 우체국 대신 택배 자동차를 보여 주고 무엇을 하는 자동차인지 질문해도 된다.
  ☺ 돈도 저금할 수 있어요.
  ☺ 물건도 보내 주고 배달도 해 줘요(택배).

■■ 본시 수업 안내하기

- 오늘 수업에서는 택배의 역할과 이용방법, 잘못 배달된 택배의 처리 방법 등을 중심으로 우체국의 역할에 대해 배운다는 것을 설명한다.

문제 제시

PBL 문제 만나기

■■ 단원 PBL 문제 안내하기

- 단원 문제: 우리 주변에 있는 소방서, 경찰서, 보건소나 병원, 그리고 우체국 등 공공기관이 우리의 재산과 생명을 보호해 주고, 우리를 편안하게 지낼 수 있도록 해 줍니다. 이러한 공공기관을 어떻게 이용해야 할까요? 어떨 때 이용해야 할까요?

⇨ 단원 PBL 문제는 1회기(1~2차시)에 소개한 경우에는 그다음 차시부터 생략해도 된다.

■■ 그림 자료나 PPT 자료로 PBL 문제 제시하기

- 문제내용: 짱이가 우체부 아저씨에게서 택배물건을 받았습니다. 그런데 짱이는 고개를 갸우뚱거리고 있습니다. 무슨 일이 생긴 걸까요? 다음에는 어떻게 해야 할까요?

문제 파악

■■ 문제해결력의 하위 영역인 결과예측, 원인 · 이유, 해결방안으로 나누어 단계별로 아동에게 질문하기

⇨ 초기에는 아동이 단계별 질문에 답을 못하는 경우가 있을 수 있으므로 교사가 힌트를 주도록 한다.

- 결과 예측하기: 다음에는 어떤 일이 생길까요?
  - ☺ 택배가 잘못 와서 짱이가 우체부 아저씨를 부르러 달려가요.
  - ☺ 옆집의 택배라서 짱이가 직접 옆집으로 택배를 가져다줘요.
  - ☺ 짱이네 주소는 맞는데 이름이 낯설어서 짱이가 부모님께 전화해서 택배가 왔다고 전해요.
  - ☺ 짱이네 택배가 아니라서 경비실로 택배물건을 가져다줘요.
  - ☺ 택배 온 물건에서 냄새가 나서 짱이가 고개를 갸우뚱거려요.
  - ☺ 짱이는 우체국에 전화해서 잘못 배달된 택배 물건이라고 말해요.
  - ☺ 배달되어 온 물건을 확인하고 음식이어서 냉장고에 넣어요.
  - ☺ 짱이가 배달되어 온 택배 물건을 그냥 밖에 두어서 엄마가 열어 보고 상해서 놀라요.
  - ☺ 잘못 배달된 것인지 모르고 택배 온 것을 뜯어서 엄마에게 야단맞아요.

- 원인 · 이유 파악하기: 왜 이런 일이 생기게 되었을까요?
  - ☺ 짱이가 택배 온 물건에 적힌 주소나 이름이 잘못된 것을 알았기 때문이에요.
  - ☺ 택배 보낸 사람이 주소를 잘못 써서 짱이네로 배달되었기 때문이에요.

☺ 우체부 아저씨가 옆집에 갈 택배 물건을 잘못 배달했기 때문이에요.

☺ 택배 보낸 사람이 생선을 보내면서 그냥 보내서 상했기 때문이에요.

☺ 짱이가 엄마의 이름(할아버지/할머니의 성함)을 착각해서 택배가 잘못 온 줄 알았기 때문이에요.

• 해결방안 찾기: 이런 일이 생기지 않게 하려면 어떻게 해야 할까요?

☺ 택배를 보낼 때는 보내는 사람과 받는 사람의 주소와 이름, 전화번호를 정확히 써야 해요.

☺ 택배가 잘못 배달 온 경우에는 우체국(택배회사)에 연락을 바로 해야 해요.

☺ 주소가 옆집으로 되어 있을 경우에는 바로 옆집으로 갖다 주어야 해요.

☺ 배달되어 온 물건에 상한 냄새가 나면 빨리 보내준 사람의 전화번호를 알아내서 연락을 해 주어야 해요.

☺ 배달된 물건이 음식일 경우에는 부모님께 연락한 후 빨리 냉장고에 넣어야 해요.

☺ 짱이는 자기 집의 주소와 부모님의 이름(할머니/할아버지 성함)을 정확히 알고 있어야 해요.

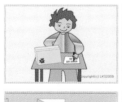

- PBL 그림 문제에 맞게 단계별로 결과예측, 원인 · 이유, 해결 방안에 대해 다시 한 번 간단히 설명하고 질문한다.

모둠 구성하기

■■ 아동 수에 따라 1~2개의 모둠 구성하기

- 학습 능력이 상중하 수준으로 골고루 섞이도록 모둠별로 아동을 골고루 배치하도록 한다.
- 한 모둠은 2~3명으로 구성한다.

⇨ 모둠은 상황에 따라 매번 바꾸지 않고 전 시간에 배치된 인원 그대로 편성해도 되고, 아동이 원하는 팀으로 구성해도 된다. 그러나 한 아동 때문에 모둠에 다툼이 잦을 때는 아동이 눈치 채지 못하도록 자연스럽게 구성원을 교체하도록 한다.

■■ 모둠별로 '도와주기 게시판' 제공하기

- 게시판은 1/2 전지를 제공하거나 아동 수가 적을 때는 B4(개별일 때는 A4) 용지를 제공해도 된다.
- 게시판의 제목인 '짱이를 도와주세요'는 아동이 원하는 이름이 있을 경우에는 변경해서 사용해도 된다.

⇨ '도와주기 게시판'은 모둠별 과제 수행을 위한 협력 학습자료로 이용됨과 동시에 개별 발표 시에도 이용되며 단원에 따라 재구성하여 사용해도 된다.

⇨ 유의점: 모둠별 협동 수업 전에 전체 아동의 수준에 따라 각 질문에 대한 간단한 단서를 제공하여 모둠별 과제 수행이 용이하게 이루어지도록 한다.

협동수업

모둠별 문제 탐색

협동적 문제 탐색 · 해결하기

■■ 모둠별 책상 정리 후 PBL 문제에 대한 문제해결의 하위 영역별로 문제를 협동으로 탐색 · 해결하기

- 아동에게 전체 수업 시간에 함께 문제해결 했던 PBL 문제를 상기시키며 '짱이'를 도와주기 위한 결과예측, 원인 · 이유, 해결방안에 대해 '도와주기 게시판' 을 완성하도록 독려한다.
- 글자를 읽고 쓰는 것에 어려움이 있는 아동은 글자 대신 '작은 그림'으로 된 답지를 제공하여 해당 칸에 오려 붙일 수 있도록 한다.
- 수업 중에 아동이 인터넷에서 '택배회사, 우체국 택배, 우체국' 관련 검색어로 수집한 자료를 활용해도 된다.

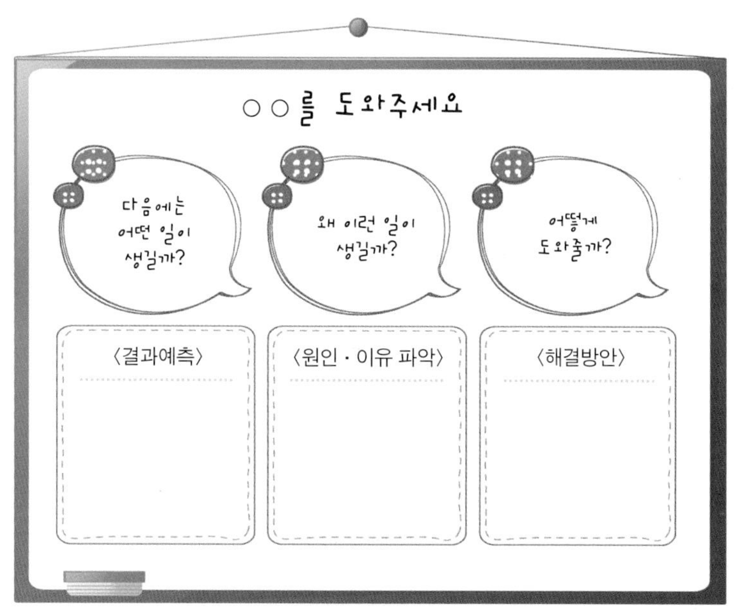
○○를 도와주세요
다음에는 어떤 일이 생길까?
왜 이런 일이 생길까?
어떻게 도와줄까?
〈결과예측〉
〈원인 · 이유 파악〉
〈해결방안〉

전체수업

발표하기

■■ **모둠별로 완성된 게시판은 앞에 붙이고 순서대로 발표하기**

- 발표는 팀에서 선발하거나 원하는 아동이 할 수 있도록 한다.
- 초기에는 아동이 발표하는 데 어려움을 겪으므로 교사가 발표 시범을 보여 주도록 한다.
- 앞부분에서 많은 시간이 소요되어 발표시간이 부족할 경우에는 1~2명 아동만 발표시킨다.

⇨ 모둠별 결과 발표 시 아동이 상대방의 결과가 자기 팀과 다르다고 하여 비난하거나 놀리지 않도록 하고, 아동이 최선을 다해 과제 수행한 것을 서로 격려하도록 지도한다.

보충 학습하기

■■ **보충 설명: 모둠별 발표 후 내용이 부족할 경우 교사의 보충 설명이나 보충 자료를 제시하여 아동의 이해 돕기**

- 편지를 보내고 받는 일을 하는 곳은 우체국이지만 최근에는 물건의 경우 우체국뿐만 아니라 전문 택배회사에서도 취급한다는 사실을 지도한다. 그리고 우체국에서도 은행에서 하는 일인 돈을 저금하고 찾는 업무가 이루어진다는 것을 보충 설명해 준다.

개별수업

개별학습 및 평가

개별학습 · 평가하기

문제해결의 개별학습하기

- 교사는 독립적으로 과제 수행을 할 수 없는 아동부터 순서대로 수업한 내용을 복습할 수 있도록 지도한다. 제시된 문제와 유사한 문제를 제시하여 결과예측, 원인 · 이유, 해결방안에 대해 과제 수행할 수 있도록 지도한다.

자기평가하기([그림 2-3] 참조)

- 자기평가를 독립적으로 할 수 없는 아동은 교사와 함께 평가하도록 한다.
- 자기평가는 매 회기별로 실시하지 않고, 단원별로 한두 차례 실시하도록 한다.

전체수업

수업 정리

수업 마무리하기

개별학습과 자기평가 시간이 완료되면 수업 마무리하기

- 문제 상황에 대해 종합적으로 질문하고 설명한다.
- '도와주기 게시판'을 교실 환경판에 전시한다(다음 수업에 활용).
- 매 수업 후 교사는 개별 아동의 학업 수행력에 대한 전반적인 평가를 한다.
- 강화는 도입 부분에서 안내하였을 경우 그에 알맞게 제공하도록 한다.

학습지 1

단원	공공기관과 안전	수업 주제	택배가 잘못 왔어요!	차시	7~8
				수준	상/하
월 일 요일			이름		

⇨ 하 수준의 아동은 교사/보조원과 함께 답란에 글자 대신 그림을 붙이게 한다.

짱이가 우체부 아저씨에게서 택배 물건을 받았습니다. 그런데 짱이는 고개를 갸우뚱거리고 있습니다.

❶ 짱이가 택배 물건을 받고 고개를 갸우뚱거리는 이유는 무엇일까요?

❷ 짱이는 택배 물건을 어떻게 할까요?

❸ 택배 물건이 제대로 배달되기 위해서는 어떻게 해야 할까요?

학습지 2

단원	공공기관과 안전	수업 주제	택배가 잘못 왔어요!	차시	7~8
				수준	중
월 일 요일			이름		

짱이가 우체부 아저씨에게서 택배 물건을 받았습니다. 그런데 짱이는 고개를 갸우뚱거리고 있습니다.

※ 다음 문제를 읽고 알맞은 답의 번호를 모두 고르세요.

❶ 다음에는 어떻게 할까요? (   )

① 짱이는 택배 물건을 밖에 내버린다.

② 짱이는 부모님께 전화해서 택배 온 사실을 알린다.

③ 짱이는 택배 물건이 옆집 것이라면 직접 갖다 준다.

❷ 만약 택배가 잘못 온 거라면 이유가 무엇일까요? (   )

① 우체부 아저씨가 착각을 했기 때문에

② 택배 보낸 사람이 주소를 잘못 썼기 때문에

③ 택배기사 아저씨가 장난을 쳤기 때문에

❸ 택배 물건이 제대로 배달되기 위해서는 어떻게 해야 할까요? (   )

① 택배 받는 사람의 주소와 이름을 정확히 쓴다.

② 택배 받을 때 주소와 이름이 맞는지 확인한다.

③ 우리 집 택배 물건이 아니면 밖에 버린다.

④ 잘못 배달된 택배는 바로 우체부 아저씨께 알린다.

7단원 4회기(7~8차시)에 필요한 그림 자료

❶ PBL 그림 문제: 확대 출력하여 사용(A4 혹은 B4 확대/코팅 사용)

• 엽서 크기로 PBL 그림을 출력하여 모둠별 도와주기 게시판 좌측 혹은 우측 상단에 붙여 주어 아동이 PBL 문제를 이해하는 데 도움을 주도록 한다.
• 다음 쪽의 작은 그림은 글자를 모르는 아동용이다. 글자를 아는 아동이라도 글쓰기에 어려움을 겪는 아동을 위해 그림 자료의 아래에 글자를 써 주어도 된다.
  ㉥ 주소를 확인하고 옆집에 가져다 주세요.

❷ 문제해결의 하위 영역별 모둠별 '도와주기 게시판' 수행 시 혹은 개별학습지 수행 시 사용(글자를 읽고 쓰는 것에 어려움이 있는 아동용)

• 결과예측의 예

• 원인 · 이유의 예

• 해결방안의 예

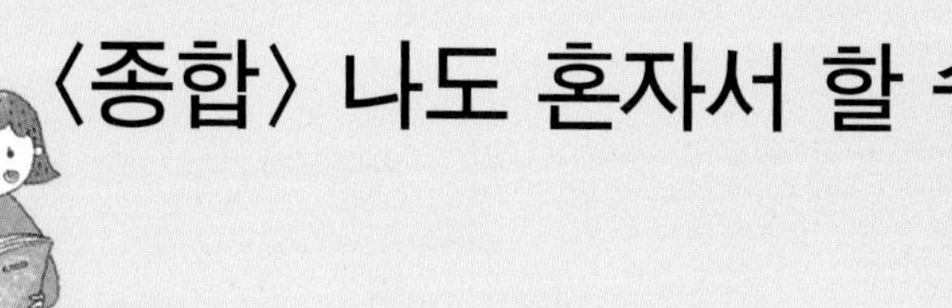

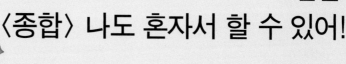

8단원: 〈종합〉 나도 혼자서 할 수 있어!

1 단원소개

이 단원에서는 1~7단원과 비교하여 특수교육에서의 PBL 수업과 다른 일반적인 PBL 수업이 가장 유사한 교수-과정으로 이루어지도록 구성하였다. 이전 단원의 PBL 수업과정에 익숙한 아동은 8단원의 수업과정에서 어려움을 겪을 수 있으나, 1~2회기 수업 후에는 빠르게 익숙해질 것이다. 이 단원에서 다루고 있는 주제는 일반적인 PBL 수업 주제를 가장 근접하게 수행할 수 있으면서 장애아동이 앞 단원들에서 익숙해진 주제를 약간씩 변형하여 적용할 수 있도록 하였다. 만약 1~7단원의 PBL 과정이 익숙지 않은 경우에는 8단원을 실시하지 않도록 한다.

 차시별 수업주제 및 지도목적

단원	회기 (차시)	수업 주제	지도목적	학습자료	관련 교과
나도 혼자서 할 수 있어!	29 (1~2)	친구의 생일에는 무엇을 해 줄까요?	2단원의 '생일잔치'에서 다루어지는 주제의 응용으로서 친구의 생일잔치에 초대받았을 경우 어떤 선물을 사가지고 가야 하는지 그리고 그 선물을 사기 위해서 어떤 일을 할 수 있는지 파악하는 능력을 기르도록 하기 위해 이 주제를 선정하였다.	각종 생일선물, 선물 구입을 위한 가게나 인터넷 사용 사진 및 그림 자료	사회
	30 (3~4)	친구와의 나들이에 무엇을 준비해야 할까요?	4단원의 학교생활과 안전에서 다루어진 학교 현장학습 주제를 학교에서 벗어나 친구들과 갈 경우 어떻게 해야 하는지 여러 가지 해결방안을 찾도록 하기 위해 이 주제를 선정하였다.	친구끼리 갈 수 있는 여러 가지 현장학습(놀이공원, 동물원 등) 사진 자료	사회
	31 (5~6)	갈 곳 없는 강아지를 어떻게 할까요?	2단원의 '길 잃은 동생은 어떻게 해야 할까요?'에서 다루어진 내용을 유기견으로 변경하여 PBL 수업 과정만 달리하였다. 그러나 사람과 강아지가 길을 잃었을 경우 도와주는 방법이 유사한 것도 있지만 차이 나는 부분도 있다. 따라서 도와주는 대상에 따라 어떻게 접근해야 하는지 다양한 경험을 시키기 위해 이 주제를 선정하였다.	유기견 센터, 강아지를 키우기 위한 여러 가지 물품 사진 자료	사회
	32 (7~8)	가득 찬 저금통은 어떻게 할까요?	대부분의 아동이 일상생활에서 부모 혹은 주위 어른께 용돈을 받고 저금하고 있다. 그중에 가장 일반적으로 이루어지고 있는 방법은 '저금통'에 동전이나 지폐를 모으는 것이다. 따라서 저금통이 찼을 경우 어떻게 해야 할지 고민하게 하여 일상생활에 적용할 수 있도록 하기 위해 이 주제를 선정하였다.	다양한 저금통(돼지저금통, 자동차모양 저금통)이나, 은행 사진 자료, 실물 통장이나 도장 등	사회

3 단원 및 회기별 문제

<table>
<tr><th>영 역</th><th colspan="3">내 용</th></tr>
<tr><td>단원</td><td>나도 혼자서 할 수 있어!</td><td>관련교과</td><td>사회</td></tr>
<tr><td>단원 문제</td><td colspan="3">여러분은 이제 초등학생이에요. 부모님 없이 친구들과 함께 물건도 사고, 박물관 견학도 하고, 축하파티도 열 수 있어요. 어른의 도움 없이 여러분끼리 협력하여 다음 문제를 해결해 보세요.</td></tr>
<tr><td rowspan="4">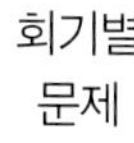
회기별 문제</td><td>
</td><td colspan="2">1 짱이는 친구 생일에 선물을 사 주려고 합니다. 어떻게 해야 할까요? 어떤 일을 알아보고, 또 어떤 준비를 해야 할까요?</td></tr>
<tr><td>
</td><td colspan="2">2 짱이와 친구들은 이번 토요일에 대공원에 현장학습(나들이)을 가려고 합니다. 어떤 일을 알아보고, 또 어떤 준비를 해야 할까요?</td></tr>
<tr><td>
</td><td colspan="2">3 짱이는 놀이터에서 다리를 다친 강아지를 보았습니다. 어떻게 할까요?</td></tr>
<tr><td>
</td><td colspan="2">4 짱이의 돼지 저금통이 꽉 찼습니다. 어떻게 할까요?</td></tr>
</table>

1/4 1~2/8 차시	친구의 생일에는 무엇을 해 줄까요?
학습목표	☑ 친구의 생일선물을 살 수 있는 여러 가지 방법을 알 수 있다.

지도상 유의점

- 이 단원은 일반적인 PBL 수업 과정과 유사하게 진행되므로 1~7단원의 교수-학습과정과 다소 다르다. 따라서 교사는 전체 과정을 숙지한 후 수업을 진행하도록 한다.
- 본시 수업은 2단원의 1회기 '생일잔치' 편과 7단원 4회기 '택배'와 연계하여 지도하도록 한다.
- 단원별 문제는 교사가 직접 설명하거나 비디오 자료와 같은 영상자료를 활용하도록 하고, 회기별 PBL 그림은 별첨 CD 자료의 그림을 B4 크기로 출력해 사용하거나 PPT를 활용한다.
- PBL 수업 초기(1, 2회기 동안)에는 아동이 수업 상황에 좀 더 익숙해지고, 문제해결의 방향을 잡아 가도록 교사가 더 많은 개입과 지원을 하도록 한다.
- PBL 수업은 초기에는 수업 시간이 약 80여 분이 소요되나, 아동이 숙달되면 50~60분 정도로 시간이 단축될 수도 있다.
- 40분 수업 후 반드시 쉬는 시간을 가지도록 한다.
- PBL 수업은 개별아동(개별수업)에 적용하여 40분 수업으로 활용할 수도 있다.

학습 내용 및 활동

전체수업

수업을 위한 동기유발

■■ 친구의 생일잔치나 본인의 생일잔치 경험을 이야기하기

- 친구의 생일잔치에 가 본 적이 있나요?

☺ 갔었어요.

☺ 한 번도 가 보지 않았어요.

- 자기 생일잔치에 친구들을 초대한 적 있나요?

  ☺ 네, 친구들을 많이 불렀어요.

  ☺ 아니요, 없어요.

- 생일 때 받은 선물 중 생각나는 게 있나요?

  ☺ 장난감 총

  ☺ 곰인형

  ☺ 동화책

본시 수업 안내하기

- 오늘 수업에서는 친구의 생일선물을 사려고 할 때 어떻게 해야 할지에 대해 배운다는 것을 설명한다.

문제 제시

PBL 문제 만나기

단원 PBL 문제 안내하기

- 단원 문제: 여러분은 이제 초등학생이에요. 부모님 없이 친구들과 함께 물건도 사고, 박물관 견학도 하고, 축하파티도 열 수 있어요. 어른의 도움 없이 여러분끼리 협력하여 다음 문제를 해결해 보세요.

⇨ 단원 PBL 문제는 1회기(1～2차시)에 소개한 경우에는 그다음 차시부터 생략해도 된다.

그림 자료나 PPT 자료로 PBL 문제 제시하기

- 문제내용: 짱이는 (전학 간) 친구 생일에 선물을 사 주려고 합니다. 어떻게 해야 할까요? 어떤 일을 알아보고, 또 어떤 준비를 해야 할까요?

문제 파악

(그림을 보며) 짱이는 친구에게 선물을 주기 위해 어떤 일을 알아보고, 어떻게 해야 할지 4단계(혹은 3단계)에 걸쳐 문제를 해결하기

1 어떤 선물로 할까?

- 짱이는 친구가 어떤 선물을 좋아하는지 어떻게 알아내야 할까요?
  - ☺ 친구에게 전화해서 직접 물어봐요.
  - ☺ 친구의 엄마한테 전화해서 여쭤 봐요.
  - ☺ 친구가 어떤 물건을 좋아 할지 다른 친구들에게 물어봐요.
  - ☺ 친구가 전학 가기 전에 미리 필요한 물건이 무엇인지 조사했어야 해요.

- 여러분이라면 어떤 선물을 받고 싶나요?
  - ☺ 학용품
  - ☺ 게임기
  - ☺ 장난감
  - ☺ 피자
  - ☺ 인형

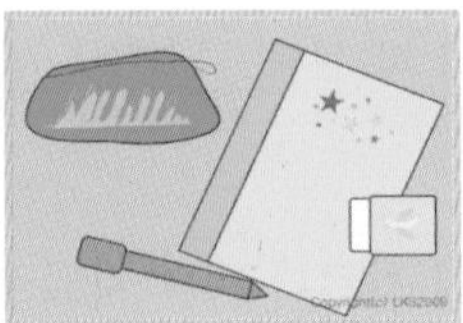

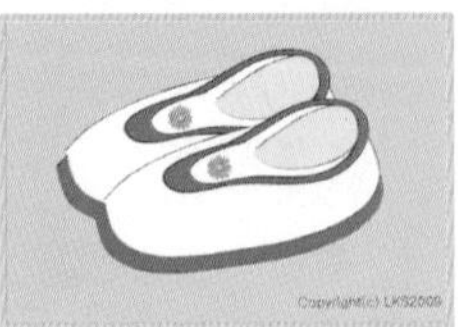

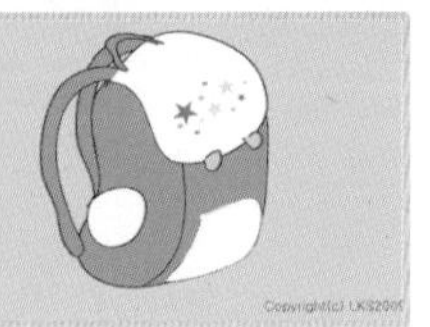

- 짱이는 친구 생일 선물로 어떤 것을 결정했을까요?
  - ☺ 장난감
  - ☺ 인형

- 왜 그렇게 결정하였을까요?

☺ 친구가 그걸 좋아해요.

☺ 짱이가 좋아해요.

☺ 짱이가 가진 돈으로 살 수 있는 선물 중에서 골랐어요.(다른 것은 너무 비싸서 짱이가 살 수가 없어요.)

[2] 짱이는 선물 살 돈을 어떻게 마련해야 할까요?

☺ 짱이의 용돈으로 사면 돼요.

☺ 저금통에서 꺼내면 돼요.

☺ 엄마, 아빠 심부름해서 돈을 모으면 돼요.

☺ 아빠 구두를 닦아 주고 용돈을 모아요.

☺ 엄마의 설거지를 도와드리고 용돈을 모아요.

☺ 엄마께 빌리고 대신 심부름을 해서 갚으면 돼요.

[3] 선물은 어떤 곳에서 사야 할까요?

☺ 문방구에서 사요.

☺ 슈퍼마켓에서 사요.

☺ 대형할인마트에서 사요.

☺ 백화점에서 사요.

☺ 인터넷 쇼핑몰에서 사요.

☺ TV 홈쇼핑에서 사요.

☺ 편의점에서 사요.

[4] 친구의 선물을 어떻게 전달할까요?

☺ 직접 친구의 집에 가서 전달하면 돼요.

☺ 택배로 보내면 돼요.

☺ 우체국에 가서 소포로 부쳐요.

☺ 친구의 학교로 보내면 돼요.

☺ 학교에서 만나서 전해 줘요.

⇨ 각 영역에 대한 답이 다양하게 나오지 않을 경우 교사는 단서를 제공하도록 한다.

- PBL 그림 문제에 맞게 단계별로 결과예측, 원인 · 이유, 해결 방안에 대해 다시 한 번 간단히 설명하고 질문한다.

모둠 구성하기

■■ 아동 수에 따라 1~2개의 모둠 구성하기

- 학습 능력이 상중하 수준으로 골고루 섞이도록 모둠별로 아동을 골고루 배치하도록 한다.
- 한 모둠은 2~3명으로 구성한다.

⇨ 모둠은 상황에 따라 매번 바꾸지 않고 전 시간에 배치된 인원 그대로 편성해도 되고, 아동이 원하는 팀으로 구성해도 된다. 그러나 한 아동 때문에 모둠에 다툼이 잦을 때는 아동이 눈치 채지 못하도록 자연스럽게 구성원을 교체하도록 한다.

■■ 모둠별로 '도와주기 게시판' 제공하기

- 게시판은 1/2 전지를 제공하거나 아동 수가 적을 때는 B4(개별일 때는 A4) 용지를 제공해도 된다.
- 게시판의 제목인 '짱이를 도와주세요'는 아동이 원하는 이름이 있을 경우에는 변경해서 사용해도 된다.

⇨ '도와주기 게시판'은 모둠별 과제 수행을 위한 협력 학습자료로 이용됨과 동시에 개별 발표 시에도 이용되며 단원에 따라 재구성하여 사용해도 된다.

⇨ 유의점: 모둠별 협동 수업 전에 전체 아동의 수준에 따라 각 질문에 대한 간단한 단서를 제공하여 모둠별 과제 수행이 용이하게 이루어지도록 한다.

협동수업

모둠별 문제 탐색

협동적 문제 탐색 · 해결하기

■■ 모둠별 책상 정리 후 PBL 문제에 대한 문제해결의 단계별로 문제를 협동으로 탐색 · 해결하기

- 아동에게 전체 수업 시간에 함께 문제해결 했던 PBL 문제를 상기시키며 '짱이'를 도와주기 위해 단계별로 해결방안을 여러 개 쓰되 아랫 부분에는 그 모둠에서 하나씩 결정하고 왜 그런 결정을 하였는지 게시판에 쓰도록 한다.
- 글자를 읽고 쓰는 것에 어려움이 있는 아동은 글자 대신 '작은 그림'으로 된 답지를 제공하여 해당 칸에 오려 붙일 수 있도록 한다.
- 수업 중에 아동이 인터넷에서 인터넷 쇼핑몰이나 백화점, 대형 할인마트 등의 검색어로 수집한 자료를 활용해도 된다.

⇨ 전체 수업에서는 단계별로 여러 가지 답을 말하게 하고 모둠별로는 일차적으로 아래 네모 박스에 전체적으로 나온 답을 여러 가지 쓰게 한다. 그다음 아래쪽 칸에는 모둠

별로 짱이가 골랐을 것으로 예상된 답 하나씩을 쓰고 그 이유를 아래 칸에 적게 한다.

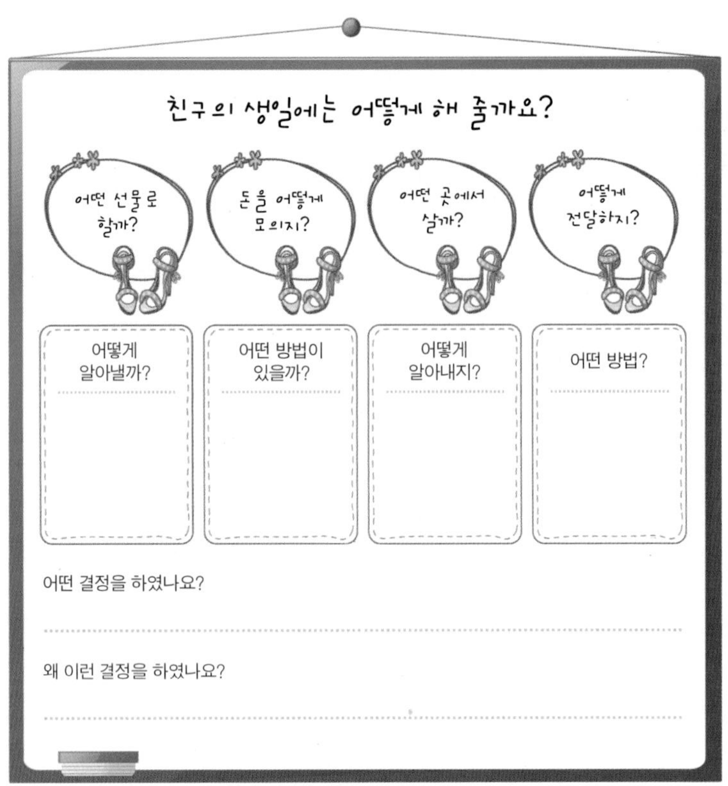
친구의 생일에는 어떻게 해 줄까요?
어떤 선물로 할까?
돈을 어떻게 모으지?
어떤 곳에서 살까?
어떻게 전달하지?
어떻게 알아낼까?
어떤 방법이 있을까?
어떻게 알아내지?
어떤 방법?
어떤 결정을 하였나요?
왜 이런 결정을 하였나요?

전체수업

발표하기

■■ **모둠별로 완성된 게시판은 앞에 붙이고 순서대로 발표하기**

- 발표는 팀에서 선발하거나 원하는 아동이 할 수 있도록 한다.
- 초기에는 아동이 발표하는 데 어려움을 겪으므로 교사가 발표 시범을 보여 주도록 한다.
- 앞부분에서 많은 시간이 소요되어 발표시간이 부족할 경우에는 1~2명 아동만 발표시킨다.

⇨ 모둠별 결과 발표 시 아동이 상대방의 결과가 자기 팀과 다르다고 하여 비난하거나 놀리지 않도록 하고, 아동이 최선을 다해 과제 수행한 것을 서로 격려하도록 지도한다.

■■ **보충 설명: 모둠별 발표 후 내용이 부족할 경우 교사의 보충 설명이나 보충 자료를 제시하여 아동의 이해 돕기**

- 선물을 고르거나 선물을 구입하기 위해 필요한 금액을 모으는 다양한 방법에 대해 추가로 설명하고, 선물을 전달할 때 물건의 종

류와 친구가 어디 사느냐(전학 간 경우)에 따라 전달하는 방법이 달라질 수 있음을 지도한다(택배를 이용할 수도 있음을 안내한다).

개별수업

개별학습 및 평가

개별학습 · 평가하기

문제해결의 개별학습하기

- 교사는 독립적으로 과제 수행을 할 수 없는 아동부터 순서대로 수업한 내용을 복습할 수 있도록 지도한다. 제시된 문제와 유사한 문제를 제시하여 결과예측, 원인 · 이유, 해결방안에 대해 과제 수행할 수 있도록 지도한다.

자기평가하기([그림 2-3] 참조)

- 자기평가를 독립적으로 할 수 없는 아동은 교사와 함께 평가하도록 한다.
- 자기평가는 매 회기별로 실시하지 않고, 단원별로 한두 차례 실시하도록 한다.

전체수업

수업 정리

수업 마무리하기

개별학습과 자기평가 시간이 완료되면 수업 마무리하기

- 문제 상황에 대해 종합적으로 질문하고 설명한다.
- '도와주기 게시판'을 교실 환경판에 전시한다(다음 수업에 활용).
- 매 수업 후 교사는 개별 아동의 학업 수행력에 대한 전반적인 평가를 한다.
- 강화는 도입 부분에서 안내하였을 경우 그에 알맞게 제공하도록 한다.

학습지 1

단원	나도 혼자서 할 수 있어!	수업 주제	친구의 생일에는 무엇을 해 줄까요?	차시	1~2
				수준	상/하
월 일 요일			이름		

⇨ 하 수준의 아동은 교사/보조원과 함께 답란에 글자 대신 그림을 붙이게 한다.

짱이는 친구의 생일에 선물을 사 주려고 합니다.

❶ 짱이는 왜 고민을 하고 있을까요?

❷ 만약 친구에게 생일 선물을 주고 싶다면 어떤 선물을 주고 싶나요?

❸ 친구의 생일 선물을 어떤 곳에서 사고 싶나요?

❹ 전학 간 친구의 생일 선물을 어떻게 전해 주고 싶나요?

학습지 2

단원	나도 혼자서 할 수 있어!	수업 주제	친구의 생일에는 무엇을 해 줄까요?	차시	1~2
				수준	중
월 일 요일		이름			

짱이는 친구의 생일에 선물을 사 주려고 합니다.

※ 다음 문제를 읽고 알맞은 답의 번호를 모두 고르세요.

❶ 짱이는 왜 고민을 하고 있을까요? (   )

① 놀러가고 싶어서 ② 숙제 때문에
③ 친구의 생일 선물 때문에

❷ 만약 친구에게 생일 선물을 주고 싶다면 어떤 선물을 사고 싶나요? (   )

① 인형 ② 컴퓨터 ③ 동화책
④ 학용품 ⑤ 책상

❸ 친구의 생일 선물을 어떤 곳에서 사고 싶나요? (   )

① 인터넷 쇼핑몰에서 ② 백화점에서
③ 문구점에서 ④ 할인마트에서

❹ 전학 간 친구의 생일 선물 어떻게 전해 주고 싶나요? (   )

① 우체국에 가서 소포로 보내요.
② 친구 집에 찾아가서 직접 전해 줘요.
③ 전화해서 친구에게 가져가라고 말해요.
④ 부모님께 전해 달라고 부탁해요.

8단원 1회기(1～2차시)에 필요한 그림 자료

❶ PBL 그림 문제: 확대 출력하여 사용(A4 혹은 B4 확대/코팅 사용)

- 엽서 크기로 PBL 그림을 출력하여 모둠별 도와주기 게시판 좌측 혹은 우측 상단에 붙여 주어 아동이 PBL 문제를 이해하는 데 도움을 주도록 한다.

❷ 아동이 협력하여 게시판에 작업할 때 글자쓰기에 어려움이 있는 아동이 각 영역에 사용할 그림 자료

- 어떤 선물로 할까?

  – 친구가 좋아하는 선물을 어떻게 알아내지?

–어떤 선물로 결정할까요?

• 선물 살 돈은 어떻게 준비하지?

- 선물은 어떤 곳에서 살까?

- 친구의 선물은 어떻게 전달하지?

2/4 3~4/8 차시	친구와의 나들이에 무엇을 준비해야 할까요?
학습목표	☑ 친구와 함께 현장학습 가기 위해 준비해야 할 것이 무엇인지 말할 수 있다. ☑ 현장학습 시 주의해야 할 것을 알 수 있다.

지도상 유의점

• 이 단원은 일반적인 PBL 수업 과정과 유사하게 진행되므로 1에서 7단원의 교수-학습 과정과 다소 다르다. 교사는 전체 과정을 숙지한 후 수업을 진행하도록 한다. 그리고 3단원의 '현장학습' 편과 연관 지어 지도하고, 각 지역에서의 현장학습 접근 가능 장소로 변경하여 수업하도록 한다. 아동끼리 현장학습은 위험할 수 있으므로 아동의 상황과 특성에 따라 본 수업의 실행여부를 결정해야 한다.

학습 내용 및 활동

전체수업

수업을 위한 동기유발

친구와 함께 현장학습을 가 본 경험을 이야기하기(아동이 직접 현장학습 간 사진, 동영상 자료 제시)

• 친구와 현장학습을 가 본 적이 있나요?

☺ 갔었어요.

☺ 한 번도 가 보지 않았어요.

• 여러 명의 친구들과 갔나요?

☺ 네, 친구들을 많이 불렀어요.

☺ 아니요, 없어요.

• 현장학습을 갈 때 준비해야 할 것이 있나요?

☺ 지도

☺ 교통비

☺ 간식과 물

■■ **본시 수업 안내하기**

- 오늘 수업에서는 친구와 함께 현장학습 가기 위해 어떻게 해야 할지에 대해 배운다는 것을 알려 준다.

◪ 문제 제시

PBL 문제 만나기

■■ **단원 PBL 문제 안내하기**

- 단원 문제: 여러분은 이제 초등학생이에요. 부모님 없이 친구들과 함께 물건도 사고, 박물관 견학도 하고, 축하파티도 열 수 있어요. 어른의 도움 없이 여러분끼리 협력하여 다음 문제를 해결해 보세요.

⇨ 단원 PBL 문제는 1회기(1~2차시)에 소개한 경우에는 그다음 차시부터 생략해도 된다.

■■ **그림 자료나 PPT 자료로 PBL 문제 제시하기**

- 문제내용: 짱이와 친구들은 이번 토요일에 대공원에 현장학습(나들이)을 가려고 합니다. 어떤 일을 알아보고, 또 어떤 준비를 해야 할까요?

◪ 문제 파악

■■ (그림을 보며) **짱이와 친구들은 대공원에 가기 위해 어떤 일을 알아보고, 어떻게 해야 할지 4단계**(혹은 3단계)**에 걸쳐 문제를 해결하기**

1 어떤 곳의 대공원으로 현장학습을 갈까?

- 짱이와 친구들은 어느 대공원을 선택할까요?
  - ☺ 서울에 있는 어린이 대공원으로 가요.
  - ☺ 과천에 있는 서울대공원으로 가요. 서울랜드에 가요.
  - ☺ 롯데월드에 가요.

☺ 에버랜드에 가요.

☺ 63빌딩 수족관에 가요.

- 장소는 어떻게 알아내야 할까요?

  ☺ 인터넷에서 검색해요.

  ☺ 대공원 홈페이지에 들어가 봐요.

  ☺ 114에 전화번호를 알아내어 직접 그곳으로 전화해 봐요.

  ☺ 어른들께 여쭤 봐요.

- 어떤 결정을 하였나요?

  ☺ 어린이 대공원에 가고 싶어요.

- 왜 그런 결정을 하였나요?

  ☺ 가깝고 찾아가기 쉽기 때문에

[2] 현장학습 갈 돈은 어떻게 마련해야 할까요?

- 어떤 방법으로 돈을 마련해야 할까요?

  ☺ 용돈으로 가면 돼요.

  ☺ 저금통에서 꺼내면 돼요.

  ☺ 엄마, 아빠 심부름해서 돈을 모으면 돼요.

☺ 아빠 구두를 닦아 주고 용돈을 모아요.

☺ 엄마의 설거지를 도와드리고 용돈을 모아요.

☺ 엄마께 빌리고 대신 심부름을 해서 갚으면 돼요.

☺ 청소를 도와드리고 용돈을 모아요.

3 대공원으로 어떤 방법으로(교통수단) 가야 할까요?

• 어떤 방법으로 가는 길을 알 수 있을까요?

☺ 인터넷에서 검색해요.

☺ 대공원 홈페이지에 들어가 봐요.

☺ 114에 전화번호를 알아내어 직접 그곳으로 전화해 봐요.

☺ 어른들께 여쭤 봐요.

• 어떤 결정을 하였나요?

☺ 지하철

- 왜 그런 결정을 하였나요?
  ☺ 제일 빠르게 갈 수 있기 때문이에요.
- 친구들은 언제, 어떻게 모여서 갈 건가요?
  ☺ 모일 시간과 장소를 정해야 해요.

4 대공원에서 먹을 점심(간식)은 어떻게 할까?

☺ 직접 만들어서 도시락을 싸 가지고 가요.

☺ 엄마에게 도시락을 싸 달라고 부탁해요.

☺ 김밥을 미리 동네에서 사서 갈 거예요.

☺ 거기서 사서 먹어요.(식당에서 사 먹어요.)

☺ 굶어요.

- 어떤 결정을 하였나요?
  ☺ 집에 있는 간식을 각자 싸 가지고 가기로 했어요.
- 왜 그런 결정을 하였나요?
  ☺ 그곳에는 음식 값이 비싸기 때문이에요.

⇨ 각 영역에 대한 답이 다양하게 나오지 않을 경우 교사는 단서를 제공하도록 한다.

- PBL 그림 문제에 맞게 단계별로 결과예측, 원인 · 이유, 해결 방안에 대해 다시 한 번 간단히 설명하고 질문한다.

모둠 구성하기

아동 수에 따라 1~2개의 모둠 구성하기

- 학습 능력이 상중하 수준으로 골고루 섞이도록 모둠별로 아동을 골고루 배치하도록 한다.
- 한 모둠은 2~3명으로 구성한다.

⇨ 모둠은 상황에 따라 매번 바꾸지 않고 전 시간에 배치된 인원 그대로 편성해도 되고, 아동이 원하는 팀으로 구성해도 된다. 그러나 한 아동 때문에 모둠에 다툼이 잦을 때는 아동이 눈치 채지 못하도록 자연스럽게 구성원을 교체하도록 한다.

모둠별로 '도와주기 게시판' 제공하기

- 게시판은 1/2 전지를 제공하거나 아동 수가 적을 때는 B4(개별일 때는 A4) 용지를 제공해도 된다.
- 게시판의 제목인 '짱이를 도와주세요'는 아동이 원하는 이름이 있을 경우에는 변경해서 사용해도 된다.

⇨ '도와주기 게시판'은 모둠별 과제 수행을 위한 협력 학습 자료로 이용됨과 동시에 개별 발표 시에도 이용되며 단원에 따라 재구성하여 사용해도 된다.

⇨ 유의점: 모둠별 협동 수업 전에 전체 아동의 수준에 따라 각 질문에 대한 간단한 단서를 제공하여 모둠별 과제 수행이 용이하게 이루어지도록 한다.

협동수업

모둠별 문제 탐색

협동적 문제 탐색 · 해결하기

모둠별 책상 정리 후 PBL 문제에 대한 문제해결의 단계별로 문제를 협동으로 탐색 · 해결하기

- 글자를 읽고 쓰는 것에 어려움이 있는 아동은 글자 대신 '작은 그림'으로 된 답지를 제공하여 해당 칸에 오려 붙일 수 있도록 한다.
- 수업 중에 아동이 인터넷에서 '동물원, 놀이공원, 현장학습, 지하철' 등의 검색어로 수집한 자료를 활용해도 된다.

⇨ 전체 수업에서는 단계별로 여러 가지 답을 말하게 하고 모둠별로는 일차적으로 아래 네모 박스에 전체적으로 나온 답을 여러 가지 쓰게 한 다음 아래쪽 칸에는 모둠별로 짱이가 골랐을 것으로 예상된 답 하나씩을 쓰고 그 이유를 아래 칸에 적게 한다.

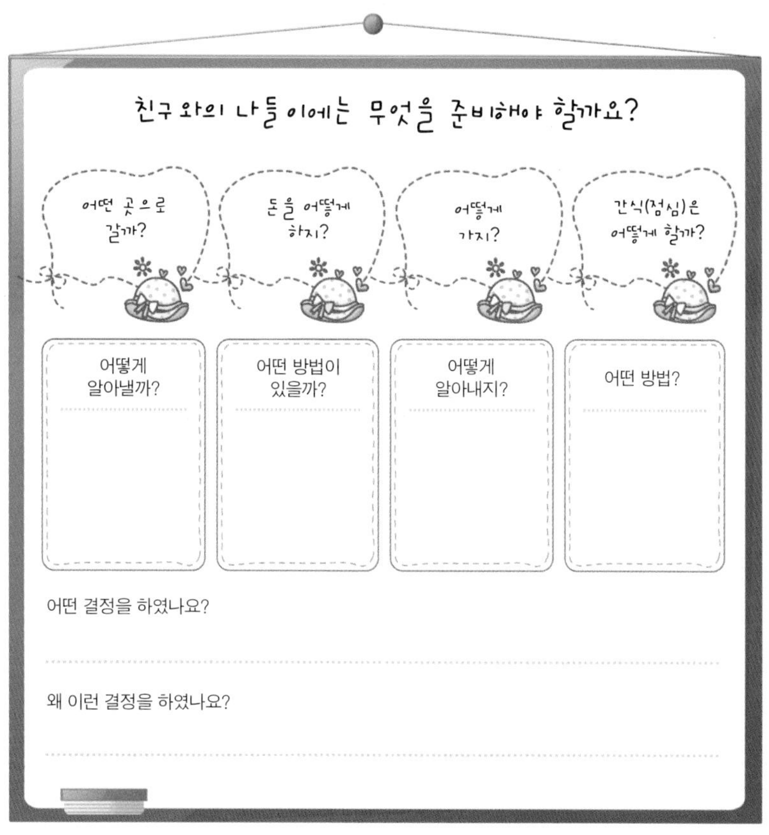

친구와의 나들이에는 무엇을 준비해야 할까요?
어떤 곳으로 갈까?
돈을 어떻게 하지?
어떻게 가지?
간식(점심)은 어떻게 할까?
어떻게 알아낼까?
어떤 방법이 있을까?
어떻게 알아내지?
어떤 방법?
어떤 결정을 하였나요?
왜 이런 결정을 하였나요?

전체수업

발표하기

■■ **모둠별로 완성된 게시판은 앞에 붙이고 순서대로 발표하기**

- 발표는 팀에서 선발하거나 원하는 아동이 할 수 있도록 한다.
- 초기에는 아동이 발표하는 데 어려움을 겪으므로 교사가 발표 시범을 보여 주도록 한다.
- 앞부분에서 많은 시간이 소요되어 발표시간이 부족할 경우에는 1~2명 아동만 발표시킨다.

⇨ 모둠별 결과 발표 시 아동이 상대방의 결과가 자기 팀과 다르다고 하여 비난하거나 놀리지 않도록 하고, 아동이 최선을 다해 과제 수행한 것을 서로 격려하도록 지도한다.

보충 학습하기

■■ **보충 설명: 모둠별 발표 후 내용이 부족할 경우 교사의 보충 설명이나 보충 자료를 제시하여 아동의 이해 돕기**

- 친구들과 함께 나들이를 갈 수 있는 장소는 학교와 지역사회를 감

안하여 소개하도록 하고, 어린이끼리 갈 수 있는 곳과 그렇지 않는 곳 등을 고려하여 지도한다.

개별수업

개별학습 및 평가

개별학습 · 평가하기

문제해결의 개별학습하기

- 교사는 독립적으로 과제 수행을 할 수 없는 아동부터 순서대로 수업한 내용을 복습할 수 있도록 지도한다. 제시된 문제와 유사한 문제를 제시하여 결과예측, 원인 · 이유, 해결방안에 대해 과제 수행할 수 있도록 지도한다.

자기평가하기([그림 2-3] 참조)

- 자기평가를 독립적으로 할 수 없는 아동은 교사와 함께 평가하도록 한다.
- 자기평가는 매 회기별로 실시하지 않고, 단원별로 한두 차례 실시하도록 한다.

전체수업

수업 정리

수업 마무리하기

개별학습과 자기평가 시간이 완료되면 수업 마무리하기

- 문제 상황에 대해 종합적으로 질문하고 설명한다.
- '도와주기 게시판'을 교실 환경판에 전시한다(다음 수업에 활용).
- 매 수업 후 교사는 개별 아동의 학업 수행력에 대한 전반적인 평가를 한다.
- 강화는 도입 부분에서 안내하였을 경우 그에 알맞게 제공하도록 한다.

학습지 1

<table>
<tr><td rowspan="2">단원</td><td rowspan="2">나도 혼자서 할 수 있어!</td><td rowspan="2">수업 주제</td><td rowspan="2">친구와의 나들이에 무엇을 준비해야 할까요?</td><td>차시</td><td>3~4</td></tr>
<tr><td>수준</td><td>상/하</td></tr>
<tr><td colspan="3">월 일 요일</td><td>이름</td><td colspan="2"></td></tr>
</table>

⇨ 하 수준의 아동은 교사/보조원과 함께 답란에 글자 대신 그림을 붙이게 한다.

짱이와 친구들은 이번 토요일에 대공원으로 현장학습(나들이)을 가려고 합니다.

❶ 짱이와 친구들은 어떤 얘기를 나누고 있나요?

❷ 짱이와 친구들은 어떤 곳으로 현장학습을 가려고 하나요 ?

❸ 현장학습을 가야 할 장소를 모르면 어떻게 해야 할까요?

❹ 친구끼리 현장학습을 간다면 돈은 어떻게 준비하는 것이 좋을까요?

학습지 2

단원	나도 혼자서 할 수 있어!	수업 주제	친구와의 나들이에 무엇을 준비해야 할까요?	차시	3~4
				수준	중
월 일 요일			이름		

짱이와 친구들은 이번 토요일에 대공원으로 현장학습(나들이)을 가려고 합니다.

※ 다음 문제를 읽고 알맞은 답의 번호를 <u>모두</u> 고르고 빈칸에는 직접 쓰세요.

❶ 짱이와 친구들은 어떤 이야기를 나누고 있나요? (　　)
① 공원으로 놀러 가자는 이야기를 하고 있다.
② 숙제를 어떻게 해야 하는지 의논하고 있다.
③ 친구의 생일 선물을 의논하고 있다.

❷ 짱이와 친구들이 놀이공원으로 가는 길을 모른다면 어떻게 해야 할까요? (　　)
① 무조건 버스만 타면 된다.
② 놀이공원 인터넷 홈페이지에 들어가서 찾는다.
③ 동화책을 보고 안다.
④ 선생님께 여쭈어 본다.

❸ 짱이가 놀이공원을 간다면 돈은 어떻게 준비하는 것이 좋을까요? (　　)
① 모아 놓은 용돈으로 간다.
② 부모님의 심부름을 해서 돈을 모아서 간다.
③ 동생이 모아 놓은 용돈을 빼앗아서 가면 된다.

❹ 친구들과 어떤 곳으로 현장학습을 가고 싶나요?
어떤 장소? (　　　　　　　　　　)
왜 그곳에 가고 싶나요? (　　　　　　　　　　　　　　　　　　　　)

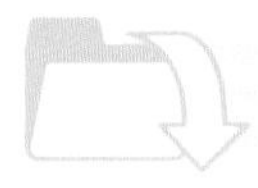

8단원 2회기(3~4차시)에 필요한 그림 자료

❶ PBL 그림 문제: 확대 출력하여 사용(A4 혹은 B4 확대/코팅 사용)

- 엽서 크기로 PBL 그림을 출력하여 모둠별 도와주기 게시판 좌측 혹은 우측 상단에 붙여 주어 아동이 PBL 문제를 이해하는 데 도움을 주도록 한다.

❷ 협력하여 게시판에 작업할 때 글자쓰기에 어려움이 있는 아동이 각 영역에 사용할 그림 자료

- 어떤 곳으로 현장학습을 갈까?

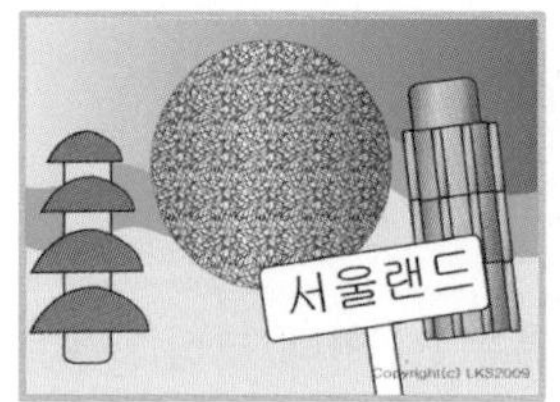

-현장학습 갈 장소를 어떻게 알아내지?

• 현장학습 갈 돈은 어떻게 하지?

-그곳은 어떻게 가야 하나요? 가는 방법은 어떻게 알지?

-무엇을 타고 갈까?

• 간식은 어떻게 하지? (어떻게 준비할까? 어떤 음식으로 할까?)

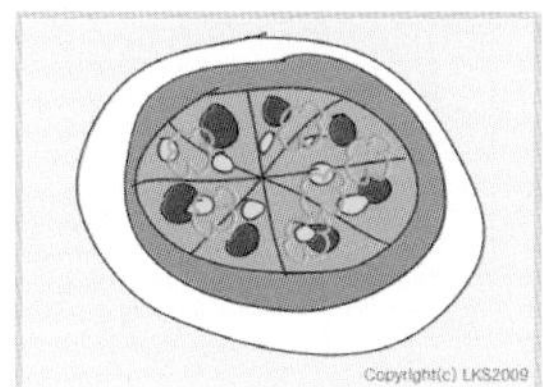

3/4 5～6/8 차시	갈 곳 없는 강아지를 어떻게 할까요?
학습목표	☑ 갈 곳 없는 강아지를 보면 어떻게 도와주어야 하는지 알 수 있다.

지도상 유의점

- 이 단원은 1～7단원과 교수–학습 과정이 다소 다르다. 본시 수업은 2단원의 '거리에서 길 잃은 동생' 편과 3단원의 '현장학습에서 어떤 일이 생길까요?'와 연계하여 지도한다.

학습 내용 및 활동

전체수업

수업을 위한 동기유발

다친 강아지를 본 적이 있는지 이야기하기

- 길가에서 다친 강아지를 본 적이 있나요?
  ☺ 네, 있어요.
  ☺ 아니요, 없어요.
- 어떻게 해 주었나요?
  ☺ 네, 병원에 데려다 주었어요.
  ☺ 아니요, 그냥 지나갔어요.

본시 수업 안내하기

- 오늘 수업에서는 놀이터에서 다친 강아지를 보았다면 어떻게 대처해야 할지에 대해 배운다는 것을 설명한다.

문제 제시

PBL 문제 만나기

단원 PBL 문제 안내하기

- 단원 문제: 여러분은 이제 초등학생이에요. 부모님 없이 친구들과

함께 물건도 사고, 박물관 견학도 하고, 축하파티도 열 수 있어요. 어른의 도움 없이 여러분끼리 협력하여 다음 문제를 해결해 보세요.

⇨ 단원 PBL 문제는 1회기(1~2차시)에 소개한 경우에는 그다음 차시부터 생략해도 된다.

■■ **그림 자료나 PPT 자료로 PBL 문제 제시하기**

• 문제내용: 짱이는 놀이터에서 다리를 다친 강아지를 보았습니다. 어떻게 해야 할까요?

◩ 문제 파악

■■ (그림을 보며) **어떤 일을 알아보고, 어떻게 해야 할지 4단계**(혹은 3단계)**에 걸쳐 문제 해결하기**

[1] 다리를 다친 강아지를 보면 그다음에는 어떻게 해야 할까요?

• 이제 어떻게 해야 할까요?

☺ 주위에 주인이 있는지 살펴봐야 해요.

☺ 동물병원으로 데려가서 치료해야 해요.

☺ 경찰에 신고해야 해요.

☺ 어른들께 도움을 요청해야 해요.

☺ 아파트 놀이터라면 관리사무실에서 방송을 해서 주인을 찾아야 해요.

☺ 놀이터 근처에 강아지 주인을 찾는 안내장을 붙여야 해요.

☺ 114에 전화해서 유기견 센터에 연락을 해요.

- 어떤 결정을 하였나요?
  - ☺ 동물병원에 데려가서 치료해요.
  - ☺ 어른께 도움을 청해요.
- 왜 그런 결정을 하였나요?
  - ☺ 강아지가 다쳤으니까 치료를 해야 하니까요.
  - ☺ 어른들에게 도움을 요청하면 강아지를 더 잘 보살펴 줄 것이기 때문이에요.
  - ☺ 강아지가 물 수 있기 때문이에요.

2 만약 강아지 주인이 계속 나타나지 않는다면 어떻게 해야 할까요?

☺ 동네에 주인을 찾는 전단지를 붙여요.

☺ 동물병원에 맡겨요.

☺ 유기견 센터에 맡겨요.

☺ 집에 데려가서 키워요.

☺ 파출소에 데려다 줘요.

3 만약, 집에 강아지를 데리고 가서 키우고 싶다면 어떻게 해야 할까요?

☺ 부모님께 허락을 받아야 해요.

☺ 강아지에게 병이 있는지 알아봐야 해요.

☺ 강아지를 키우기 위해 필요한 물건을 알아봐야 해요.

☺ 강아지를 자주 목욕시켜야 해요.

☺ 강아지 짖는 소리 때문에 다른 사람들에게 피해를 주는지 알아봐야 해요.

- 강아지를 집에서 키우면 어떤 문제점이 생길까요?

  ☺ 강아지 짖는 소리로 시끄러울 수 있어요.

  ☺ 자주 강아지를 씻어 주어야 해서 힘들 거예요.

  ☺ 남에게 피해를 줄 수 있어요.

⇨ 각 영역에 대한 답이 다양하게 나오지 않을 경우 교사는 단서를 제공하도록 한다.

- PBL 그림 문제에 맞게 단계별로 결과예측, 원인 · 이유, 해결 방안에 대해 다시 한 번 간단히 설명하고 질문한다.

모둠 구성하기

아동 수에 따라 1~2개의 모둠 구성하기

- 학습 능력이 상중하 수준으로 골고루 섞이도록 모둠별로 아동을 골고루 배치하도록 한다.
- 한 모둠은 2~3명으로 구성한다.

⇨ 모둠은 상황에 따라 매번 바꾸지 않고 전 시간에 배치된 인원 그대로 편성해도 되고, 아동이 원하는 팀으로 구성해도 된다. 그러나 한 아동 때문에 모둠에 다툼이 잦을 때는 아동이 눈치 채지 못하도록 자연스럽게 구성원을 교체하도록 한다.

모둠별로 '도와주기 게시판' 제공하기

- 게시판은 1/2 전지를 제공하거나 아동 수가 적을 때는 B4(개별일 때는 A4) 용지를 제공해도 된다.
- 게시판의 제목인 '짱이를 도와주세요'는 아동이 원하는 이름이 있

을 경우에는 변경해서 사용해도 된다.

⇨ '도와주기 게시판'은 모둠별 과제 수행을 위한 협력 학습 자료로 이용됨과 동시에 개별 발표 시에도 이용되며 단원에 따라 재구성하여 사용해도 된다.

⇨ 유의점: 모둠별 협동 수업 전에 전체 아동의 수준에 따라 각 질문에 대한 간단한 단서를 제공하여 모둠별 과제 수행이 용이하게 이루어지도록 한다.

협동수업

모둠별 문제 탐색

협동적 문제 탐색 · 해결하기

모둠별 책상 정리 후 PBL 문제에 대한 문제해결의 단계별로 문제를 협동으로 탐색 · 해결하기

- 글자를 읽고 쓰는 것에 어려움이 있는 아동은 글자 대신 '작은 그림'으로 된 답지를 제공하여 해당 칸에 오려 붙일 수 있도록 한다.
- 수업 중에 아동이 인터넷에서 '유기견, 애완견, 동물병원' 등의 검색어로 수집한 자료를 활용해도 된다.

⇨ 전체 수업에서는 단계별로 여러 가지 답을 말하게 하고 모둠별로는 일차적으로 아래 네모 박스에 전체적으로 나온 답을 여러 가지 쓰게 한 다음 아래쪽 칸에는 모둠별로 짱이가 골랐을 것으로 예상된 답 하나씩을 쓰고 그 이유를 아래 칸에 적게 한다.

전체수업

발표하기

■■ **모둠별로 완성된 게시판은 앞에 붙이고 순서대로 발표하기**

- 발표는 팀에서 선발하거나 원하는 아동이 할 수 있도록 한다.
- 초기에는 아동이 발표하는 데 어려움을 겪으므로 교사가 발표 시범을 보여 주도록 한다.
- 앞부분에서 많은 시간이 소요되어 발표시간이 부족할 경우에는 1~2명 아동만 발표시킨다.

⇨ 모둠별 결과 발표 시 아동이 상대방의 결과가 자기 팀과 다르다고 하여 비난하거나 놀리지 않도록 하고, 아동이 최선을 다해 과제 수행한 것을 서로 격려하도록 지도한다.

보충 학습하기

■■ **보충 설명: 모둠별 발표 후 내용이 부족할 경우 교사의 보충 설명이나 보충 자료를 제시하여 아동의 이해 돕기**

- 2단원 4회기의 거리에서 길을 잃은 동생의 집을 찾아 주기(3단원의 현장학습)에서 짱이가 했던 문제해결 과정과 유사한 부분도 있고, 사람과 동물이라는 차이점 때문에 문제해결하는 과정에서 다소 차이가 있을 수 있음을 지도한다.

개별수업

개별학습 및 평가

개별학습 · 평가하기

■■ **문제해결의 개별학습하기**

- 교사는 독립적으로 과제 수행을 할 수 없는 아동부터 순서대로 수업한 내용을 복습할 수 있도록 지도한다. 제시된 문제와 유사한 문제를 제시하여 결과예측, 원인 · 이유, 해결방안에 대해 과제 수행할 수 있도록 지도한다.

■■ **자기평가하기**([그림 2-3] 참조)

- 자기평가를 독립적으로 할 수 없는 아동은 교사와 함께 평가하도록 한다.
- 자기평가는 매 회기별로 실시하지 않고, 단원별로 한두 차례 실시하도록 한다.

전체수업

수업 정리

수업 마무리하기

개별학습과 자기평가 시간이 완료되면 수업 마무리하기

- 문제 상황에 대해 종합적으로 질문하고 설명한다.
- '도와주기 게시판'을 교실 환경판에 전시한다(다음 수업에 활용).
- 매 수업 후 교사는 개별아동의 학업 수행력에 대한 전반적인 평가를 한다.
- 강화는 도입 부분에서 안내하였을 경우 그에 알맞게 제공하도록 한다.

학습지 1

<table>
<tr><td rowspan="2">단원</td><td rowspan="2">나도 혼자서
할 수 있어!</td><td rowspan="2">수업
주제</td><td rowspan="2">갈 곳 없는 강아지를
어떻게 할까요?</td><td>차시</td><td>5~6</td></tr>
<tr><td>수준</td><td>상/하</td></tr>
<tr><td colspan="3">월 일 요일</td><td>이름</td><td colspan="2"></td></tr>
</table>

⇨ 하 수준의 아동은 교사/보조원과 함께 답란에 글자 대신 그림을 붙이게 한다.

짱이는 놀이터에서 다리를 다친 강아지를 보았습니다.

❶ 놀이터에서 다친 강아지를 본다면 어떻게 해야 할까요?

❷ 강아지의 주인이 나타나지 않는다면 어떻게 해야 할까요 ?

❸ 주인 없는 강아지를 집에 데려다 키우고 싶다면 어떻게 해야 할까요?

❹ 집에서 강아지를 키우게 될 경우 나는 어떤 일을 하면 좋을까요?

학습지 2

단원	나도 혼자서 할 수 있어!	수업 주제	갈 곳 없는 강아지를 어떻게 할까요?	차시	5~6
				수준	중
월 일 요일			이름		

짱이는 놀이터에서 다리를 다친 강아지를 보았습니다.

※ 다음 문제를 읽고 알맞은 답의 번호를 모두 고르세요.

❶ 놀이터에서 다친 강아지를 본다면 어떻게 해야 할까요? (　　)
① 강아지를 더럽다며 멀리 쫓아낸다.
② 주위에 주인이 있는지 찾는다.
③ 어른들께 도와 달라고 부탁한다.

❷ 강아지의 주인이 나타나지 않는다면 어떻게 해야 할까요? (　　)
① 동네에 주인을 찾는 전단지를 붙여 본다.
② 유기견 센터에 연락해서 어떻게 할지 물어 본다.
③ 모르는 척하고 강아지를 길거리에 내버려 둔다.

❸ 주인 없는 강아지를 집에 데려다 키우고 싶다면 어떻게 해야 할까요? (　　)
① 부모님께 허락을 받아야 한다.
② 부모님 허락 없이도 무조건 혼자 키우면 된다.

❹ 집에서 강아지를 키우게 될 경우 나는 어떤 일을 하면 좋을까요? (　　)
① 강아지를 괴롭혀서 계속 짖게 한다.
② 강아지 목욕은 내가 시킨다.
③ 강아지 집을 예쁘게 꾸미고 청소한다.

8단원 3회기(5~6차시)에 필요한 그림 자료

❶ PBL 그림 문제: 확대 출력하여 사용(A4 혹은 B4 확대/코팅 사용)

• 엽서 크기로 PBL 그림을 출력하여 모둠별 도와주기 게시판 좌측 혹은 우측 상단에 붙여 주어 아동이 PBL 문제를 이해하는 데 도움을 주도록 한다.

❷ 아동이 협력하여 게시판에 작업할 때 글자쓰기에 어려움이 있는 아동이 각 영역에 사용할 그림 자료

• 다음에는 어떻게 해야 할까요?

• 만약 강아지 주인이 나타나지 않는다면 어떻게 해야 할까요?

• 만약 강아지를 집에 데려가서 키우고 싶다면 어떻게 해야 할까요?

4/4 7~8/8 차시	가득 찬 저금통은 어떻게 할까요?
학습목표	☑ 용돈을 모아 두었던 저금통이 찼을 경우 어떻게 해야 하는지에 대한 여러 가지 방법을 알 수 있다.

지도상 유의점

- 본시 수업은 본 단원 앞 회기의 '친구의 생일선물'과 친구끼리 '현장학습' 편과 연계하여 지도한다. 앞의 두 회기에서 용돈(저금한 돈)을 다루기 때문이다.

학습 내용 및 활동

전체수업

수업을 위한 동기유발

용돈을 저금통에 모아 본 경험을 이야기하기

- 용돈을 저금통에 모아 본 적이 있나요?
  ☺ 네, 있어요.
  ☺ 아니요, 은행 통장에 저금을 해요.
- 저금통이 가득 찼을 때에는 어떻게 해야 하나요?
  ☺ 네, 은행에 가서 저금을 해요.
  ☺ 부모님께 맡겨요.
- 저금한 돈으로는 무엇을 하나요?
  ☺ 네, 필요한 물건을 사요.
  ☺ 부모님 생신날에 선물을 사드려요.

본시 수업 안내하기

- 오늘 수업에서는 돈으로 가득 찬 '저금통'을 어떻게 할지에 대해 배운다는 것을 설명한다.

문제 제시

PBL 문제 만나기

단원 PBL 문제 안내하기

- 단원 문제: 여러분은 이제 초등학생이에요. 부모님 없이 친구들과 함께 물건도 사고, 박물관 견학도 하고, 축하파티도 열 수 있어요. 어른의 도움 없이 여러분끼리 협력하여 다음 문제를 해결해 보세요.

⇨ 단원 PBL 문제는 1회기(1∼2차시)에 소개한 경우에는 그다음 차시부터 생략해도 된다.

그림 자료나 PPT 자료로 PBL 문제 제시하기

- 문제내용: 짱이의 돼지 저금통이 꽉 찼습니다. 어떻게 할까요?

문제 파악

(그림을 보며) 꽉 찬 저금통을 처리하기 위해 어떤 일을 알아보고, 어떻게 해야 할지 4단계(혹은 3단계)에 걸쳐 문제해결하기

1 이제 저금통을 어떻게 해야 할까?

☺ 저금통에서 돈을 꺼내야 해요.

☺ 돈이 얼마인지 알아봐야 해요.

☺ 은행에 가서 저금을 해야 해요.

☺ 부모님께 맡겨요.

☺ 필요한 물건을 사야 해요.

☺ 불우이웃을 도울 거예요.

불우이웃돕기 해야지
Copyright(c) LKS2007

- 어떤 결정을 하였나요?
  - ☺ 은행에 가서 저금해요.
  - ☺ 부모님께 맡겨요.
- 왜 그런 결정을 하였나요?
  - ☺ 은행에 저금하면 돈을 많이 모을 수 있어요.
  - ☺ 부모님이 잘 보관했다가 짱이에게 필요한 물건을 사 주세요.
  - ☺ 동전이 많으면 보관하기 힘들어요.
  - ☺ 뉴스에서 사람들이 동전을 너무 많이 모아 두면 나라에서 동전을 만드는 데 돈을 더 많이 써야 한다고 했어요.

2 만약, 은행에 가서 저금 하려면 어떻게 해야 할까요?

- ☺ 통장을 만들어야 해요.
- ☺ 통장을 만드는 데 필요한 준비물이 무엇인지 알아야 해요.
- ☺ 엄마와 함께 은행에 가요.
- ☺ 은행에 미리 가서 준비물이 무엇인지 알아봐야 해요.

엄마 통장을 만들려면 어떻게 해요?
Copyright(c) LKS2007

통장을 만들고 싶어요
Copyright(c) LKS2007

- 은행에 저금하면 어떤 점이 좋을까요?
  - ☺ 안전하게 오래 보관해요.
  - ☺ 돈이 점점 불어나요.
  - ☺ 우리나라가 잘 살게 돼요.
  - ☺ 부모님을 도와주는 거예요.

3 만약, 필요한 물건을 사고 싶다면 어떻게 해야 할까요?

- ☺ 필요한 물건의 가격이 얼마인지 알아봐야 해요.
- ☺ 만약 사야 할 물건 가격에 돈이 부족하면 돈을 더 모아야 해요.

☺ 어디에서 사야 가격이 싼지 알아봐야 해요.

⇨ 각 영역에 대한 답이 다양하게 나오지 않을 경우 교사는 단서를 제공하도록 한다.

- PBL 그림 문제에 맞게 단계별로 결과예측, 원인 · 이유, 해결 방안에 대해 다시 한 번 간단히 설명하고 질문한다.

◪ 모둠 구성하기

■■ 아동 수에 따라 1~2개의 모둠 구성하기

- 학습 능력이 상중하 수준으로 골고루 섞이도록 모둠별로 아동을 골고루 배치하도록 한다.
- 한 모둠은 2~3명으로 구성한다.

⇨ 모둠은 상황에 따라 매번 바꾸지 않고 전 시간에 배치된 인원 그대로 편성해도 되고, 아동이 원하는 팀으로 구성해도 된다. 그러나 한 아동 때문에 모둠에 다툼이 잦을 때는 아동이 눈치 채지 못하도록 자연스럽게 구성원을 교체하도록 한다.

■■ 모둠별로 '도와주기 게시판' 제공하기

- 게시판은 1/2 전지를 제공하거나 아동 수가 적을 때는 B4(개별일 때는 A4) 용지를 제공해도 된다.
- 게시판의 제목인 '짱이를 도와주세요'는 아동이 원하는 이름이 있을 경우에는 변경해서 사용해도 된다.

⇨ '도와주기 게시판'은 모둠별 과제 수행을 위한 협력 학습 자료로 이용됨과 동시에 개별 발표 시에도 이용되며 단원에 따라 재구성하여 사용해도 된다.

⇨ 유의점: 모둠별 협동 수업 전에 전체 아동의 수준에 따라 각 질문에 대한 간단한 단서를 제공하여 모둠별 과제 수행이 용이하게 이루어지도록 한다.

협동수업

◪ 모둠별 문제 탐색

협동적 문제 탐색 · 해결하기

■■ 모둠별 책상 정리 후 PBL 문제에 대한 문제해결의 단계별로 문제를 협동으로 탐색 · 해결하기

- 글자를 읽고 쓰는 것에 어려움이 있는 아동은 글자 대신 '작은 그림'

으로 된 답지를 제공하여 해당 칸에 오려 붙일 수 있도록 한다.

- 수업 중에 아동이 인터넷에서 '은행, 저금, 저축' 등의 검색어로 수집한 자료를 활용해도 된다.

⇨ 전체 수업에서는 단계별로 여러 가지 답을 말하게 하고 모둠별로는 일차적으로 아래 네모 박스에 전체적으로 나온 답을 여러 가지 쓰게 한 다음 아래쪽 칸에는 모둠별로 짝이가 골랐을 것으로 예상된 답 하나씩을 쓰고 그 이유를 아래 칸에 적게 한다.

전체수업

발표하기

■■ 모둠별로 완성된 게시판은 앞에 붙이고 순서대로 발표하기

- 발표는 팀에서 선발하거나 원하는 아동이 할 수 있도록 한다.
- 초기에는 아동이 발표하는 데 어려움을 겪으므로 교사가 발표 시범을 보여 주도록 한다.
- 앞부분에서 많은 시간이 소요되어 발표시간이 부족할 경우에는 1~2명 아동만 발표시킨다.

⇨ 모둠별 결과 발표 시 아동이 상대방의 결과가 자기 팀과 다르다고 하여 비난하거나 놀리지 않도록 하고, 아동이 최선을 다해 과제 수행한 것을 서로 격려하도록 지도한다.

보충 학습하기

보충 설명: 모둠별 발표 후 내용이 부족할 경우 교사의 보충 설명이나 보충 자료를 제시하여 아동의 이해 돕기

- 아동의 수준에 따라 은행 이용하는 방법에 대해 구체적으로 보충 설명한다. 통장 만들기, 은행자동화기기 이용 방법, 돈 찾는 방법 등을 지도한다.

개별수업

개별학습 및 평가

개별학습 · 평가하기

문제해결의 개별학습하기

- 교사는 독립적으로 과제 수행을 할 수 없는 아동부터 순서대로 수업한 내용을 복습할 수 있도록 지도한다. 제시된 문제와 유사한 문제를 제시하여 결과예측, 원인 · 이유, 해결방안에 대해 과제 수행할 수 있도록 지도한다.

자기평가하기([그림 2-3] 참조)

- 자기평가를 독립적으로 할 수 없는 아동은 교사와 함께 평가하도록 한다.
- 자기평가는 매 회기별로 실시하지 않고, 단원별로 한두 차례 실시하도록 한다.

전체수업

수업 정리

수업 마무리하기

개별학습과 자기평가 시간이 완료되면 수업 마무리하기

- 문제 상황에 대해 종합적으로 질문하고 설명한다.
- '도와주기 게시판'을 교실 환경판에 전시한다(다음 수업에 활용).
- 매 수업 후 교사는 개별 아동의 학업 수행력에 대한 전반적인 평가를 한다.
- 강화는 도입 부분에서 안내하였을 경우 그에 알맞게 제공하도록 한다.

학습지 1

단원	나도 혼자서 할 수 있어!	수업 주제	가득 찬 저금통은 어떻게 할까요?	차시	7~8
				수준	상/하
월 일 요일			이름		

⇨ 하 수준의 아동은 교사/보조원과 함께 답란에 글자 대신 그림을 붙이게 한다.

짱이의 돼지 저금통이 꽉 찼습니다.

❶ 돼지 저금통에 돈이 가득 찼습니다. 다음에는 어떻게 해야 할까요?

❷ 은행에 가서 모은 돈을 저금한다면 어떻게 해야 할까요 ?

❸ 모은 돈으로 필요한 물건을 사고 싶다면 어떻게 해야 할까요?

❹ 물건을 사야 하는데 저금한 돈보다 물건이 더 비싸면 어떻게 해야 할까요?

학습지 2

단원	나도 혼자서 할 수 있어!	수업 주제	가득 찬 저금통은 어떻게 할까요?	차시	7~8
				수준	상/하
월 일 요일			이름		

짱이의 돼지 저금통이 꽉 찼습니다.

※ 다음 문제를 읽고 알맞은 답의 번호를 <u>모두</u> 고르세요.

❶ 다음에는 어떻게 해야 할까요? (　　)
① 돼지 저금통을 그대로 버린다.
② 은행에 가서 통장을 만들어 저금한다.
③ 필요한 학용품을 산다.

❷ 은행에 가서 모은 돈을 저금한다면 어떻게 해야 할까요? (　　)
① 가까운 은행에 가서 통장을 어떻게 만드는지 알아본다.
② 부모님과 함께 은행에 저금하러 간다.
③ 동생에게 은행에 가서 통장을 만들어 오라고 시킨다.

❸ 모은 돈으로 필요한 물건을 사고 싶다면 어떻게 해야 할까요? (　　)
① 저금한 돈에 맞게 어떤 물건을 살지 알아본다.
② 무조건 백화점으로 가서 사고 싶은 대로 물건을 산다.
③ 인터넷에서 필요한 물건을 어떤 곳에서 사면 좋을지 알아본다.

❹ 은행에 저금을 하면 왜 좋을까요? (　　)
① 은행에서는 돈을 잘 없애 주기 때문에
② 은행이 집에 두는 것보다 안전하기 때문에
③ 우리나라가 잘살게 되기 때문에

8단원 4회기(7~8차시)에 필요한 그림 자료

❶ PBL 그림 문제: 확대 출력하여 사용(A4 혹은 B4 확대/코팅 사용)

맛있는거 사먹을까?
오락실에 갈까?
은행에 갈까?
Copyright(c) LKS2007

- 엽서 크기로 PBL 그림을 출력하여 모둠별 도와주기 게시판 좌측 혹은 우측 상단에 붙여 주어 아동이 PBL 문제를 이해하는 데 도움을 주도록 한다.

❷ 아동이 협력하여 게시판에 작업할 때 글자쓰기에 어려움이 있는 아동이 각 영역에 사용할 그림 자료

- 저금통 이제 어떻게 해야 할까요?

55
Copyright(c) LKS2007

Copyright(c) LKS2007

Copyright(c) LKS2007

• 만약 은행에 저금을 한다면 어떻게 해야 할까요?

• 저금한 돈으로 필요한 물건을 사려고 합니다. 어떻게 해야 할까요?

–어떤 물건을 살지 결정해야 해요

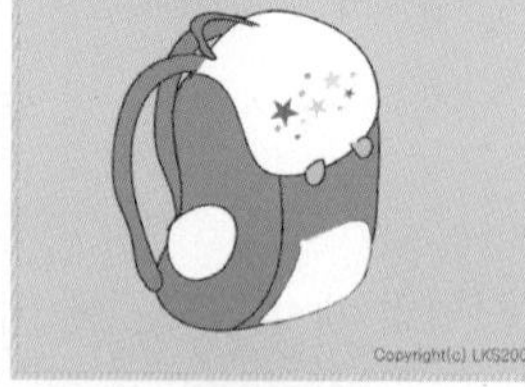

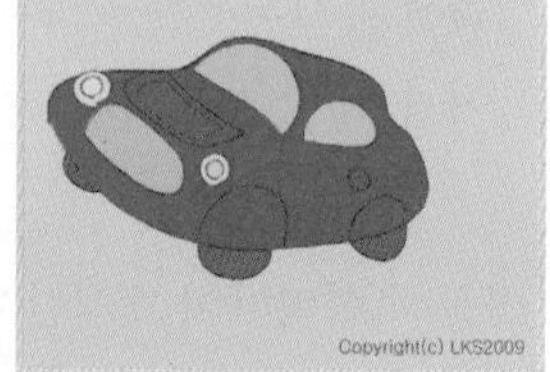

–필요한 물건의 값이 얼마인지 알아봐야 해요

-필요한 물건이 비싸서 돈이 부족하다면 저금을 더 해야 해요

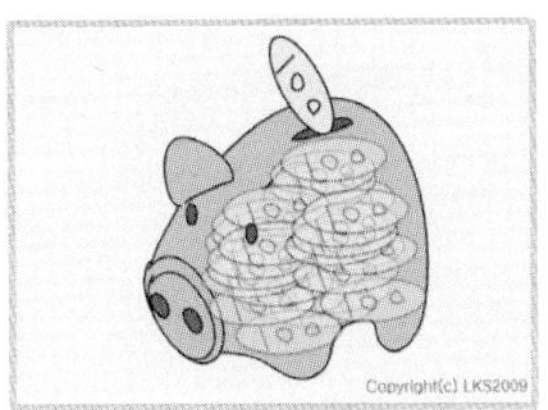

-물건을 어떤 곳에서 살지 결정해야 해요

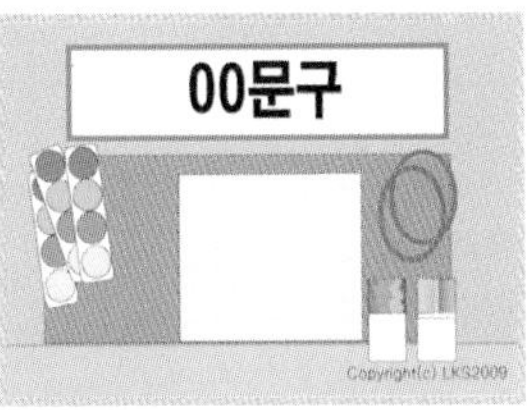

-어떤 곳이 물건 값이 싼지 알아보아야 해요

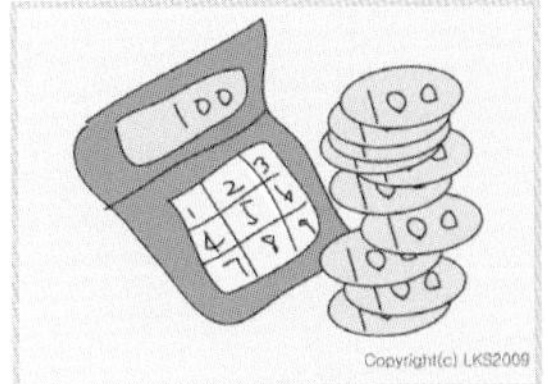

참고문헌

강인애(2003). PBL의 이론과 실제. 서울: 문음사.

교육부(1998). 특수학교 교육과정 별책1. 서울: 교육부.

김주혜(2008). 특수학급교사와의 협력을 통한 교사 포트폴리오 제작이 통합학급교사의 교수수행능력과 교사효능감에 미치는 영향. 이화여자대학교 대학원 박사학위논문.

배소영, 임선숙, 이지희(2000). 언어 문제해결력 검사. 서울: 서울장애인종합복지관.

이경순(2001). 활동중심 · 문제해결학습 프로그램을 적용한 효율적인 국어 수업 지도 방안. 서울특별시 특수학교 수업개선 연구교사 연구보고서, 4, 361-372.

이경순(2007). 특수학급 교사들의 PBL(문제중심학습) 적용을 위한 교수적 지원이 장애 아동의 언어적 문제해결력 및 수업참여행동에 미치는 영향. 이화여자대학교 대학원 박사학위논문.

이경순, 박은혜(2006). 비구어 중도장애아동을 위한 국어과 수업에서의 보완 · 대체 의사소통 적용 사례연구. 자폐성장애연구, 6(1), 39-63.

이경순, 송준만(2007). 교수적 지원을 통한 특수학급 교사들의 PBL 적용이 장애아동의 언어적 문제해결력 및 수업참여행동에 미치는 영향. 특수교육학연구, 42(3), 121-147.

임소인, 신현기(2005). 경도장애 학생을 위한 문제중심학습 연구: 프로그램 개발 및 적용을 중심으로. 특수교육연구, 39(4), 1-23.

장애순(1998). 문제중심학습(Problem-Based Learning)에 의한 말하기 능력 향상 수업개발 및 평가 사례 연구. 경희대학교 교육대학원 석사학위논문.

정해진(2006). 특수교육에서의 구성주의와 테크놀러지. 제11회 이화특수교육 학술대회 특수교사를 위한 교수설계 이론과 테크놀러지(pp. 31-45). 서울: 이화여자대학교 사범대학 특수교육학과 · 이화여자대학교 특수교육연구소.

조연순(2006). 문제중심학습의 이론과 실제. 서울: 학지사.

채수진(2005). PBL에서 학생평가는 신뢰할 수 있는가?: 문제중심학습과 평가. 파주: 한국학술정보.

Barell, J. (1998). *PBL: An inquiry approach*. Arlington Heights, IL: IRR/SkyLight Training and Publishing.

Brooks, P. H., Sperber, R., & McCauley, C. (Eds.). (2001). 정신지체 아동의 학습과 인지(여광응, 이영재, 정동영 역). 서울: 특수교육. (원저 1984년 출간)

Faidley, J., Evensen, D. H., Salisbury-Glennon, J., Glenn, J., & Hmelo, C. E. (2000). How are we doing? methods of assessing group processing in a problem-based learning context. In D. H. Evensen & C. E. Hmelo (Eds.), *Problem-based*

learning: A research perspective on learning interactions (pp. 109-135). Mahwah, NJ: Lawrence Erlbaum Associates.

Fisher, R. (1987). *Problem solving in primary schools.* England, Oxford: Basil Blackwell Ltd.

Fogarty, R. (1997). *Problem-Based Learning and other curriculum models for the multiple intelligences classroom.* Arlington Heights, IL: IRI/SkyLight Training and Publishing.

Gallagher, S. A, Sher, B. T., Stepien, W. J., & Workman, D. (1995). Implementing problem-Based learning in science classrooms. *School Science and Mathematics, 95*(3), 136-146.

Gray, B. J. (1990). *Problem solving for teens: An interactive approach to real-life problem solving.* East Moline, IL: Linguisystems.

Jonassen, D. H. (2004). *Learning to solve problems: A instructional design guide.* San Francisco: John Wiley & Sons.

Lambros, A. (2002). *Problem-based learning in K-8 classrooms: A teacher's guide to implementation.* Thousand Oaks, CA: Corwin Press.

Martin, L. M. S. (1990). *Think it-say it: Improving reasoning and organization skills.* Austin, TX: PRO-ED.

Mayeux, L., & Cillessen, A. H. N. (2003). Development of social problem solving in early childhood: Stability, change, and associations with social competence. *The Journal of Genetic Psychology, 164*(2), 153-175.

National Council of Teachers of English. (2006). *Guidelines for the preparation of teachers of English language arts* (2006 ed.). http://www.ncte.org/library/files/store /books/sample/guidelines.

O'Connor, M. M., & Vorce, P. P. (1990). *MEER: Pictures for problem solving.* East Moline, IL: Linguisystems.

Ochoa, T. A., & Robinson, J. M. (2005). Revisiting group consensus: Collaborative learning dynamics during a problem-based learning activity in education. *Teacher Education and Special Education, 28*(1), 10-20.

Problem Based Learning Organization. Problem based learning. http//www.pbl.org.

Schunk, D. H. (2004). *Learning theories: An educational perspective* (4th ed.). Englewood Cliffs, NJ: Prentice-Hall.

Torp, L., & Sage, S. (1998). *Problem as possibilities: problem-based learning for K-12. education* (1st ed.). Alexandria, VA: Association for Supervision and Curriculum Development.

Torp, L., & Sage, S. (2002). *Problem as possibilities: problem-based learning for K-16. education* (2nd ed.). Alexandria, VA: Association for Supervision and Curriculum Development.

Zachman, L., Jorgensen, C., Huisingh, R., & Barrett, M. (1987). *Test of Problem Solving.* East Moline, IL: Linguisystems.

저자 소개

이경순

이화여자대학교 사범대학 특수교육과 학사
이화여자대학교 대학원 특수교육전공 석사/박사
전 서울특별시 일반초등학교 및 특수학교 특수교육 교사
이화여자대학교 특수교육연구소 연구원
현 경기대학교 교육대학원 대우교수

김주혜

이화여자대학교 사범대학 특수교육과 학사
이화여자대학교 대학원 특수교육전공 석사/박사
전 서울특별시 일반초등학교 특수교육 교사
현 부산장신대학교 특수교육과 교수

박은혜

이화여자대학교 사범대학 특수교육과 학사
오리건 대학교 대학원 특수교육전공 석사/박사
현 이화여자대학교 사범대학 특수교육과 교수

이화여자대학교 특수교육연구소 학술 총서 시리즈 2

특수교육에서
문제중심학습의 이해와 활용

2010년 8월 5일 1판 1쇄 인쇄
2010년 8월 10일 1판 1쇄 발행

지은이 • 이경순 · 김주혜 · 박은혜

펴낸이 • 김진환

펴낸곳 • (주) 학지사

121-837 서울특별시 마포구 서교동 352-29 마인드월드빌딩 5층

대표전화 • 02)330-5114 팩스 • 02)324-2345

등록번호 • 제313-2006-000265호

홈페이지 • http://www.hakjisa.co.kr

커뮤니티 • http://cafe.naver.com/hakjisa

ISBN 978-89-6330-465-6 93370

정가 20,000원